FAGUS

Industriekultur
zwischen
Werkbund
und Bauhaus

jovis

SCHUHLEISTEN-UND STANZMESSERFABRIK
FAGUS-WERK
KARL BENSCHEIDT

Annemarie
Jaeggi

FAGUS

Industriekultur
zwischen
Werkbund
und Bauhaus

Bauhaus-Archiv
Museum für Gestaltung
Berlin

jovis

Ausstellung und Katalog
Bauhaus-Archiv
Museum für Gestaltung
Klingelhöferstraße 14
D-10785 Berlin

Ausstellung
Christian Wolsdorff
Katalog
Annemarie Jaeggi
Redaktion
Christian Wolsdorff
Gestaltung
Jürgen Freter
Reproduktion
Blank & Reschke, Berlin
Herstellung
DBC Druckhaus Berlin Centrum, Berlin

Einbandgestaltung vorn unter Verwendung eines Fotos
   von Albert Renger-Patzsch vom April 1928,
   hinten unter Verwendung eines Werksfotos von ca. 1930
Frontispiz: Zufahrt zum Fagus-Werk
   Foto Albert Renger-Patzsch April 1928
   (Fagus-Serie Nr. 1)

© für die Werke von Herbert Bayer und El Lissitzky
   VG Bild-Kunst, Bonn 1998
© für das künstlerische Werk von Johannes Molzahn
   Werk-Documentation © und Copyright im Johannes-
   Molzahn-Centrum, Kassel 1998
© für die Werke von Albert Renger-Patzsch
   Albert Renger-Patzsch Archiv, Ann und Jürgen Wilde,
   Köln/VG Bild-Kunst, Bonn 1998
Alle Rechte, insbesondere das Recht der Übersetzung, der
   Vervielfältigung (auch fotomechanisch), der elektroni-
   schen Speicherung auf einem Datenträger oder einer
   Datenbank, der körperlichen und unkörperlichen
   Datenweitergabe (auch am Bildschirm, auch auf dem
   Wege der Datenfernübertragung) sind ausdrücklich vor-
   behalten.

© 1998 bei
   Annemarie Jaeggi, Bauhaus-Archiv und
   jovis Verlagsbüro (Buchhandelsausgabe)

jovis Verlagsbüro
   Kurfürstenstrasse 15/16
   D-10785 Berlin

ISBN 3-931321-83-5

Bildnachweis

Bauhaus-Archiv Berlin: S. 28,30,123,126,128.
Bauhaus-Archiv Berlin, Nachlaß Walter Gropius:
   S. 32 oben, 33, 35 rechts, 40, 51, 53, 56, 114.
Bauhaus-Archiv Berlin, Nachlaß Adolf Meyer:
   S. 2, 37, 108, 116.
Bauhaus-Archiv Berlin, Foto Markus Hawlik:
   S. 16, 17, 20, 24, 36, 37, 69, 71–74, 79, 80, 82–87,
   125 oben,127, 130.
Bauhaus-Archiv Berlin, Foto Gunter Lepkowski: S. 101.
Der Baumeister 37.1939, lose beigelegtes Werbeblatt
   (Privatbesitz): S. 59 unten.
Berliner Architekturwelt 9.1907, S. 166: S. 55.
Bildarchiv Foto Marburg: S. 23.
Denkmalpflege in Baden-Württemberg 21.1992,
   H. 3, S. 13: S. 59 oben.
Engeneering News 53.1905, Nr. 21, S. 543: S. 58.
Fagus-Werk, Alfeld/Leine, Foto Karl Schünemann:
   S. 125 unten, 132.
Robert Grimshaw: *Die kaufmännische Propaganda*
   (Dresden 1913), S.21: S.41.
Der Industriebau 4.1913, H. 1:
   S. 15 unten, 25, 27, 31 unten, 32 unten.
Ingenieurbüro Götz & Ilsemann, Hildesheim:
   S. 134, 136–37.
Jahrbuch des Deutschen Werkbundes 2.1913, Abb. 1: S. 42.
Johannes-Molzahn-Centrum, Kassel: S. 98 rechts.
Kunst und Künstler 27.1928/29, H.8, S. 309: S.54.
Karl Scheffler: *Die Architektur der Großstadt.*
   (Berlin 1913), S. 162: S. 43.
Evert van Straaten (Hg.): *Theo van Doesburg 1883–1931.*
   (s'Gravenhage 1983), S.138: S. 102.
Helmut Weber: *Gropius und das Faguswerk*
   (München 1961): S. 29, 72.
Fagus-Archiv Ernst und Gerd Greten, Dauerleihgabe
   im Bauhaus-Archiv Berlin: alle anderen Abbildungen.

Inhalt

6	Einleitung
10	Modernes Unternehmertum
40	Der Industriebau als künstlerische Aufgabe
60	Fagus und Bauhaus
88	Reklame
104	Das Fagus-Werk im Bild
122	Vom Grabstein zur Villa
132	Das Fagus-Werk als Pflegefall *von Jürgen Götz*
142	Anmerkungen
150	Literatur

Einleitung

Wer kennt es nicht? Das Fagus-Werk in Alfeld an der Leine! Der ab 1911 errichtete Fabrikbau der jungen Architekten Walter Gropius und Adolf Meyer gilt als Ursprungsbau der Moderne und fehlt in keinem Lexikon der Architektur. So stark wie kaum ein anderes Gebäude hat es sich in unser Bewußtsein eingeprägt: stellvertretend für die Revoultion in der Architektur des 20. Jahrhunderts.

Bauherr und Architekten bilden im Fall des Fagus-Werks eine selten günstige Konstellation. In der Person des Fabrikanten Carl Benscheidt sen. verbindet sich moderne Unternehmensphilosophie mit lebensreformerischem Anspruch. Er produziert Schuhleisten – nicht nur nach stark verbesserten Fertigungsmethoden, sondern auch unter Einbeziehung neuester Erkenntnisse der orthopädischen Fußforschung. In allen Bereichen sind Qualität und Innovation oberste Maxime. Den Architekten gelingt es, diesem bemerkenswerten Betrieb ein ungewohntes, vom Hergebrachten abweichendes Erscheinungsbild zu geben: sie verbinden das sachliche Wesen der Fabrik als Zweckbau mit dem großflächigen Gebrauch von Glas zu einer neuen Form der Repräsentation. Das Gebäude wird Bestandteil einer das Neue und die Andersartigkeit des Produktes betonenden Werbestrategie.

Vorbild für den Fabrikherrn ist die Berliner Allgemeine Elektrizitäts Gesellschaft (AEG). So wie Peter Behrens ihr seit 1907 eine identitätsstiftende, von der Architektur über die Produkte bis zu den Druckschriften reichende, künstlerisch gestaltete Einheitlichkeit verleiht, soll auch die Fagus GmbH aufgebaut werden. Abweichend von diesem Konzept liegt jedoch die Verantwortung nicht in der Hand eines einzigen Künstlers, vielmehr zeichnet sich die Strategie von Fagus durch eine Vielzahl von Spezialisten aus.

Mit sicherem Gespür und durch Vermittlung von Gropius und Meyer wählt man nur die Besten: Max Hertwig, Johannes Molzahn, Theo van Doesburg und Herbert Bayer liefern Entwürfe für die Firmengrafik; Albert Renger-Patzsch formt mit einer Fotoserie das heute klassisch zu nennende Bild des Fagus-Werks und seiner Produkte; die Werkstätten des Bauhauses kümmern sich um die innere Ausgestaltung und Möblierung der repräsentativen Räume. Daß sich Fagus ausschließlich auf die von einem starken Willen für das Neue geprägte junge Generation konzentriert, wirkt sich vor allem in den 1920er Jahren aus: wahrscheinlich gibt es kein anderes Unternehmen im Deutschland der Weimarer Republik, das so eng mit der Avantgarde zusammenarbeitet.

Schon in den Jahren vor dem 1. Weltkrieg stehen Firmen wie die AEG und Fagus mit diesem weitreichenden Anspruch nicht alleine. Vielmehr gehören sie einem Kreis aufgeklärter Unternehmen an, die der Moderne zum Durchbruch verhelfen. Hierbei handelt es sich vorwiegend um junge Betriebe, die mit ihren meist im Bereich der Konsumgüter angesiedelten Produkten und deren werbewirksamen Vermarktung neue Markenartikel einführen. Organisiert im 1907 gegründeten *Deutschen Werkbund* (DWB), einem Zusammenschluß von Unternehmern, Wissenschaftlern, Künstlern und Fachschriftstellern, vertreten sie das Ziel, die Stellung Deutschlands auf dem Weltmarkt durch qualitativ und ästhetisch hochrangige Güter zu fördern.

Mit der Veredelung der Ware durch Qualität und Präsentation geht auch ein erzieherischer Anspruch einher: sie soll unter den Konsumenten zur Hebung des Geschmacks und zur Herausbildung eines Schönheitsempfindens führen. Gediegenheit und Würde übertragen sich von der Ware auf den Verbraucher – das Produkt ist materieller und geistiger Besitz zugleich. Tatsächlich sieht man in den Kreisen des *Deutschen Werkbundes* Industrie und Handel als Träger einer neuen Kultur, die sowohl den Staat als auch die Kirche in dieser Funktion ablösen und damit eine Zeitenwende einleiten.

Für die Bauaufgabe der Fabrik bedeutet das eine gänzlich neue Wertschätzung. Hatte sie sich bisher zwischen den Extremen anspruchsloser Nutzbauten einerseits und auffälliger Reklamebauten andererseits bewegt, so wird sie nun zur »Kathedrale der Arbeit« erhoben. Eingebettet in diesen größeren Zusammenhang spielt die Architektur für das Unternehmen eine zunehmend identitätsstiftende Rolle – sowohl was ihre Außenwirkung, als auch was das innerbetriebliche Zusammengehörigkeitsgefühl anbelangt. Der moderne Fabrikherr hat erkannt, daß dunkle Arbeitsstätten und schlechte Arbeitsbedingungen nicht nur Unzufriedenheit hervorrufen, sondern auch schlechte Leistung und damit mindere Qualität der Ware bedingen.

Das Fagus-Werk gehört zu jenen Unternehmen, die sich dieses Zusammenhangs bewußt sind. Vorbildliche Betriebseinrichtungen, höhere Löhne und besondere Sozialleistungen dienen dem Wohl der Belegschaft, sie sind aber auch Garant für Arbeitsfrieden, Effizienz und Produktivität. Im paternalistisch geführten Fagus-Werk versteht man sich als Teil einer großen Familie, in der Vertrauen wider Vertrauen herrscht. Arbeitsverträge werden daher keine abgeschlossen.

Innerhalb dieses umfassenden Konzepts der Industriekultur muß auch die Tätigkeit von Gropius und Meyer verstanden werden. Über 15 Jahre hindurch kümmern sie sich nicht nur um die Architektur, sondern auch um alle Details der baulichen Ausgestaltung: Innenarchitektur, Möblierung, Beleuchtungskörper, Beschläge, ja sogar die Entwürfe der Fußmatte oder des Drahtzauns stammen aus ihrem Büro. Darüber hinaus bearbeiten sie private Aufträge für den Fabrikherrn, die vom Grabstein bis zur Villa reichen. Das Fagus-Werk verkörpert – sicherlich einzigartig – beide Ideale des Bauhauses: das im Gründungsmanifest von 1919 beschworene Gesamtkunstwerk des »Großen Baus« ebenso wie die ab 1923 verkündete Losung »Kunst und Technik – eine neue Einheit«.

Auch in technische und betriebsorganisatorische Aufgaben bezieht Fagus Künstler mit ein. So liefern nicht nur Gropius und Meyer, sondern auch Molzahn Entwürfe für die Gestaltung eines von Karl Benscheidt jr. entwickelten Apparates für die Schuhindustrie. Bei der Konstruktion der Fagus-Genauigkeitsdrehbank, Ende der 1920er Jahre die weltweit präziseste Kopiermaschine, achtet der Juniorchef darauf, Zweckmäßigkeit, Arbeitsschutz und Formgebung in Einklang zu bringen. Produktionsmittel sollen nicht nur gut funktionieren, sondern auch sicher und schön sein – ein Konzept, das sowohl dem Käufer dieser Maschine, als auch dem Arbeiter Zufriedenheit in technischer, gesundheitlicher und ästhetischer Hinsicht garantieren soll.

Vater und Sohn Benscheidt wollen nach lebensreformerischem Ideal die Volksgesundheit heben, indem sie mit fußgerechten

Leisten den weitverbreiteten Deformationen und Krankheiten des Gehapparates, die durch das Tragen falschen Schuhwerks hervorgerufen werden, entgegenwirken. Dafür unterstützen sie mit erheblichen Geldbeträgen die orthopädische Forschung und nehmen 1926/27 an der Gründung eines Unternehmens teil, das die Ergebnisse in die Praxis umsetzen soll: die Produktion von fußgerechten, zugleich aber modischen Schuhen. Die Markteinführung findet mit einem enormen Werbeaufwand statt: Molzahn liefert die grafische Gestaltung und Renger-Patzsch die erforderlichen Aufnahmen.

Spätestens mit der Weltwirtschaftskrise 1929 kann sich Fagus die Zusammenarbeit mit Künstlern nicht mehr leisten. Innerhalb der Branche überleben nur wenige Betriebe diese Zeit. Das Fagus-Werk gehört dazu. Es verdankt dies der beständigen Innovation im Bereich der Betriebsmittel mit seinen patentgeschützten Erfindungen und einem raschen Reagieren auf die veränderte Marktsituation im Produktsektor. Ob sich das Konzept der *Corporate Identity* betriebswirtschaftlich jemals gerechnet hat, kann anhand der archivalischen Unterlagen nicht beantwortet werden. Wie auch immer eine Untersuchung dieser Frage ausfallen würde: kulturgeschichtlich handelt es sich um eines der bemerkenswertesten Experimente der Moderne, architekturhistorisch um den Beginn einer Zeitenwende.

In der Literatur über das Fagus-Werk stand bisher die Architektur und die Person von Walter Gropius im Mittelpunkt des Interesses, wobei sich der Blick auf das architekturhistorisch zweifelsohne maßstabsetzende Hauptgebäude konzentriert. Dieses Buch rückt dagegen das Konzept der Industriekultur in den Vordergrund: Architektur, Raumausstattung, Firmengrafik und Fotografie werden in den Kontext der Geschäftsphilosophie und Reklamestrategie des Unternehmens gesetzt. Der zeitliche Rahmen spannt sich dabei von der Gründung des Werks im Jahr 1911 bis zur wirtschaftlich bedingten Einstellung der Zusammenarbeit mit Künstlern Ende der 1920er Jahre.

Hauptquelle und Grundlage hierfür bildet das Firmenarchiv des Fagus-Werks. Obwohl es für die Frühzeit vor dem 1. Weltkrieg leider empfindliche Lücken aufweist, überwältigt die Fülle des erhaltenen Materials, das überhaupt erst eine neue Sicht auf das Thema freigibt: 300 Aktenkonvolute Korrespondenz, ca. 500 Pläne – überwiegend Pausen von Zeichnungen aus dem Büro Gropius –, etwa 200 Originalabzüge professioneller Fotografen und unzählige Glasnegative zeugen von einer Industriekultur der Moderne, in einer Qualität und in einem solch geschlossenen Umfang wie sie selten erhalten sein dürfte.

Es ist nicht einfach, hieraus die richtige Auswahl zu treffen. Selbstverständlich spielt die Architektur eine maßgebliche Rolle. Vergegenwärtigt man sich, daß aus den Nachlässen von Gropius und Meyer lediglich eine einzige Zeichnung zum Fagus-Werk erhalten geblieben ist, kann man ermessen, welch immenser Wissenszuwachs allein hier herrscht.

Bereits Bekanntes muß an einigen Stellen in diesem Buch erneut dargestellt werden, um grundsätzliche Voraussetzungen zu klären. Das betrifft vor allem die Baugeschichte. Aber auch hier ergeben sich neue Aspekte: es zeigt sich, daß unsere heutige Beurteilung des Fagus-Werks weder der Auffassung der Zeitgenossen, noch Gropius' eigenem Verständnis der damaligen Jahre entspricht. Unser Blick heute folgt vielmehr einer retrospektiven, erst in der zweiten Hälfte der 1920er Jahre geprägten Sichtweise, zu der Gropius dann maßgeblich beigetragen hat.

Daß das Fagus-Werk uns so modern erscheint, als gehöre es zum Neuen Bauen – diese Auffassung verdankt es auch den meisterhaften Aufnahmen des Fotografen Albert Renger-Patzsch. Seine bislang nur durch einige Einzelfotos bekannte Serie des Fagus-Werks, die 1928 entstand und außer der Architektur auch die Produkte im Bild festhält, wird hier erstmalig im Zusammenhang und größerem Umfang veröffentlicht.

Diese Fotos haben aber auch das Mißverständnis gefördert, beim Hauptgebäude des Fagus-Werks ermögliche erst eine innovative Konstruktion die großflächige Auflösung der Wände in Glas. Dem ist entschieden zu widersprechen. Um hier Klarheit zu schaffen, hat Dipl.-Ing. Jürgen Götz die Aufgabe übernommen, in diesem Buch einen Beitrag über das Fagus-Werk aus der Sicht des Statikers zu verfassen. Seit 1982 mit der Betreuung der Instandsetzungsmaßnahmen und Renovierungsarbeiten beauftragt, kennt er wie kein anderer die Beschaffenheit der Fagus-Bauten. Dabei erläutert er nicht nur die Konstruktionen, sondern auch die durch sie verursachten Schäden und deren Behebung.

Wer ein Buch schreibt, hat vielen zu danken. An erster Stelle stehen Ernst Greten und Gerd Greten, die mir das Fagus-Archiv zugänglich machten. Das Maß an Vertrauen, das sie mir entgegenbrachten, und die uneingeschränkte Freiheit, mit der ich mich im Fagus-Werk während eines sechswöchigen Aufenthaltes bewegen durfte, bildeten die Fundamente für die Aufarbeitung des immensen Materials. Franziska Greten unterstützte mich in entscheidenden organisatorischen Dingen und führte mich unerschrocken durch die dunkelsten Kellerräume des Werks.

Das gesamte Material ist als Dauerleihgabe an das Bauhaus-Archiv Berlin übergegangen. Auch dort habe ich in jeder Hinsicht das größte Entgegenkommen erfahren. Mein Dank gilt dem Direktor des Hauses, Dr. Peter Hahn, für die nun bereits wiederholte und bewährte Zusammenarbeit. Insbesondere aber fühle ich mich Dr. Christian Wolsdorff, wissenschaftlicher Mitarbeiter am Bauhaus-Archiv, zu größtem Dank verpflichtet. Seine intensive Auseinandersetzung mit dem Manuskript und seine umfassenden Kenntnisse waren eine Bereicherung für dieses Buch. Darüber hinaus leistete er nicht nur die Erschließung des Bildmaterials, sondern übernahm auch die Redaktion.

Jutta Jahn, geb. Benscheidt, fand sich mehrfach bereit, meine nicht enden wollenden Fragen mit Geduld und großem Interesse an meiner Arbeit zu beantworten. Von ihren lebhaften Erinnerungen und der Gelegenheit, in persönliche Unterlagen Einsicht nehmen zu dürfen, habe ich stark profitiert.

Dipl. Ing. Jürgen Götz öffnete mir in vieler Hinsicht die Augen für die Architektur des Fagus-Werks. Sein Engagement und große Hilfsbereitschaft haben das Projekt mitgetragen. Schließlich gilt den Mitarbeitern des Fagus-Werks mein aufrichtiger Dank. Stellvertretend seien Inge Naumann, Karl Schünemann und Kurt Vesterling genannt.

Mehrere Institutionen und Einzelpersonen haben meine Arbeit mit großem Entgegenkommen unterstützt, denen ich herzlich dafür danken möchte: Ute Brüning, Berlin; Stephanie Ehret (Klingspor-Museum, Offenbach); Sybille Eckenfels, Karlsruhe; Sjarel Ex (Centraal Museum, Utrecht); Galerie Ulrich Fiedler, Köln; Virginia Heckert, New York; Dr. Renate Heidt-Heller (Wilhelm Lehmbruck Museum, Duisburg); Burkhard Jahn, Alfeld; Helmut Knocke (Stadtarchiv Hannover); Klaus Lill, Hannover; Dr. med. Rauschmann, (Deutsche Gesellschaft für Orthopädie und Traumatologie, Orthopädische Geschichts-Forschung, Frankfurt/Main); Hans-Peter Reisse (Johannes Molzahn Centrum, Kassel); Renate Scheper, Berlin; Dr. Rolf Stümpel (Deutsches Technik Museum, Berlin); Dr. med. Klaus-Dieter Thomann, Frankfurt/Main; Prof. Dr. Helmut Weber, Hannover; Ann und Jürgen Wilde (Albert Renger-Patzsch Archiv, Köln).

Mein ausdrücklicher Dank gilt auch den Kollegen und Mitgliedern des Instituts für Kunstgeschichte der Universität Karlsruhe. Ohne ihre verständnisvolle Rücksicht wäre dieses Buch nicht zustande gekommen. Besonders aber danke ich Prof. Dr. Johannes Langner, Freiburg/Br., der die Arbeit mit ermunterndem Interesse und wohlwollender Kritik begleitet hat. *A.J.*

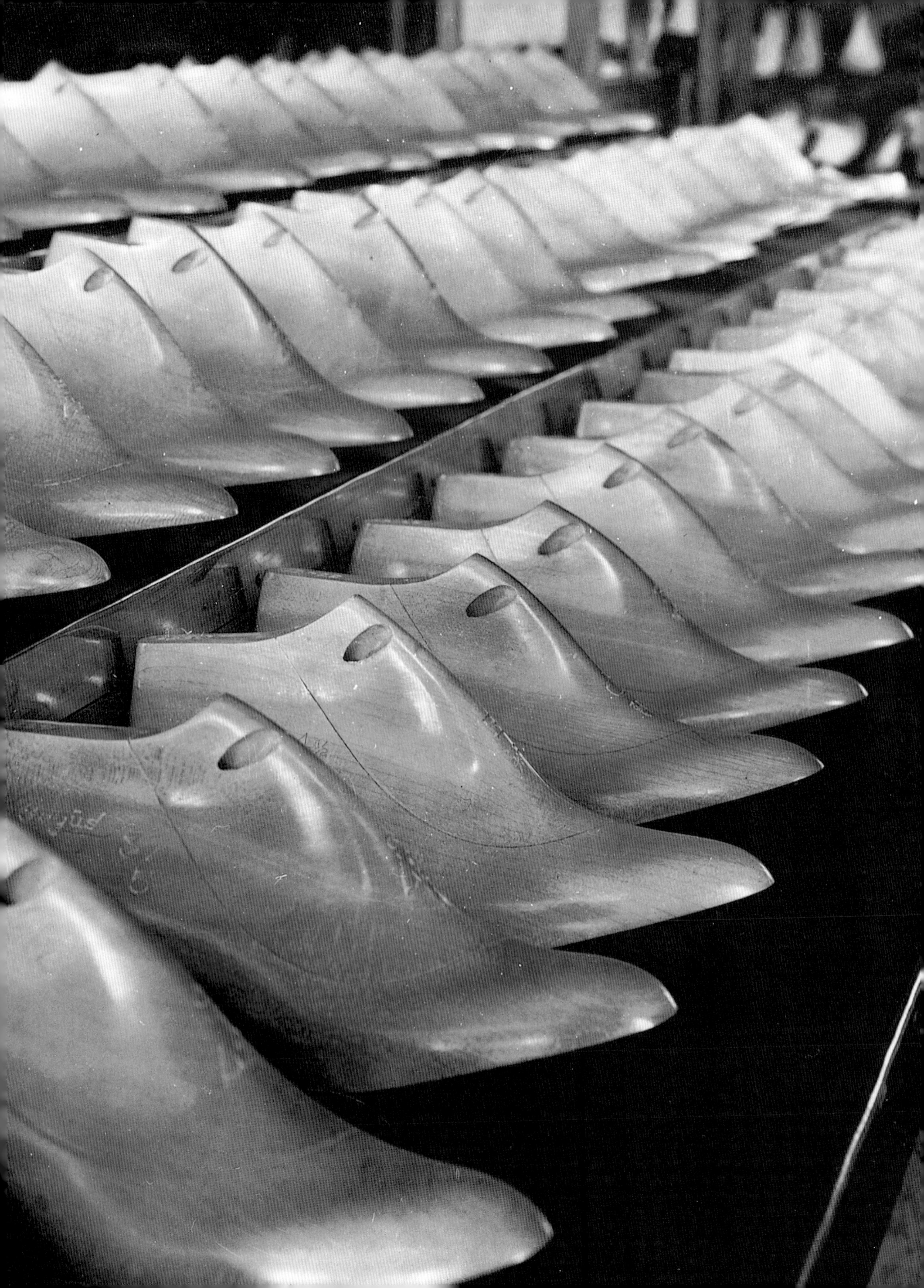

Modernes Unternehmertum

Der Fabrikherr

Als Carl Benscheidt (1858–1947) im Jahr 1911 das Fagus-Werk gründet, ist er bereits ein Mann von 53 Jahren, der ein arbeitsintensives und erfolgreiches Leben hinter sich hat. In einem Alter, in welchem andere langsam an den Ruhestand denken, fängt er geschäftlich noch einmal von vorne an, obwohl er ein finanziell abgesichertes, sorgenfreies Leben hätte führen können. Die persönlichen Voraussetzungen für diesen gewagten Neuanfang bilden ein starker Arbeitswille, ein ausgeprägt soziales Gewissen und die Befolgung einer gesunden Lebensweise – Eigenschaften und Interessen, die sich aus Carl Benscheidts Herkunft und Werdegang ableiten lassen.

Als ältestes von zwölf Kindern wächst der Bauernsohn Carl Benscheidt im Sauerland auf. Ständige Krankheit hindert ihn an der Übernahme des väterlichen Hofs, finanzielle Knappheit läßt den Besuch weiterführender Schulen nicht zu. Sein Gesundheitszustand bessert sich durch die Befolgung naturheilkundlicher Ernährungs- und Lebensprinzipien: seit seinem 17. Lebensjahr ist Benscheidt Vegetarier, raucht nicht, trinkt nur mäßig Alkohol und bleibt bis ins hohe Alter ein Anhänger frühmorgendlicher Barfußspaziergänge durch taunasse Wiesen. Durch harte körperliche Arbeit sucht er gleichzeitig, seine noch schwächliche Konstitution zu stärken.

Da Carl Benscheidts größter Wunsch, Medizin zu studieren, nicht erfüllt werden kann, arbeitet er 1877–79 in den Naturheilanstalten von Arnold Rikli in Veldes und Triest.[1] Dieser befaßt sich u.a. mit den Ursachen der Fußleiden vieler Patienten, die er auf die unphysiologische Form der Schuhe zurückführt. Über Leisten, die Rikli aus der Schweiz kommen läßt, werden fußgerechte Schuhe hergestellt, die zu großen Behand-

Carl Benscheidt sen.
Foto Albert Renger-Patzsch
April 1928
(Fagus-Serie Nr. 54)

links:
Fagus-Leisten
Werksfoto, um 1930

Symmetrischer Leisten mit
Holzkeil und Lederauflage
spätes 19. Jahrhundert
Werksfoto um 1930

Hölzerne Schuhleisten-
drehbank um 1870
Werksfoto um 1930

lungserfolgen führen. Eine Aufgabe von Benscheidt besteht darin, für die Bestellung der Leisten Maß zu nehmen. Nach Deutschland zurückgekehrt, erfährt er über seine Kontakte zur Lebensreformbewegung von der Obstbaukolonie Eden in Oranienburg bei Berlin. Die vor Ort unter den Siedlern beobachtete Uneinigkeit hält ihn jedoch von der Idee ab, der im Aufbau begriffenen Kolonie beizutreten.

Für Freunde und Bekannte beginnt Benscheidt jetzt selbst Leisten zu schnitzen. Es lassen sich aber nur wenige Schuhmacher finden, die diese fußgerechten Formen benutzen wollen, weil die Arbeit damit viel mühsamer ist. Das Vorgehen jener Zeit besteht nämlich überwiegend darin, Schuhe auf symmetrischen Leisten anzufertigen, die zwischen linkem und rechtem Fuß nicht unterscheiden. Für den Schuhmacher erleichtert dies zwar die Herstellung, die Schuhe müssen aber unter Schädigung der Füße erst »eingelaufen« werden. Benscheidt gründet daher 1884 einen eigenen Handwerksbetrieb in Hannover, der sowohl eine Leisten- als auch eine Schuhmacherei umfaßt.

Bereits zu dieser Zeit versteht er es, durch gezielte Werbung auf sich aufmerksam zu machen. Benscheidt betreibt sogenannte ›Einzelreklame‹, indem er in einer Leserzuschrift unter falschem Namen den Mangel an guter Schuhbekleidung beklagt. Dies gibt ihm in der nächsten Nummer der Zeitung die Gelegenheit, auf seinen Betrieb aufmerksam zu machen: »Diese Reklame wurde in anderer Form mehrfach wiederholt. Sie ko-

stete fast nichts und war sehr zugkräftig.«[2] Möglicherweise greift Benscheidt damit Werbemethoden der Naturheilkundler auf. Für diese Annahme spricht auch, daß er seine fachlichen Erkenntnisse in Zeitschriften und Broschüren darlegt.[3]

So hört im unweit von Hannover gelegenen Alfeld an der Leine der Leistenfabrikant Carl Behrens von Benscheidt und wirbt ihn im Jahr 1887 als technischen Betriebsleiter an. Hier konzentriert man sich auf die Produktion von sogenannten Handelsleisten, die der Schuhmacher über Vertreter bezieht. Normalerweise schnitzt der Schuhmacher für gängige Modelle selbst die Formen; für modische Schuhe benötigt er aber die aktuellen Handelsleisten. Seit den späten 1850er Jahren werden diese maschinell auf Drehbänken hergestellt.

Recht verhalten ist in Deutschland noch die Nachfrage nach Leisten für die mechanische Produktion von Schuhen, da die Fabrikware qualitativ nicht mit der Handarbeit konkurrieren kann. Erst mit der Einführung der Rahmen-Sohlen-Nähmaschine der amerikanischen Firma Goodyear im Jahr 1891 ändert sich die Situation schlagartig. Nun werden Leisten in hohen Stückzahlen gebraucht. Benscheidt erkennt sofort die Zeichen der Zeit und nimmt Kontakt zu den Amerikanern auf, die bereits mit der Gründung von Schuhfabriken in Europa begonnen haben, um ihre Maschinen abzusetzen. Er handelt ein Abkommen aus, das zur gegenseitigen

12   Der Fabrikherr

Schuhleistenfabrik
C. Behrens
Arch. Eduard Werner
Foto Karl F. Wunder,
ca. 1898

Empfehlung von Leisten und Nähmaschinen verpflichtet. Dieser Schachzug bringt der Firma Behrens eine rapide Geschäftsentwicklung und macht sie binnen kürzester Zeit zur bedeutendsten Schuhleistenfabrik Deutschlands.

Die nun einsetzende Massenproduktion von Schuhen erfordert nicht nur weitaus genauer gearbeitete Leisten, sondern auch genauso exakte, auf die neue Fertigungsart abgestimmte Arbeitsmittel. Zu jedem Modell und in jeder handelsüblichen Schuhgröße benötigt der Schuhfabrikant die passenden Stanzmesser, mit denen die Sohlen und das Oberleder zugeschnitten werden. Unter Benscheidts Leitung gliedert die Firma Behrens als erste Leistenfabrik daher einen eigenen metallverarbeitenden Betrieb an und entwickelt das technische Know-how für die Herstellung dieser Messer. Schließlich sind für das Ausstanzen der Lederteile harte Unterlagen nötig, was die Firma Behrens veranlaßt, auch Stanzklötze und Zuschneidebretter in ihr Angebot aufzunehmen. Mit diesen sorgfältig aufeinander abgestimmten Produkten kann sie die Schuhindustrie optimal bedienen und erreicht damit einen deutlichen Vorsprung vor der Konkurrenz.

Als Carl Behrens 1896 stirbt, wird Carl Benscheidt gemeinsam mit dem Kaufmann Wilhelm Bertram die Leitung des Unternehmens übertragen. Im Jahr 1897 betreut er den inzwischen notwendig gewordenen Neubau der Fabrik, den der Hannoveraner Architekt Eduard Werner entwirft. Es entsteht eine betriebstechnisch innovative Anlage, die mit den besten amerikanischen Leistendrehbänken und einer optimierten Entstaubungsanlage ausgestattet ist. Transmission und Rohrleitungen finden im Untergeschoß Platz – ein Novum in Deutschland, das auf amerikanische Vorbilder rekurriert.[4] Aufsehen erregen auch die in der Sägerei zum Abtransport von Abfällen installierten Förderbänder. Wie ein Kritiker bemerkt, wirken sich »Licht, Sauberkeit und Übersichtlichkeit« der Fabrikationsräume als »moralischer Einfluß auf den Arbeitseifer [aus], welcher auf die Ertragsfähigkeit des Werkes nicht ohne Einfluß ist.«[5]

Tatsächlich mißt Benscheidt dem erzieherischen Wert eines Gebäudes und dessen

Modernes Unternehmertum 13

Schuhleistenfabrik
C. Behrens
Hauptarbeitssaal
Foto Karl F. Wunder,
ca. 1898

Einrichtung eine besondere Bedeutung bei. Nach Jahren der Auseinandersetzung mit der Arbeiterschaft gelingt es ihm, durch patriarchalische Strenge und verbesserte Bedingungen Disziplin zu schaffen. Unter Benscheidt werden feste Arbeitszeiten und die regelmäßige Auszahlung des Lohns eingeführt; hart geht er gegen den gängigen Genuß von Alkohol während der Arbeit an. In den Sozialeinrichtungen des Neubaus, z.B. dem Speisesaal, dem Umkleideraum mit Spinden sowie den Duschen und Wannenbädern, findet die Sorge um das Wohl der Belegschaft ihren Ausdruck.

Ein bemerkenswertes soziales Engagement entwickelt Benscheidt auch im Bereich des Arbeiterwohnungsbaus. Auf seine Initiative hin wird 1899 der *Gemeinnützige Bauverein Alfeld* gegründet. Zur Einzahlung von Stammeinlagen gewinnt Benscheidt fünf weitere Fabrikanten. Da die Stadt Alfeld der Sache skeptisch gegenüber steht und kein Areal für eine Siedlung verkaufen will, erwirbt man am Rand der Nachbargemeinde Gerzen Land von einem Bauern und errichtet dort die ›Kolonie Buchenbrink‹. Sie besteht aus freistehenden typisierten Häusern mit Gärten. Für die Pläne zeichnet auch hier der Architekt Eduard Werner verantwortlich. Einige Jahre später folgt dann auf Alfelder Gebiet die Siedlung ›Am Rodenkamp‹.

Benscheidts paternalistische Fürsorgepflicht entspringt einerseits dem Bewußtsein der eigenen Herkunft aus kleinen Verhältnissen. Andererseits hat er als weitblickender und hart kalkulierender Geschäftsmann erkannt, daß Arbeiter und Unternehmer gegenseitig voneinander abhängig sind. Die Fabrik läuft dann rentabel, wenn die Belegschaft gut arbeitet. Hierfür braucht man eingearbeitetes und motiviertes Personal, das dauerhaft dem Betrieb verbunden bleibt. Seine Arbeiterschaft sieht Benscheidt deshalb stets als lebendes Kapital an, dessen ›Pflege‹ sich auszahlt. Wer sich nach seinen Regeln voll einbringt, wird im Gegenzug mit einem garantierten Arbeitsplatz und Sozialleistungen bedacht, wie sie damals nicht üblich waren.

Kolonie Buchenbrink
Arch. Eduard Werner,
begonnen 1901

14   Der Fabrikherr

Die Gründung

Als sich nach über 20 Jahren Tätigkeit in der Firma Behrens unüberbrückbare Differenzen mit den Erben einstellen, kündigt Benscheidt am 2. Oktober 1910. Ausschlaggebend für alle weiteren Schritte scheint die mehrere Monate zuvor erfolgte provozierende Aufforderung von Carl Behrens jr. gewesen zu sein: »Machen Sie uns doch Konkurrenz, aber dazu sind Sie zu feige!«[6] Tief gekränkt beginnt Benscheidt noch während seiner Zeit bei Behrens mit den ersten Vorbereitungen für die Gründung eines eigenen Unternehmens. Er ist sich von Anfang an bewußt, daß ein Erfolg nur dann möglich ist, wenn er »die Firma Behrens auf allen Gebieten übertreffen kann.«[7]

Von seinem Schwiegersohn Ludwig Menge sichert sich Benscheidt eine Option auf die ›Neue Wiese‹, ein drei Hektar großes Baugelände, das direkt gegenüber der Behrensschen Fabrik, auf der anderen Seite der Eisenbahnlinie Hannover–Göttingen liegt und einen eigenen Gleisanschluß bietet. Hinsichtlich der Finanzierung verhandelt Benscheidt schon seit Juni 1910 mit der *United Shoe Machinery Corporation* in Beverly bei Boston, in die die Goodyear-Gesellschaft mittlerweile aufgegangen ist. Dort plant man, für die in Deutschland errichteten Schuhfabriken auch eine eigene Leistenerzeugung aufzubauen und sieht in ihm den geeigneten Partner für ein solches Joint-venture.

Am 10. Oktober 1910 – nur eine Woche nach der Kündigung bei Behrens! – verläßt Carl Benscheidt in Begleitung seines ältesten Sohnes Karl Benscheidt jr. (1888–1975) Alfeld in Richtung USA. In Boston wird man sich rasch mit dem langjährigen deutschen Geschäftsfreund einig, der als *self-made man* den Amerikanern imponiert: von den auf eine Million Mark veranschlagten Gesamtkosten übernimmt die *United Shoe Machinery Corporation* 80%. Benscheidt sen., der zum alleinigen und unabsetzbaren Geschäftsführer bestellt ist, beschafft den Restbetrag. Im Gegenzug verpflichtet er sich, die von ihm benötigten Maschinen zur Leistenherstellung vom amerikanischen Vertragspartner zu beziehen.

Während Benscheidt sen. sich schon im November 1910 wieder auf den Weg nach Deutschland macht, bleibt sein Sohn noch über ein Jahr lang – bis Ende 1911 – in Amerika. Dort arbeitet er in verschiedenen Fabriken, u.a. in der Stanzmesserabteilung der *United Shoe Machinery Corporation* in Beverly, um sich über den Stand der Technik in der Schuhindustrie zu informieren. Darüber hinaus interessiert sich der junge Student der Berliner Handelshochschule vor allem für effizientes amerikanisches Management. Zur Inbetriebnahme des Fagus-Werks kehrt er nach Alfeld zurück und übernimmt als erstes das Anlernen der Arbeiter an den neuen Maschinen. Zu seinem Zuständigkeitsbereich in der väterlichen Fabrik werden neben dem technischen Know-how auch alle Fragen der Betriebsorganisation und der Werbung gehören. Außerdem widmet sich Benscheidt jr. intensiven Studien auf dem Gebiet der orthopädischen Fußforschung.

Noch am Tag seiner Rückkehr nach Alfeld am 20. November 1910 kümmert sich Carl Benscheidt sen. um den Kauf des zur Leistenherstellung benötigten Holzes. Da die Rohhölzer für die weitere Verarbeitung gut abgelagert sein müssen, richtet er eine provisorische Sägerei ein. So werden alle Vorkehrungen für die Inbetriebnahme des eigenen Unternehmens in kürzester Zeit getroffen. Nach längeren Debatten mit den amerikanischen Gesellschaftern über die Namensgebung der Firma – neben konventionellen Bezeichnungen wie ›Adler‹, ›Anker‹ und ›Achilles‹ steht auch ›Lastco‹[8] zur Debatte – erfolgt dann die offizielle Gründung am 28. März 1911 als ›Fagus GmbH‹, benannt nach der lateinischen Bezeichnung für die Buche, dem hauptsächlichen Rohstoff für Schuhleisten.

Im Gegensatz zu den ›C. Behrens Alfelder Schuhleisten-Fabriken‹ verwendet Ben-

Warenzeichen der Firmen C. Behrens und Fagus

scheidt für das Unternehmen weder seinen eigenen Namen noch gibt er einen Ort an. Vielmehr führt er mit ›Fagus‹ einen kurzen und einprägsamen Begriff ein, dessen lateinischer Ursprung Seriosität, ja sogar Wissenschaftlichkeit vermittelt. Während Behrens als Warenzeichen ein Buchenblatt wählt – in England und Amerika ist seine Marke als *The Leaf Brand*[9] bekannt –, beschränkt sich Benscheidt darauf, die Sache beim Namen zu nennen. Das Wort ›Fagus‹ läßt er innerhalb kürzester Zeit in Deutschland und nahezu allen europäischen Ländern einschließlich Rußland registrieren.

Der maßgebliche Grund für Benscheidt, sein Unternehmen in Alfeld zu etablieren, liegt in der Möglichkeit der Rekrutierung von Arbeitern, die Erfahrung in der Herstellung von Leisten und Stanzmessern mitbringen. Günstigere Ansiedlungsangebote von Gemeinden im weiteren Umland schlägt er deshalb aus. Gezielt wirbt Benscheidt zuerst einzelne Arbeiter von Behrens ab, was dann eine Welle von Übertritten auslöst. Als das Fagus-Werk Anfang 1912 Zug um Zug bei Fertigstellung der ersten Bauten in Betrieb geht, beschäftigt er 150 aus der Behrensschen Fabrik übergetretene Kräfte, mit denen die Produktion sofort ohne Verzögerung aufgenommen werden kann.

Welche Tragweite diese Überlegungen hatten, faßt Benscheidt im Rückblick wie folgt zusammen: »In der Branche war ich damals eine derartig bekannte Persönlichkeit, daß mein Fortgang und die Entwicklung der neuen Fabrik fast überall Tagesgespräch bildeten. (...) Da meine Ware durch geübte Arbeiter und gute Einrichtungen mustergültig war, erregten meine Leistungen Aufsehen, und ich wurde mit einem Schlage als ein der Firma Behrens überlegener Fabrikant angesehen.«[10]

Fabrikareale der Firmen Fagus und C. Behrens, 1911

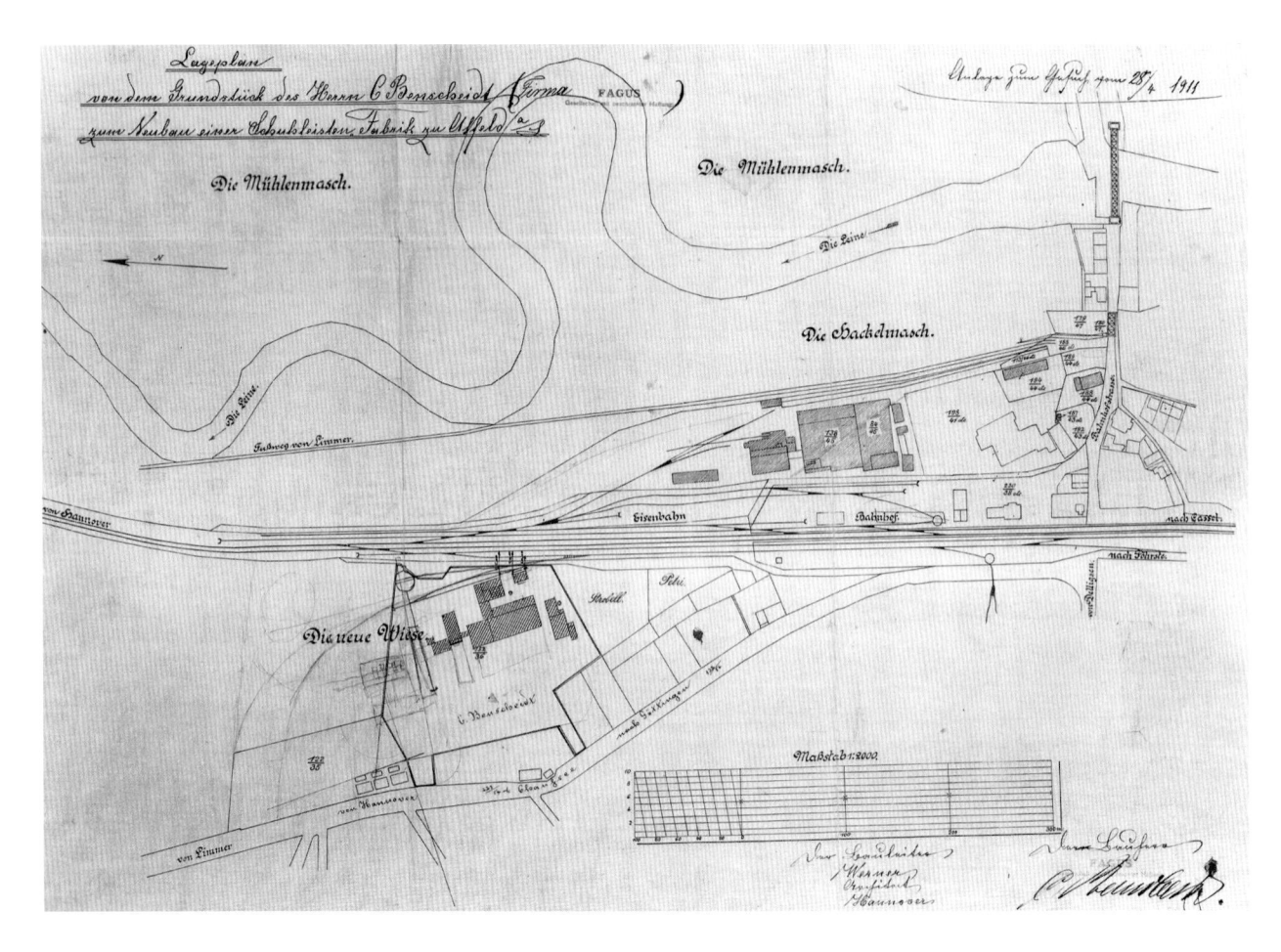

mit ihm zusammen und erarbeitet den Plan einer »ideal angelegte[n] Fabrik«[16] von einer Größenordnung, die einem Viertel der Behrensschen entspricht.

Nahezu in jeder Hinsicht ist der 1897 konzipierte Neubau der Schuhleistenfabrik Behrens Vorbild. Wie dort wird auch im Fagus-Werk der Produktionsablauf bestimmend für die Anlage, um doppelte Transportwege und unnötige Umwege zu vermeiden. Als fehlerhaft erachtete Bestandteile schaltet Benscheidt zwecks Optimierung des Fabrikationsablaufs aus. Im Fagus-Werk gibt es deshalb nur einen einzigen Fahrstuhl; im Gegensatz dazu werden in der Behrensschen Fabrik aufgrund der Gliederung der Baukörper fünf benötigt. Diese Maßnahme verkürzt nicht nur Wege und spart damit Zeit, sondern verringert auch die zur Bedienung benötigte Zahl an Arbeitskräften und den Wartungsaufwand.

Ein großer Nachteil der Behrensschen Fabrik besteht im ungünstigen Zuschnitt des langgestreckten, aber nur wenig tiefen Grundstücks. Benscheidt hat im Vorfeld der Planungen für den Neubau von 1897 auf die Schwierigkeiten einer zukünftigen Erweiterung der Anlage hingewiesen und die Familie Behrens vergeblich versucht zu überzeugen, daß das auf der anderen Seite der Bahn gelegene Areal der sogenannten »Neuen Wiese« die weitaus besseren Möglichkeiten böte. Auf diesem Land errichtet Benscheidt nun sein Fagus-Werk. Von Anfang an wird eine produktionstechnisch organische Erweiterung einkalkuliert: notwendig werdende Vergrößerungen des Betriebs sollen lediglich einen Ausbau bedeuten.[17]

Das Fagus-Werk erstreckt sich parallel zum firmeneigenen Anschlußgleis. Entlang einer linearen Funktionsachse von Nordwest nach Südost reihen sich die Sägerei mit Dämpferei, das Lagerhaus und Trockenhaus, der Hauptarbeitssaal sowie das Hauptgebäude mit dem Versand aneinander. Diese Abfolge entspricht den maßgeblichen Arbeitsschritten im Produktionsprozeß eines Schuhleistens: in der Sägerei zerlegt man die angelieferten Buchenstämme in keilförmige Holzscheite, welche in den sogenannten Schruppbänken zu Rohleisten gedreht werden. Diese Rohlinge wandern zunächst für einige Stunden in große Dämpferkessel, danach gelangen sie in das Stapellager – ein riesiges Gebäude, das vollkommen lichtdicht, aber luftig sein muß. Hier werden die Rohleisten einem Trocknungsprozeß unterzogen, der mehrere Jahre dauert. Es schließt sich daran eine künstliche Trocknung an, damit das Holz nur noch eine maximale Restfeuchtigkeit von 7–8 % aufweist. Endlich gelangen die Rohleisten in den Hauptarbeitssaal, wo die Drehbänke ste-

Ein Schuhleisten entsteht: Buchenstämme auf dem Fabrikhof, Zersägen in keilförmige Scheite, Rohleisten trocknen im Lagerhaus, Formgebung in der Drehbank, Qualitätskontrolle
Fotos Albert Renger-Patzsch
April 1928
(Fagus-Serie Nr. 27, 29, o. Nr., 31, 38)

hen. Mittels einer Kopierscheibe wird hier die Form eines von Hand hergestellten Leistenmodells auf den Rohleisten übertragen, wobei auch proportionale Verkleinerungen oder Vergrößerungen gewonnen werden können. Es folgen Schleif- und Poliergänge, sodann verschiedene Kontrollen, bis der fertige Leisten zur Verpackung in den Versand gelangt.

Zur Bahnseite hin an den Baukomplex angelagert, befindet sich ferner das Kessel- und Maschinenhaus sowie unabhängig davon der Späne- und Kohlenbunker. Die zum Betrieb des Dampfkessels benötigte Kohle wird direkt vor dem Gebäude entladen und die nach Körnung automatisch sortierten Holzspäne – ein einträgliches Abfallprodukt – sammeln sich hier zum Abtransport an. Deutlich getrennt von der Anlage der Leistenproduktion liegt im Südosten die Stanzmesserabteilung (Schmiede und Schlosserei). Die An- und Auslieferung per Fuhrwerk oder Lastkraftwagen erfolgt über einen Zugang zur angrenzenden Hannoverschen Straße.

Obwohl sich die Gesamtanlage des Fagus-Werks im Verhältnis zur Behrensschen Fabrik fabrikationstechnisch als erheblich verbessert erweist, so folgt sie ihr doch in wesentlichen Punkten – sogar bis zur Orientierung nach den Himmelsrichtungen. Hier wie dort steht das dreigeschossige Hauptgebäude mit seiner Front der Stadt Alfeld zugewendet und schirmt den niedrigeren Shedbau des Arbeitssaals ab. Benscheidt weiß dabei allerdings den Vorteil zu nutzen, daß sein Hauptgebäude an der Bahnseite liegt. Im Gegensatz zur Firma Behrens, die in der Bahn offensichtlich nichts anderes als ein Transportmittel sieht, begreift der Schöpfer des Fagus-Werks den Streckenabschnitt als werbewirksame Schauseite.

In der Planung von Eduard Werner stellt sich das Gesamtbild der Anlage als eine Reihung von Gebäuden mit unterschiedlichen Funktionen dar. Bis auf das Hauptgebäude, das neben Produktionsräumen auch das Kontor beherbergt, handelt es sich allerdings um einfache Zweckbauten ohne einen über das Normalmaß hinausgehenden ästhetischen Anspruch. Als vorherrschendes Material wählt man den im Fabrikbau üblichen Backstein; lediglich das fünfgeschossige Lagerhaus soll in sichtbarem Holzfachwerk ausgeführt werden.

Dem eingeschossigen Shedbau des Hauptarbeitssaals unterliegt ein Rechteckraster mit Einheiten von 7 m x 5 m Kantenlänge. Auf den Schnittpunkten stehen gußeiserne Säulen, die die hölzerne Dachkonstruktion tragen. Zweiseitig umfaßt das dreigeschossige Hauptgebäude den Arbeitssaal, der in das Erdgeschoß des bahnseitigen Flügels hinein-

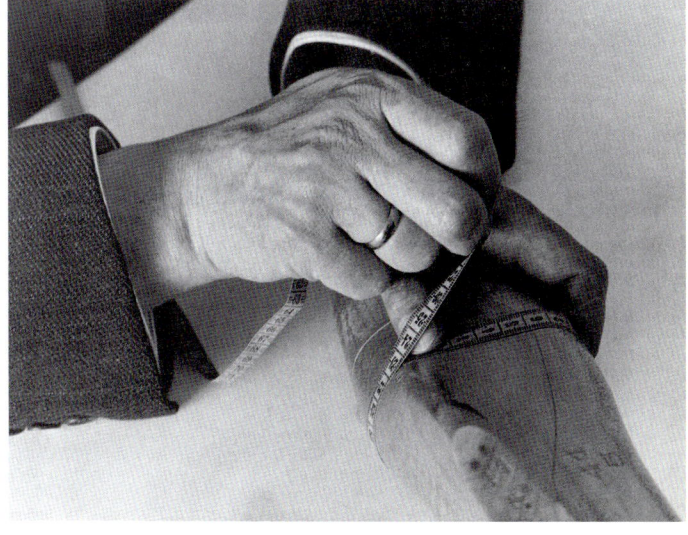

Planung Eduard Werner
Ansichten
Baueingabe April 1911

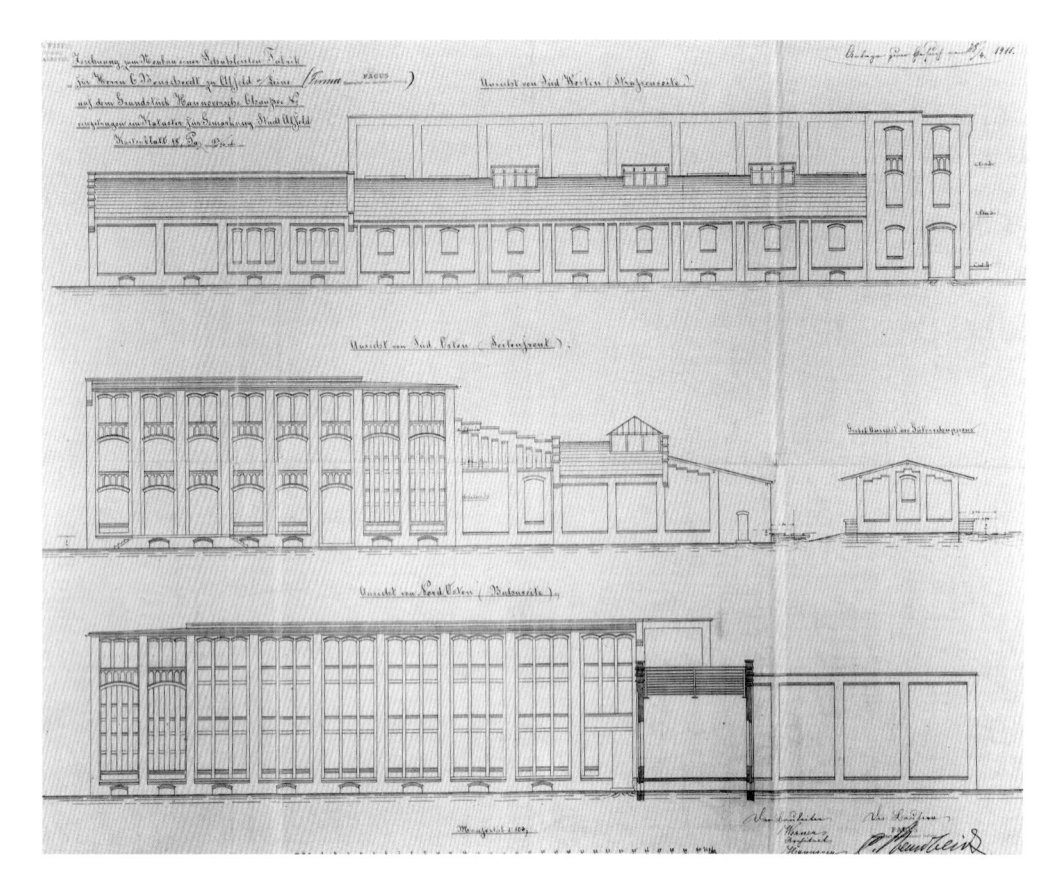

Planung Eduard Werner
Lagerhaus
Planungsvariante April 1911

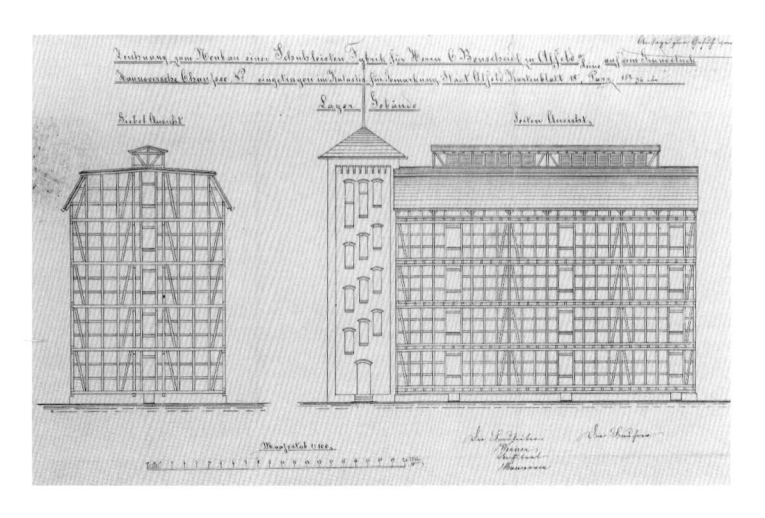

greift. Es ist daher nur folgerichtig, daß Eduard Werner auch dem Hauptgebäude denselben Raster unterlegt und als ordnende Struktur in die Gestaltung der Fassade einbezieht.

So gliedert er die Ansichten mittels stockwerksübergreifender Wandvorlagen, die – dem Raster entsprechend – an der Bahnseite im Abstand von fünf Metern stehen. Jeweils zwei dünne, gotischem Stabwerk ähnliche Lisenen rhythmisieren die Joche und laufen im zweiten Obergeschoß in Segmentbögen aus. Den 7m-Takt der Südostseite teilt Werner dagegen in 3,50m breite Joche und überfängt die großen Fenster mit einer Reihe spitzer Blendbogen in der Brüstungszone. Der über quadratischer Grundfläche ausgebildete Eckbereich stellt gestalterisch das Gelenk zwischen den unterschiedlichen Fassaden her: hier scheinen sie sich zu vermischen. Als zusammenfassendes Element funktionieren schließlich die durchlaufenden Segmentbogenfenster des 2. Obergeschosses.

Die aufwendigere Gestaltung und die großen Fenster weisen diesen mit einem flachen Dach versehenen Bau als Hauptgebäude

20 Die Fabrik: Anlage und innere Organisation

aus. Zugleich entsprechen die unterschiedlichen Fassaden der heterogenen Nutzung und den Lichtverhältnissen. So befindet sich hinter den großen Öffnungen im Erdgeschoß des südöstlichen Flügels die Packerei; zwei der Fenster sind als Tore für die vorgelagerte Verladerampe ausgebildet, ein drittes als Zugang zum Haupttreppenhaus. Dagegen beläßt Werner die Nordostseite im breiten Achsabstand, um hier soviel Licht wie möglich einzufangen. Interessanterweise wird zwischen der Nutzung des Erdgeschosses als Arbeitssaal und des Obergeschosses als Kontor mit Chefzimmer gestalterisch nicht unterschieden! Deutlich anders ausgebildet ist dagegen der Eckbereich mit Toiletten und Garderobe hinter kleinen Fenstern.

An das Hauptgebäude schließt bahnseitig das mit einem Satteldach versehene Maschinenhaus an und im rechten Winkel hierzu ein eingeschossiger Baukomplex, bestehend aus Kesselhaus, Kohlenlager und Spänebunker. Diese Gebäudegruppe stellt einen Riegel dar, der zwischen Hauptgebäude und Bahn keine Durchfahrtmöglichkeit offen läßt. Daneben befindet sich der freistehende eingeschossige Lagerboden (Magazin).

Der Entwurf Werners wird im April 1911 den städtischen Behörden als Baueingabe vorgelegt und im Mai genehmigt, obwohl zu diesem Zeitpunkt bereits die Berliner Architekten Walter Gropius und Adolf Meyer den Auftrag erhalten hatten, den gesamten Fabrikkomplex bezüglich der Fassadengestaltung zu überarbeiten. Daß Carl Benscheidt sen. in dieser Hinsicht mit Werners Arbeit unzufrieden ist, zeichnet sich schon früher ab. So engagiert der Alfelder Bauverein für die ab 1908 ausgeführte Siedlungserweiterung einen anderen Architekten, der im aktuellen neo-biedermeierlichen Heimatstil baut. Als Vertreter der ›Hannoverschen Schule‹, die sich durch sparsamen gotisierenden Backsteindekor, abgetreppte Giebel und Segmentbogenfenster auszeichnet, gehört der 63jährige Werner inzwischen zur alten Generation. Wie unzeitgemäß seine Industriearchitektur ist, muß Benscheidt spätestens in Amerika bewußt geworden sein.

Völlig unabhängig vom äußeren Erscheinungsbild der Architektur entsteht aber in der Zusammenarbeit mit Werner eine der modernsten Anlagen, die nicht nur in ihrer Zeit, sondern über Jahrzehnte hinweg als mustergültig erachtet wird.[18] Benscheidt schafft mit dem Fagus-Werk eine Fabrik nach Maß, die nachgerade ideal werden muß, da in sie alle seine Erfahrungen als Betriebsleiter einfließen. Auf diesen Umstand verweist Karl Benscheidt jr. in einem 1927 gehaltenen Vortrag: »Bedenken Sie, was es heißt, daß derselbe Mann im Leben zweimal eine große Fabrik baut, und daß ihm beide Male die Mittel zur Verfügung stehen, die groß genug sind, um das für richtig Erkannte auch tatsächlich ausführen zu können.«[19]

Die Fabrik: äußere Gestaltung

Während Carl Benscheidt sen. noch in Amerika weilt, schreibt er einem Freund nach Alfeld über die geglückten Verhandlungen und den bevorstehenden Bau des Fagus-Werks. Dieser macht die aufsehenerregende Neuigkeit in der lokalen Presse bekannt, was zur Folge hat, daß Benscheidt nach seiner Rückkehr eine Flut von Angeboten vorliegt. Darunter befindet sich auch eine Bewerbung des Architekten Walter Gropius vom 7. Dezember 1910, der von seinem Schwager Max Burchard, dem Landrat des Kreises Alfeld, Nachricht über die Bauabsichten Benscheidts erhalten hat.[20] Um der Offerte den nötigen Nachdruck zu verleihen, nimmt Max Burchard offenbar persönlich Kontakt mit Carl Benscheidt auf.[21]

Mit Schreiben vom 12. Januar 1911 erhält Gropius dann Mitteilung von Benscheidt, daß er nicht abgeneigt sei, auf das Angebot einzugehen, allerdings unter der Bedingung, daß ein ihm bekannter und zuverlässiger lokaler Architekt – damit ist natürlich

Eduard Werner gemeint – sowohl die Bauleitung als auch »die innere Anordnung und Ausgestaltung der Bauten« übernehmen solle. »Anders urteile ich jedoch über die äußere Gestaltung der Bauten. Hier wird vielleicht der fragliche Herr meinen Wünschen nicht ganz entsprechen, und insofern Sie bereit sind, hierin bei dem Projekt mitzuarbeiten, bin ich gerne bereit, mich Ihrer Dienste zu bedienen.«[22]

Der ausschlaggebende Grund für Benscheidts Interesse an Gropius liegt in dessen vorangegangener Tätigkeit im Büro von Peter Behrens. In seinem Bewerbungsschreiben verweist Gropius nicht nur hierauf, er belegt auch seine fachliche Kompetenz durch die Nennung der Fabrikgebäude für die Allgemeine Elektrizitäts Gesellschaft (AEG). Mit diesen Berliner Bauten hat Behrens sowohl architektonisch neue Maßstäbe gesetzt, als auch die Bauaufgabe Fabrik in einen künstlerisch anspruchsvollen Rang erhoben. Benscheidt sen. kennt die Arbeiten von Behrens aus der Zeitschrift *Der Industriebau* und äußert den »Wunsch, etwas gleich mustergültiges zu schaffen, dazu kommt, dass meine neue Fabrikanlage an einer auffallenden Stelle der verkehrreichen Linie Hamburg/Frankfurt zu liegen kommt und so ein mustergültiger Bau auch zugleich eine sehr gute Reklame sein kann.«[23]

Gropius läßt Benscheidt sen. daraufhin wissen, »dass ich als Mitglied des ›Deutschen Werkbunds‹, der es sich bekanntlich zur Aufgabe macht, Industrie und Kunst in richtiges Einvernehmen zu setzen, die vorzüglichen Einrichtungen dieser Vereinigung Ihrem Bau gern zu Nutze bringen würde.«[24] Tatsächlich wird Gropius durch Ausstellungen und Veröffentlichungen des *Werkbundes*, zu dessen Mitglied er erst im Dezember 1910 ernannt worden ist, jede Gelegenheiten nutzen, um das Fagus-Werk als Musterbeispiel moderner Architektur bekannt zu machen.

Der Bau des Fagus-Werks rettet den Berufsanfänger Gropius aus einer wenig erfolgreichen und wirtschaftlich heiklen Situation, denn Aufträge sind in seinem im Sommer 1910 eröffneten Büro noch Mangelware. Mit Hilfe der Familie Gropius gelingt zwar die Ausführung einiger ländlicher Bauten in Pommern, die aber die laufenden Unkosten nicht zu decken vermögen. Gropius schreibt deshalb Hunderte von Offerten, die aber alle ergebnislos bleiben. Seiner Geliebten und späteren Ehefrau Alma Mahler klagt er, daß er »keine Begeisterung finden« könne »für diesen Tischkram, Briefe schreiben und Verhandlungen führen. (...) Diese verblödete Arbeit bekommt mir geistig und körperlich schlecht.«[25]

Mit der Alfelder Fabrik – wiederum durch familiäre Einflußnahme vermittelt – schaffen Walter Gropius (1883–1969) und sein Mitarbeiter Adolf Meyer (1881–1929), den er im Atelier von Behrens kennenlernte, den Durchbruch. Das Fagus-Werk begleitet sie für die gesamte Zeit ihrer Zusammenarbeit bis 1925 als ein kontinuierlicher Auftrag, anhand dessen ihre künstlerische Entwicklung paradigmatisch nachvollzogen werden kann. Selbst wenn Meyers Anteil am Entwurfsprozeß nicht konkret nachweisbar ist, kann seine Mitarbeit am Fagus-Werk nicht in Zweifel gezogen werden. Diese belegen nicht nur die zahllosen Unterschriften auf den Baueingabezeichnungen, sondern auch die ausdrückliche Bestätigung durch Benscheidt.[26] Da Gropius als Inhaber des Architekturbüros die Verhandlungen führt, durch Verbandsarbeit und Vorträge mediengerecht in die Öffentlichkeit tritt und jede Publikationsmöglichkeit für seine theoretischen Schriften geschickt nutzt, wird er – folglich auch hier – häufiger erwähnt. Dadurch entsteht der Eindruck, er sei der alleinige Schöpfer dieses Baus. Zumindest was die architektonische Durchformulierung angeht, steht Meyer aber gleichberechtigt neben Gropius.[27] Nicht zuletzt hat Meyer selbst das Fagus-Werk als eine gemeinsam mit Gropius entstandene Arbeit angesehen und bewahrte alleine hierzu ein Konvolut von nahezu 100 Blatt Zeichnungen auf.[28]

Walter Gropius
und Adolf Meyer
Vorprojekt,
Perspektive von der Bahn
Planungsstand März 1911

Das Vorprojekt

Anfang Februar 1911 findet ein erstes Treffen zwischen Benscheidt sen. und Gropius statt. Dabei schlägt Gropius vor, einen Entwurf auf der Basis eines unverbindlichen Angebots zu erstellen. Wenn er Benscheidt nicht zusage, brauche er dafür auch nicht zu zahlen und könne die ganze Angelegenheit vergessen. Wolle er allerdings danach bauen, dann sei seine Beauftragung und eine branchenübliche Honorierung Bedingung. Benscheidt geht darauf ein, besteht jedoch auf einer Bezahlung der Entwurfstätigkeit, und bittet Gropius um Ausarbeitung eines Vorprojekts.[29]

Wenige Tage später regt Gropius grundsätzliche Änderungen an. Eine befriedigende architektonische Wirkung sieht er nur dann erzielt, wenn »eine rechtwinklige Stellung der Gebäude zueinander« geschaffen wird, »so dass hofartige Zwischenräume entstehen.«[30] Noch bis in den Mai 1911 hinein macht er verschiedene Vorschläge für eine Verlegung der Stanzmesserabteilung und scheint den Bauherrn fast überzeugt zu haben. Letztendlich werden sie von Benscheidt sen. aber ebensowenig akzeptiert wie die aus ästhetischen Gründen vorgeschlagene gegenläufige Anordnung der Produktionsachse: »Für die Gesamtwirkung von der Bahn aus ist nun noch folgendes zu bedenken: Die (...) Hauptansicht liegt jetzt nach der Behrensschen Fabrik hin gerichtet. Es schiene mir sehr viel besser, wenn die gesamte Fabrik als Spiegelbild des bisherigen Projekts (...) errichtet würde. Dann läge die schöne Hauptansicht ganz frei nach Hannover zu. Technisch erscheint mir kein Nachteil zu erwachsen.«[31]

Tatsächlich hätte dieser Vorschlag eine weitaus bessere Sicht aus dem fahrenden Zug geboten, weil er auf die Fernwirkung des zur offenen Landschaft orientierten Hauptgebäudes abzielt. Das für Benscheidt sen. untypische, weil äußerst allgemein gehaltene Argument, er müsse dann »den ein oder anderen praktischen Gesichtspunkt zurückstellen«[32], vermag nicht ganz zu überzeugen. Vielmehr scheint er gerade das von Gropius kritisierte direkte Gegenüber des Hauptgebäudes zur Firma Behrens zu bevorzugen, weil dadurch die Konkurrenzsituation demonstrativ veranschaulicht wird.

Vorerst schickt Benscheidt sen. einen gesamten Satz der Wernerschen Zeichnungen an Gropius mit der etwas ungehaltenen Bemerkung: »Ich bitte Sie nun, diese Pläne zu prüfen, um zu sehen, was Sie in Bezug auf [die] Fassade machen können.«[33] Auf der Grundlage dieser Unterlagen erarbeiten Gropius und Meyer in Berlin zwei grobe Tonmodelle. Das eine zeigt den Entwurf von Werner, das andere den eigenen Vorschlag für das Fagus-Werk. Weder die Modelle

Modernes Unternehmertum 23

noch Fotos davon haben sich erhalten. Allerdings äußerte Gropius später, daß nur noch wenige Änderungen am Vorprojekt vorgenommen wurden und »zumindest der Hauptbau ziemlich genau so ausgeführt worden [ist], wie er ursprünglich gedacht war.«[34]

Diese Planung gibt eine bislang unbekannte Perspektive der Bahnseite wieder.[35] Wahrscheinlich handelt es sich hierbei um die Anfang April in einem Brief erwähnte »perspektivische Skizze der ganzen Anlage«[36], die zusammen mit den beiden Tonmodellen angefertigt worden ist. Auf den ersten Blick scheint sie tatsächlich die wesentlichen Merkmale des endgültigen Entwurfs zu enthalten. So weist das Hauptgebäude bereits die charakteristische geschoßübergreifende Verglasung, die zurückweichenden Pfeiler und die stützenlose Ecke auf. Dagegen fassen Gropius und Meyer die bahnseitigen Kleinbauten im Vordergrund (Kesselhaus, Spänebunker und Kohlenlager) zu einem einheitlichen Volumen zusammen und entscheiden sich anstelle eines runden Schornsteins für einen eckigen, der an spätklassizistische Beispiele erinnert. Überhaupt ist ein latenter Klassizismus spürbar, der sich nicht nur in der achsensymmetrischen Gliederung der Fassaden, sondern auch in den Einzelformen bemerkbar macht.

Bei genauerer Betrachtung zeigen sich allerdings bei der Fassade des Hauptgebäudes bemerkenswerte Abweichungen vom ausgeführten Zustand. So verlaufen vor den Brüstungen jeweils zwei breite Vertikalstreben pro Fensterfeld, die deutlich an die Wernersche Lisenengliederung anknüpfen. Genauer Auskunft über diesen Planungsstand gibt eine als »Blatt 1« bezeichnete aquarellierte Pause eines Fensterdetails vom Mai 1911 – die früheste erhaltene Zeichnung aus dem Büro Gropius, nicht nur für Fagus, sondern überhaupt![37] Aus dem Vertikalschnitt geht hervor, daß die Pfeiler nicht – wie später realisiert – in den Baukörper hinein geböscht, sondern senkrecht hochgeführt werden sollen. Die in der Perspektive erzeugte Wirkung des Zurückweichens ergibt sich durch die Auskragung des abschließenden Mauerbands (»Attika«), an dem die Fenster bündig anschließen und wie Vorhangbahnen herabzuhängen scheinen. Grundriß und Ansicht verdeutlichen außerdem, daß die Fenster durch abgeschrägte Seitenbleche mit den Pfeilern verbunden werden sollten – sie müssen also als eigenständige Kästen, sozusagen als ›Erker‹ gelesen werden. Gropius und Meyer knüpfen damit an ein besonders für Kontorbauten vor dem 1. Weltkrieg typisches Gestaltungsmerkmal an: zwischen geschoßübergreifenden Pfeilern polygonal vortretende Fenster, die lediglich durch Brüstungen in der Form von Blechschürzen unterbrochen den Bau vertikal strukturieren! Es bleibt hierbei festzuhalten, daß es es sich um eine moderne Lösung handelt, die sich jedoch nicht aus der Industriearchitektur, sondern von der Bauaufgabe des Bürohauses – und als solches bezeichnet Gropius in der Korrespondenz mit Benscheidt stets das Hauptgebäude – ableitet.

Bevor Benscheidt sen. nach Berlin reist, um sich die Arbeit von Gropius und Meyer anhand der Modelle anzuschauen, läßt er eine Kostenrechnung auf der Grundlage der

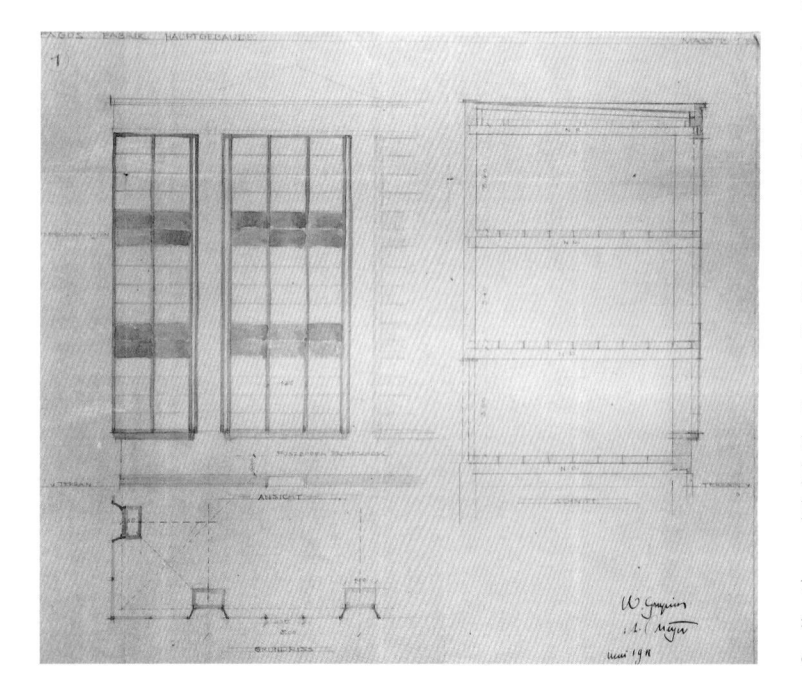

Fenster des Hauptgebäudes, Vorprojekt, »Blatt 1« Mai 1911

24 Das Vorprojekt

Wernerschen Pläne erstellen; sie ergibt eine Überschreitung der Bausumme um 100 000 Mark. Da die Gesellschafter der Fagus GmbH dies nicht gutheißen, sieht sich Benscheidt sen. veranlaßt, das Projekt wesentlich zu verkleinern. Als geldsparende Maßnahme ordnet er die bauliche Zusammenfassung des Kohlenlagers und Spänebunkers in einem Gebäude an. Im kleiner dimensionierten Maschinenhaus soll anstelle einer stationären Anlage lediglich eine Lokomobile Aufstellung finden. Daher kann auf das Kesselhaus verzichtet werden. Auch der massive Schornstein fällt zugunsten einer unverkleideten Blechröhre weg. Als positiver Effekt dieser Änderungen muß die Reduzierung der bahnseitigen Kleinbauten angesehen werden, die nicht nur einen ungestörteren Blick auf das Hauptgebäude, sondern nun auch einen Fahrweg zwischen Werk und Gleisen freiläßt.

Für das äußere Erscheinungsbild weitaus einschneidender ist jedoch Benscheidts Entschluß, auch die Produktionsräume zu verkleinern. So werden sowohl das Trockenhaus als auch der Hauptarbeitssaal um eine Achse verringert. Diese Maßnahme zieht die Verkürzung des Hauptgebäudes an der Südostseite nach sich. Schließlich erwägt Benscheidt gar, auf das dritte Geschoß des Hauptgebäudes zu verzichten, was jedoch eine Ersparnis von lediglich 15 000 Mark ausmacht. Es ist allein Gropius' Hartnäckigkeit zu verdanken, daß der Bauherr hierin umgestimmt werden kann und zu der Erkenntnis kommt, daß »durch die Fortlassung der 3. Etage der imposante Eindruck der Gebäude verlorengehen« würde. »Ich glaube auch, dass ich dadurch von vorn herein eine gute Reklame habe und sich schon dadurch diese Anlage bezahlt macht.«[38]

Als Kompromiß einigt man sich darauf, den Südostflügel bis zum Treppenhaus zu verkürzen und den Versand in einem eingeschossigen Anbau unterzubringen. Diese Entscheidung zielt – wie auch die Integration des Fahrstuhlturms in die kompakte Gebäudemasse des Lagerhauses – nicht nur auf die Verringerung der Kosten ab, sondern muß darüber hinaus als vorbereitende Maßnahme für eine spätere Erweiterung der Fabrik gewertet werden.

Nach einem Besuch bei Gropius und Meyer in Berlin Ende April 1911, bei dem Benscheidt Modelle und Perspektive in Augenschein nimmt, hält er zuerst mit Wer-

Ansicht der Bahnseite
Foto Edmund Lill 1912

ner Rücksprache, da er eine erhebliche Verteuerung durch die geschoßübergreifenden Fenster am Hauptgebäude befürchtet. Mitte Mai liefert Gropius Konstruktionszeichnungen, anhand derer Kostenvoranschläge bei verschiedenen Stahlbaufirmen eingeholt werden. Aufgrund der Offerten errechnet Werner Mehrkosten gegenüber seinem Entwurf von maximal 15 000 Mark bis 20 000 Mark. Nun steht auch die Stahl-Glas-Fassade des Hauptgebäudes kurzfristig ernsthaft zur Diskussion. Benscheidt akzeptiert dann trotzdem das Vorprojekt von Gropius und Meyer, in seiner Entscheidung übrigens unterstützt von Werner, der die Ansichtszeichnungen des Hauptgebäudes »rückhaltlos anerkannte«[39]. Als Bestandteil der am 13. Mai 1911 schriftlich fixierten Vereinbarungen wird festgehalten, daß Gropius »Konstruktionen zu wählen [habe], welche den Bau nicht verteuern. Jedenfalls dürfen die Mehrkosten (...) gegenüber den Konstruktionen des Herrn Werner 10 000 RM nicht überschreiten.«[40] Bei einer Gesamtbausumme von 400 000 Mark versteht Benscheidt diesen Betrag von 2,5 % für die äußere Gestaltung als eine langfristig gut angelegte Investition, denn ein moderner Bau »wird für mich eine gute Reklame sein.«[41]

Die Bauausführung

Gropius und Meyer stehen während der gesamten Bauausführung unter großem Zeitdruck, da Benscheidt sen. bereits Ende April 1911 – nachdem er in Berlin Modelle und Zeichnungen gesehen hat – den Bauantrag mittels der Wernerschen Pläne einreicht. Diese geben nicht nur einen überholten Stand hinsichtlich der äußeren Gestaltung, sondern auch noch den ursprünglichen Umfang der Fabrikanlage wieder. Nach der Erteilung der provisorischen Bauerlaubnis am 8. Mai 1911 wird aufgrund dieser Unterlagen umgehend mit den Erdarbeiten und der Fundamentierung begonnen. Am 29. Mai 1911 findet die Grundsteinlegung statt. Bis in den Juli hinein sind die Architekten in Berlin fieberhaft damit beschäftigt, die Zeichnungen anzufertigen, um mit der raschen Bauausführung Schritt zu halten. Ende August werden dann die Gropiusschen Planunterlagen als Nachtrag der Baubehörde unterbreitet.

Der Grund für diese große Eile liegt in Benscheidts Absicht, den Bau vor Einbruch des Winters 1911/12 unter Dach und Fach zu bringen und mit der Produktion womöglich schon im Herbst zu beginnen. Besonders

Ansicht von der Hannoverschen Straße während der Bauausführung, 1912

Grundriß der ausgeführten Anlage, 1911

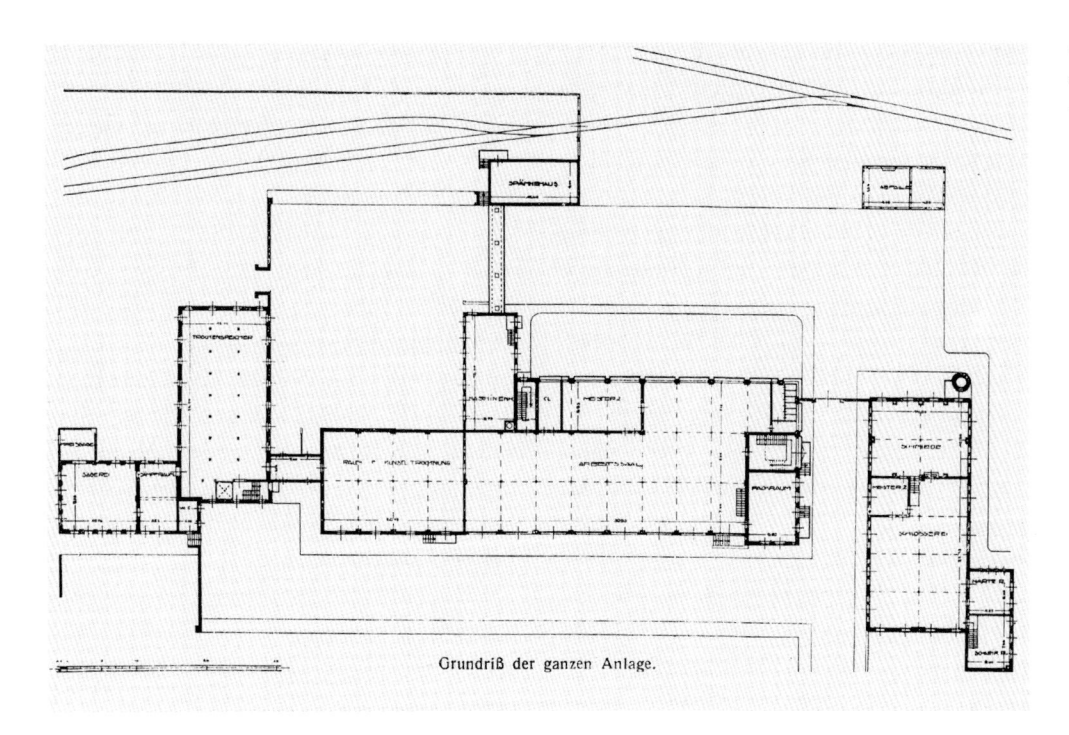

Grundriß der ganzen Anlage.

forciert wird die Ausführung der Schmiede und Schlosserei, die in einem eigenständigen Bau untergebracht sind. Hier installiert Benscheidt mehrere Drehbänke und nimmt unter provisorischen Umständen sowohl die Produktion von Leisten als auch von Stanzmessern auf. Als das Gebäude Anfang August von den Gerüsten befreit wird, äußert sich der Bauherr begeistert darüber, wie »außerordentlich einfach, aber doch sehr auffallend«[42] die Architektur wirke.

Die anderen Gebäude schreiten nach Maßgabe ihrer Dringlichkeit voran. So legt Benscheidt auf die rasche Ausführung der Sägerei Wert, in die er vorerst ebenfalls Leistenbänke aufstellen läßt. Dämpferei, Lagerhaus und Trockenhaus haben dagegen keine so große Eile, da all diese Arbeitsschritte noch in der 1910 eingerichteten provisorischen Sägerei erledigt werden, die außerhalb des Fagus-Geländes liegt. Oberste Priorität genießt natürlich der Hauptarbeitssaal, dessen Einrichtung mit den Maschinen und technischen Vorrichtungen am längsten dauert. Nur durch eine strenge Organisation gelingt es Benscheidt, die parallel laufende Situation von Baustelle und Produktion in den Griff zu bekommen. Er vermag dadurch die offenbar auf seine Erzeugnisse neugierige Kundschaft früh zu beliefern und schon Umsatz zu machen. Schwierigkeiten bleiben dabei natürlich nicht aus.

Diese zeigen sich auch in der Kommunikation zwischen Alfeld und Berlin. Insbesondere das Fehlen eines von Gropius gestellten Bauleiters macht sich negativ bemerkbar. Anstehende Entscheidungen treffen Werner und Benscheidt auf der Baustelle, was Gropius und Meyer mitunter in die Lage versetzt, mit ihrer zeichnerischen Arbeit hinter den Entwicklungen herzuhinken. Ständige Änderungswünsche aus Berlin sorgen für Konfusion. Aufgrund fehlender Angaben führen die Maurer das für die architektonische Wirkung wichtige Vorspringen des Sockels um 4 cm nicht aus, was zum Abriß der angefangenen Teile und der Neuerrichtung führt![43]

Mehr Zeit läßt man dagegen bei der Glasfassade des Hauptgebäudes walten, die für alle Beteiligte eine Herausforderung bedeutet. Benscheidt vergibt den Auftrag für die geschoßübergreifenden Fenster an die Berliner Firma Hirsch, die zur selben Zeit

Modernes Unternehmertum 27

(Frühling/Sommer 1911) für die AEG die Fenster der Kleinmotorenfabrik liefert. Die Alfelder Konstruktion besteht aus handelsüblichen Stahlprofilen. Je drei stockwerkshohe Elemente, die vierseitig mit dem Bau befestigt sind, ergeben eine Achse. Nicht nur für Benscheidt, auch für die Firma Hirsch stellt das Hauptgebäude des Fagus-Werks eine hervorragende Werbemöglichkeit dar: in einem Werbeblatt nimmt es im Gegensatz zu den anderen ausgeführten Arbeiten eine bevorzugte Stelle ein.

Größeren Diskussionsbedarf erfordert auch die stützenlose – wie Benscheidt sich ausdrückt – »schwierige Ecke«[44]. Der Bauherr erbittet eine Detailzeichnung für die Dach- und Trägerkonstruktion, weil die Handwerker nicht wissen, wie die Unterzüge befestigt werden sollen. Gropius sendet einen Plan des Konstruktionsbüros Heinrich Schütt in Hamburg, den er »nach Vorlage genehmigt«[45] hat. Die unschöne Lösung, die heute noch im Fagus-Werk als ›Gropius-Knoten‹ bezeichnet wird, verdeutlicht die großen Unsicherheiten aller Beteiligter in der Bewältigung dieser Aufgabe. Bei der Erweiterung des Hauptgebäudes 1914 kommt sie über den stützenlosen Süd- und Westecken im Treppenhaus wieder zur Anwendung, allerdings in diesem repräsentativ ausgestalteten Bereich unter der abgehängten Decke versteckt.[46]

Der Bau

Am Gesamtgefüge des Fabrikkomplexes können Gropius und Meyer nur kleinere Veränderungen bewirken. Hierzu gehören leichte Verschiebungen einzelner Gebäudeteile, um eine straffere Massenwirkung zu erzielen. Insgesamt bleibt die von Werner intendierte Zusammensetzung der Anlage aus einzelnen Bauten erhalten, doch führt die von Gropius und Meyer auf wenige Formen, Materialien und Farben reduzierte Wahl der gestalterischen Mittel zu stärkerer Einheitlichkeit.

Gemeinsames Kennzeichen aller Fagus-Bauten bildet ein 40 cm hoher und um 4 cm den Fassaden vorspringender Sockel aus dunklen Klinkern. Hierbei handelt es sich um stark verbrannte, violett-schwarze, z.T. gesinterte Ausschußsteine vierter Wahl, die Benscheidt aus der Ziegelei seines Schwiegersohns preiswert erstehen kann. Da der Mauerverband schwarz ausgefugt ist, entsteht eine durchlaufende dunkle Zone, über der die sich kontrastreich abhebenden hellen Bauten zu schweben scheinen. Für die aufgehenden Wände verwendet man ledergelbe Verblender – augenscheinlich Steine dritter Wahl –, deren unregelmäßige Farbigkeit ein lebendiges Steinbild erzeugt.

Als weiteres stilistisches Merkmal des Fagus-Werks müssen die scharfkantigen kubischen Baukörper benannt werden, in die die Fenster wie eingeschnitten scheinen. Ein Netz orthogonaler Linien strukturiert die Außenwände in Flächen und Schichten, was sowohl zu einer Präzisierung der Einzelform als auch zur Verbindung der Gebäude untereinander führt. So werden Trauflinien am Nachbarbau als Schattenfugen aufgenommen oder setzen sich als unmerklich vortre-

Werbeblatt der Firma D. Hirsch, Berlin

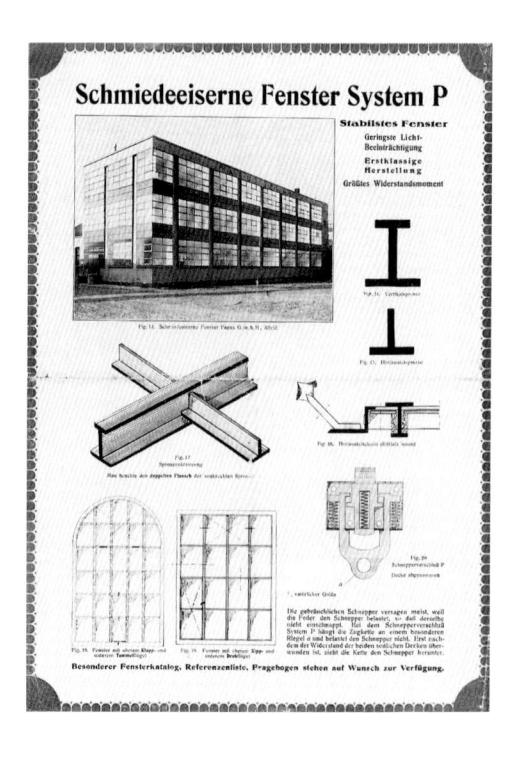

tende Rollschicht fort, während pointiert eingesetzte Fallrohre vertikal begrenzen. Diese ›graphischen‹ Gestaltungsmittel zielen auf die modulierende Wirkung von Licht und Schatten ab, die sowohl den Kontur als auch die Binnenzeichnung des Baus festigen.

Wie bereits im Entwurf von Eduard Werner erfährt auch bei Gropius und Meyer das multifunktionale Hauptgebäude die größte gestalterische Aufmerksamkeit. Um das äußere Erscheinungsbild zu vereinheitlichen, übertragen sie den 5-Meter-Takt der Nordostseite nun auch auf die kurze Südostfassade, d.h. sie weichen hier vom vorgegebenen Raster des Hauptarbeitssaals ab. Mit der identischen Behandlung beider Gebäudeflügel wird die bei Werner in gewissem Maße noch vorhandene Wertigkeit der Fassaden aufgehoben. An deren Stelle ist das ästhetische Konzept einer funktionsunabhängigen Gleichartigkeit getreten.

Auffälliges Merkmal des Hauptgebäudes bilden die über alle drei Geschosse reichenden vertikalen Fensterfelder. Dank subtiler Details wirken sie wie herabhängende Vorhangbahnen. Maßgeblich für diesen Eindruck sind die – im Vergleich zum Vorentwurf – nun in den Baukörper geböschten Pfeiler, die als Verbindung zu den senkrechten Fensterbahnen eine Keilform erzeugen. Unter diesen Umständen fällt auch die zuvor geplante Abschrägung der Fenster weg, vielmehr wird der Anschluß zum Pfeiler jetzt rechtwinklig ausgebildet. Dadurch verlieren sie die Ähnlichkeit mit Erkern und wirken in ihrer Flächenhaftigkeit wie eine geschoßübergreifende Glashaut. Effektsteigernd sind die Fensterrahmen am Sturz um feine zwei Zentimeter zurückgesetzt und kommen im Ergeschoß vor dem Brüstungsbereich zu liegen, wo sie balkenförmig enden. Bedingt wird dieses Überhängen durch ein leichtes Hervortreten der Attika. Trotz gegenteiliger Behauptung von Gropius, der sich die Literatur meist ungeprüft angeschlossen hat, kann beim Hauptgebäude des Fagus-Werks nicht von einer Vorhangfassade gesprochen werden.[47] Vielmehr handelt es sich um eine in äußerst große, von Decke zu Decke reichende Fenster aufgelöste Fassadenhaut.

Kühner als die weit getriebene Verglasung ist aber die stützenlose Ecke. Hier scheint die Fassade in der Mitte einer Fensterachse rechtwinklig um den Bau zu knikken. Gropius und Meyer brechen mit der üblichen, auch in Werners Entwurf enthaltenen Vorstellung, einen Bau an seiner statisch sensibelsten Stelle erkennbar, d.h. auch gestalterisch verstärkt auszubilden und dadurch einen optischen Halt zu geben. Vielmehr kehren sie dieses Prinzip um, indem anstelle von Stabilität schwebende Leichtigkeit tritt, in ihrer Wirkung unterstützt durch den dunklen Sockel und das Material Glas. Obwohl auch hierfür in der Literatur immer wieder eine innovative Konstruktion – Stahlskelett oder Stahlbeton – vorausgesetzt wird, weist das Gebäude eine vollkommen herkömmliche Bautechnik auf, die aus den Planungen von E. Werner übernommen werden muß. Es handelt sich um einen einfachen Mauerwerksbau, wobei sich zwischen den unbewehrten geböschten Pfeilern und der Gebäuderückwand jeweils ein eiserner Deckenträger spannt.[48]

Fehlt die Stütze an der Ecke des Hauptgebäudes, so findet man sie aber als Endbegrenzung der Glasfassade in der Form eines

Der ›Gropius-Knoten‹ Deckenkonstruktion der Ostecke

Modernes Unternehmertum 29

Fenster des Hauptgebäudes
Baueingabe August 1911
ausgeführte Lösung

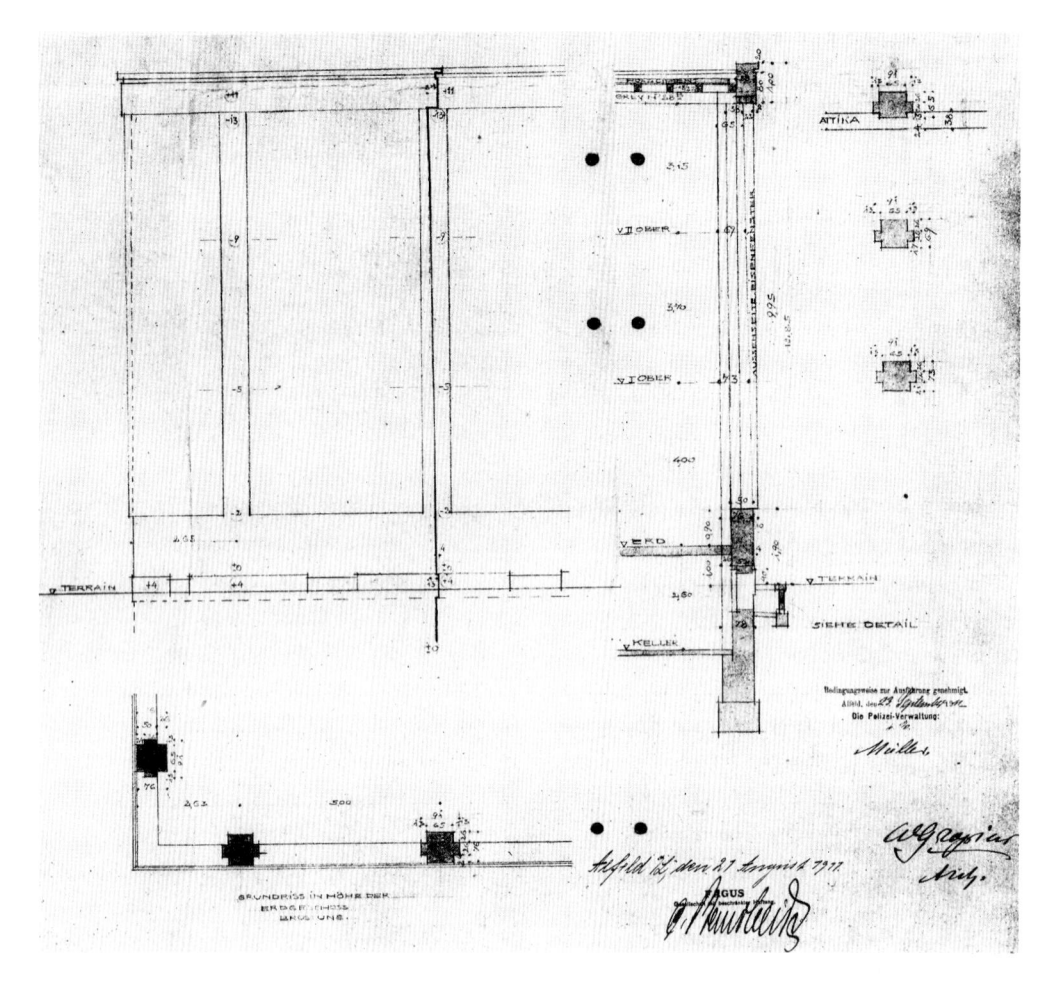

Treppenturms. Mit diesem kompakten, nur durch kleine, schmale Fenster strukturierten Baukörper wird ein deutlicher Kontrast gesucht. Über den Abschluß der Attika hochgezogen und durch eine leichte Böschung gekennzeichnet, scheint sich dieser in der Funktion eines Pylons stabilisierend gegen den weitgehend aus Glas bestehenden Baukörper zu lehnen. Wie der Vorentwurf von Gropius und Meyer offenbart, sollte das Hauptgebäude auch am anderen Ende von einem solchen Treppenturm gerahmt werden. Als ursprüngliche Idee läßt sich demnach ein langgestreckter, um den eingeschossigen Shedbau des Arbeitssaals herumgelegter Körper ausmachen, der etwa in der Hälfte seiner Ausdehnung und mittig in einer Achse stützenlos abknickt, aber an den Enden, d.h. den eigentlichen Ecken, eine Stabilisierung erfährt.

In der reduzierten Ausführung des Fagus-Werks bricht das Hauptgebäude unvermittelt als Torso ab, an den der eingeschossige Packsaal ohne Übergang anschließt. Von der Straßenseite aus gesehen, erscheint die Fabrik an dieser Stelle unfertig. Wir haben es mit einem Provisorium zu tun, das erst durch eine Erweiterung endgültige Form finden soll. Als Fassade im Sinne einer Schauseite kann man die Ansicht von der Straße nicht bezeichnen. Daß dies möglicherweise nie vorgesehen war, legen die wenigen zeichnerischen Ansichten nahe, die sämtlich von der Bahnseite ausgehen. Auch Benscheidt versteht eindeutig unter der Hauptansicht seines Werks diejenige, die von der Bahn aus wahrgenommen wird; diese Haltung drückt sich schon im Wernerschen Entwurf aus, bei dem sogar von einer Vorder- (Bahn) und einer Rückseite (Straße) gesprochen werden muß.

Der Bau

Der Vertikalität des gläsernen Hauptgebäudes steht die horizontale Gliederung des massigen Lagerhauses gegenüber. Gropius und Meyer folgen Werners Entwurf weitgehend, versehen den Holzfachwerkbau jedoch mit einem hellen Rauhputz. Die von großen Leinekieseln durchsetzte Oberflächenstruktur steht in bewußtem Kontrast zu den exakt gemauerten Flächen der anderen Bauten. Geschickt fassen die Architekten das Volumen des mächtigen Gebäudes in eine präzise und ruhige Großform. Das dunkelgraue Mansarddach aus horizontal gerichteten Rechteckschindeln drückt den Bau optisch und läßt ihn lediglich viergeschossig erscheinen.

Innerhalb der Architektur des Fagus-Werks herrscht also einerseits eine Einheitlichkeit der gestalterischen Mittel vor, die die einzelnen Bauten als zusammengehörig kennzeichnet, andererseits aber auch eine deutliche Differenzierung, ja Hierarchisierung. Letztere äußert sich z.B. in der Anwendung unterschiedlicher Fensterformen. So ist die große liegende Rechteckscheibe dem Hauptgebäude vorbehalten, wogegen beim Arbeitssaal, der Sägerei und der Stanzmesserabteilung ein kleinteiligeres, dem Quadrat angeglichenes Format benutzt wird.[49] Als verbindendes Element wirkt dagegen die Farbigkeit der Materialien: Gelb (Backstein), Grau (Schieferdach, Fenster), Schwarz (Sockel) und Terrakotta (Dachziegel).

Zu den vertraglichen Aufgaben von Gropius und Meyer gehört auch die Gestaltung der Innenräume des Hauptgebäudes. Dabei beschränkt sich ihre Tätigkeit auf die dem Publikum zugängliche Büroetage im 1. Obergeschoß. Wie bei der Architektur wird auch hier nur mit einigen wenigen Mitteln gearbeitet. Insbesondere durch den Einsatz von Farbe und Möblierung findet eine Charakterisierung der Räume statt, deren nachgerade inszenatorische Abfolge auch ein psychologisches Moment berücksichtigt: der Kunde oder Besucher hält sich zuerst im Wartezimmer auf, dessen helle Farbgebung in Verbindung mit den informellen Korbmöbeln einen freundlichen, ungezwungenen Eindruck vermittelt. Abgeholt von einem der beiden Chefs oder einem Stellvertreter betritt man den langen Flur. Lediglich durch verglaste, die Fensterform des Hauptgebäudes aufgreifende Trennwände begrenzt, kann man Einblick in das Hauptkontor nehmen. Dem Credo Benscheidts folgend, ist es mit den modernsten Arbeitsmitteln ausgestattet und demonstriert wie die Produktionsräume Ordnung, Helligkeit und Übersichtlichkeit – einen durch Effizienz geprägten modernen Betrieb. Schließlich gelangt man in den Mustersaal, in welchem die Produkte präsentiert werden. Die großflächig in einer starken Farbigkeit gestrichenen Wände bewirken zusammen mit den dunklen Ausstellungsmöbeln eine fast feierlich anmutende Atmosphäre. Hat man sich von der Qualität der Ware überzeugen lassen, finden in den Büros

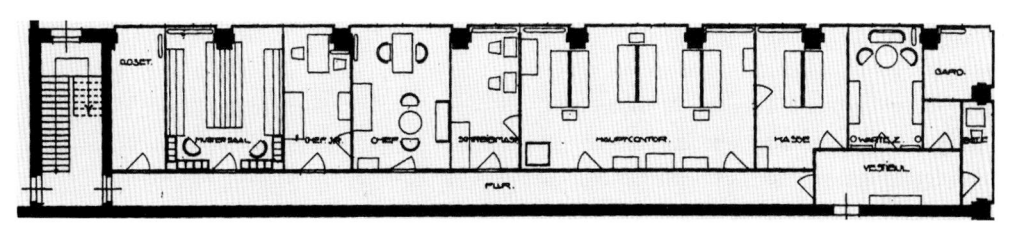

Ansicht von der Hannoverschen Straße, ca. 1912

Hauptgebäude, Büroetage mit Möblierung, 1912

Modernes Unternehmertum 31

oben:
Hauptgebäude,
Bürotetage
Foto Edmund Lill
1912

unten:
Hauptarbeitssaal
Foto Edmund Lill
1912

der Chefs weiterführende Gespräche statt. Vater und Sohn Benscheidt haben Führungen durch ihren Betrieb stets als eine wichtige Werbemaßnahme angesehen und soweit möglich diese Aufgabe auch persönlich übernommen. Sie folgen damit einer amerikanischen Gepflogenheit, die im Gegensatz zu den meisten deutschen Unternehmern steht, die ihr Werk aus Angst vor Werksspionage nur ungern zugänglich machen.[50]

Einem zweckmäßig bis ins Detail durchdachten Konzept entspricht natürlich auch der Hauptarbeitssaal. Allerdings wird er keiner gestalterischen Aufwertung durch die Architekten unterzogen. Transmission und Rohre der Entstaubungsanlage liegen auch beim Fagus-Werk im Geschoß unter dem Arbeitssaal, was zu übersichtlichen, besser beleuchteten und weitgehend staubfreien Produktionsbedingungen führt. Innenaufnahmen zeigen eine der Behrensschen Fabrik zum Verwechseln ähnliche Anlage mit dem einzigen Unterschied, daß neuere Maschinen, und zwar in strenger Ordnung den einzelnen Arbeitsschritten folgend, Aufstellung finden. Dabei sind auch die Lichtverhältnisse optimaler ausgenutzt.

Für die Arbeiter berücksichtigt Benscheidt die bekannten Wohlfahrtseinrichtungen: im Keller des kurzen Flügels des Hauptgebäudes und unter dem Versand befinden sich ein Speiseraum, eine Umkleide mit Spinden sowie Waschräume. Durch sein Engagement im Alfelder Bauverein sieht sich der Fabrikherr nicht veranlaßt, eine eigene Werkssiedlung zu errichten, obwohl ihm Gropius dies möglicherweise vorgeschlagen hat. Denn in einem Vortrag, den der Architekt Anfang April 1911 in Hagen hält, stellt er im Lichtbild den »Entwurf zu einer amerikanischen Schuhleistenfabrik in der Nähe von Hannover« vor – sicherlich handelt es sich dabei um die erst kurz zuvor fertiggestellte Perspektive des Vorprojekts. Als nächstes Bild läßt er dann seine 1909 für das Gut Janikow in Pommern entworfene Wohnanlage mit den Worten folgen: »Entsprechende Arbeiterhäuser dazu mit billigen Mitteln.«[51] Daß es sich hierbei lediglich um eine Möglichkeit handelt, wird den Anwesenden sicherlich nicht bewußt geworden sein. Vielmehr scheint sich Gropius als Architekt präsentieren zu wollen, der für ein modernes, da »amerikanisches« Unternehmen auch gleich die Werkssiedlung baut – ein sicherlich ideales, aber keineswegs neues Konzept, wie alleine schon die Tätigkeit von Werner beweist.

Im Laufe des Jahres 1912 werden nach Entwürfen von Gropius und Meyer auch noch Autogaragen, ein Holzschuppen, eine Anlage zur Unterstellung von Fahrrädern, die Pflasterung, das Eingangstor und der Zaun ausgeführt. Kurz nach Fertigstellung dieser Arbeiten erscheint eine ausführliche Publikation über das Fagus-Werk in der Zeitschrift *Der Industriebau*. Benscheidt begreift den mit einer Vielzahl von Fotos illustrierten Artikel als »eine gute Reklame«[52] und bestellt 1500 Exemplare des Heftes, das er an Besucher vor Ort und durch seine Vertreter an potentielle Kunden verteilt.

Schon im Dezember 1911 faßt Benscheidt in einem umfangreichen Bericht für die amerikanischen Geschäftspartner das Erreichte zusammen: »Wie Sie wissen, war es mein Bestreben, möglichst einfach, aber exakt und präzise zu bauen, um damit schon durch das Äußere der Anlage anzudeuten, daß hier alles auf Genauigkeit zugeschnitten ist. Dieses Ziel habe ich, wie allgemein anerkannt wird, erreicht; bei der vorzüglichen Lage fällt die Anlage sehr auf.«[53]

Die Erweiterung

Genauigkeit ist das Qualitätsmerkmal der Fagus-Produkte. Benscheidt konzentriert sich in der Aufbauphase seines Werks auf ein einziges Marktsegment, nämlich auf den Leisten für die mechanische Herstellung von Schuhen und die dazu passenden Stanzmesser samt Klötzen. Mit der ständigen Verbesserung der Fertigungsmethoden in der Schuhindustrie entwickeln sich diese Waren zu Präzisionsartikeln. Im Gegensatz zur Fa. Behrens, die eine breite Palette von Schuhmacherbedarfsartikeln wie Handelsleisten, Stiefelblöcke, Walkhölzer, Klemmen oder Schuhspanner produziert, verlegt Benscheidt seine ganze Energie darauf, durch Innovation und Qualitätssteigerung maßstabsetzend und damit führend in der Branche zu werden. So teilt er dem amerikanischen Geschäftsfreund mit: »Mein Bestreben ist es, in allen Teilen etwas Abweichendes und Besseres zu liefern.«[54]

Benscheidts Rechnung geht auf. Obwohl er im ersten Geschäftsjahr noch Verluste schreibt, ist die Auftragslage so günstig, daß er mit der Produktion nicht nachkommen kann. Täglich verlassen 1500 Leisten das Werk. Besonders gefragt sind aber die Fagus-Stanzmesser, so daß die Räumlichkeiten der Schmiede und Schlosserei sich bald als zu klein dimensioniert erweisen. Bereits im Herbst 1912, d.h. erst ein Jahr nach der Aufnahme des provisorischen Betriebs, stellt Benscheidt mit den amerikanischen Geschäftspartnern Überlegungen an, die Stanzmesserabteilung zu erweitern. Diese sehen ein, daß die aus finanziellen Gründen vorgenommene Reduzierung des Fagus-Projekts im Frühling 1911 ein Fehler war und schlagen jetzt eine Gesamterweiterung um das Doppelte der bestehenden Anlage vor. Wiederum stellen sie 800000 Mark zur Verfügung.

Der Auftrag geht an Gropius und Meyer, die Eduard Werner nun endgültig ablösen. Zukünftig werden alle das Fagus-Werk unmittelbar betreffenden architektonischen Aufgaben durch sie bearbeitet. Im Oktober 1913 beginnt man mit der etappenweisen Ausführung, und zwar dem Produktionsablauf folgend mit den Gebäuden für die Leistenproduktion. Die Erweiterungen schließen sich, wie in der Wernerschen Grundkonzeption festgelegt, lediglich als Ausbauten des Bestehenden in Richtung Südwesten, also zur Straßenseite, an. Unter Auslassung der Sägerei nimmt Benscheidt zuerst das Lagerhaus in Angriff. Im Februar 1914 folgt der Arbeitssaal, der um drei Achsen verlängert wird. Schließlich kommt auch das Hauptgebäude an die Reihe. Mit Ausbruch des 1. Weltkriegs am 1. August 1914 steht die Baustelle von einem Tag auf den anderen still. Unter Schwierigkeiten gelingt es Benscheidt, Bauarbeiter zu organisieren, die das

Wohnanlage für Arbeiter Gut Janikow in Pommern, 1909

Erweiterung von
Lagerhaus und
Trockengebäude
Werksfoto 1913

lediglich bis zum 1. Obergeschoß gediehene Hauptgebäude zu Ende bringen; auf die Fertigstellung des Innern muß vorläufig verzichtet werden. Für die Stanzmesserabteilung sind zwar die Baumaterialien geliefert, aber an die Ausführung ist jetzt nicht mehr zu denken.

Vom architektonischen Standpunkt gesehen, stellt die Erweiterung der Anlage keine besondere Herausforderung dar, da es sich lediglich um die Verlängerung bestehender Bauten handelt. Gropius und Meyer nutzen jedoch die Möglichkeit, dem Fabrikkomplex eine straßenseitige Fassade zu geben. Eine spätestens im Januar 1914 entstandene Perspektive verdeutlicht den entwurflichen Leitgedanken: die großflächige Verglasung, die bisher dem Hauptgebäude vorbehalten war, wird nun auf den Arbeitssaal und die Stanzmesserabteilung übertragen. Wenngleich die Übernahme des liegenden Rechteckformats eine Angleichung und optische Vereinheitlichung darstellt, wird trotzdem Wert auf eine differenzierende Eigenständigkeit der Bauten gelegt. So zeichnet sich das hohe Hauptgebäude durch größer dimensionierte Scheiben, geböschte Pfeiler und die stützenfreie Ecke aus, dagegen spannen sich die breiten, 6 x 6 Einheiten zählenden Achsen des eingeschossigen Arbeitssaals vor den Stützen als ununterbrochene Glashaut, während die Stanzmesserabteilung eine Kombination aus beiden zu bilden scheint: es handelt sich um Varianten eines durch das Hauptgebäude vorgegebenen Themas.

Ein Meisterstück gelingt Gropius und Meyer mit der straßenseitigen Ansicht des Hauptgebäudes. Zeigte das ursprüngliche Konzept, das im Vorprojekt und einer An-

Ansicht nach der
Erweiterung
Foto Edmund Lill
Mai 1922

34 Die Erweiterung

fang des Jahres 1913 veröffentlichten Ansicht festgehalten ist, noch die Pylon-Lösung mit den beiden begrenzenden Treppenhaustürmen, so finden die Architekten nun zu einer überzeugenden Neuformulierung: die Glasfassade wird auch um die Südecke geführt und knickt im 2. Obergeschoß wiederum stützenlos um die Westecke. Vom Pylon bleibt nur eine asymmetrisch in die Front gesetzte und der Hervorhebung des Haupteingangs dienende zweigeschossige Backsteinwand übrig. In feiner Abstimmung mit dem Sprossenwerk durchziehen sie horizontale Schattenfugen, die ihrerseits an der Westecke umknicken und ein Stück weit an der rückseitigen Fassade des Hauptgebäudes weiterlaufen. Diese Mauer setzt eine sowohl optisch als auch inhaltlich deutliche Begrenzung zwischen Produktion und Verwaltung: sie scheidet den in den Keller hinabführenden Eingang der Arbeiter von dem über Stufen hinauf zu erreichenden Haupteingang, durch den man zur Kontoretage gelangt.

Glänzender Höhepunkt bildet aber die Plazierung des Treppenhauses in der stützenlosen Südecke! Nicht nur der Bau scheint den Gesetzen der Schwerkraft zu trotzen, auch die Treppenpodeste erwecken den Eindruck, als ob sie in der Luft hingen. Gropius und Meyer gelingt damit »ästhetisch wie architektonisch ein Kunstgriff par excellence.«[55] Voraussetzung findet er im wenige Monate zuvor erfolgten Entwurf für die sogenannte ›Musterfabrik‹ auf der Kölner Werkbund-Ausstellung von 1914. Hier arbeiten Gropius und Meyer noch mit dem Schema des langgestreckten und durch seitliche Treppentürme begrenzten Baukörpers, allerdings lösen sie diese – quasi in Umkehrung des ursprünglichen Alfelder Konzeptes – ganz in Glas auf und formulieren dagegen die durch Pilaster rhythmisierte Fassade als massive Wand. Die runden Treppenhäuser mit ihren aus der Spindel frei auskragenden Stufen werden in Alfeld in eine eckige Variante übertragen, wobei der Vollverglasung der Halbkreisform – zumindest im 2. Oberge-

schoß – die dreiseitige Durchfensterung mit den beiden stützenfreien Ecken entspricht.

Die Musterfabrik wird auf Wunsch von Gropius und Meyer aus »echten« Materialien errichtet und nicht, wie nahezu alle anderen Bauten der Kölner *Werkbund-Ausstellung*, als ephemere Architektur. Verschiedene im Rheinland ansässige Unternehmen stellen die Baustoffe kostenlos zur Verfügung, wofür sie im Gegenzug namentliche Nennung im offiziellen Katalog finden. Hierzu gehört auch die in Düsseldorf ansässige Firma Fenestra, Fabrik für Eisenhochbau, die die Fensterkonstruktion einbringt. Es ist denkbar, daß sie zu dieser großzügigen Stiftung bewegt werden konnte, nachdem Benscheidt ihr die Lieferung der Fenster für das erweiterte Hauptgebäude des Fagus-Werks zusagte. Das Fenestra-System unterscheidet sich in wesentlichen Punkten von den im ersten Bauabschnitt 1911 verwendeten handelsüblichen Profilen.[56] Als wichtigster müssen abweichende Breitenmaße bezeichnet werden, wobei die vertikalen Stäbe bedeutend dünner als die horizontalen Sprossen ausgebildet sind. Wie Gropius noch Jahrzehnte später zu berichten weiß, habe er damit eine noch größere Leichtigkeit der Wirkung erzielen wollen.[57]

links:
Südecke des Hauptgebäudes mit Treppenhaus
Foto Albert Renger-Patzsch
April 1928
(Fagus-Serie Nr. 7)

rechts:
Treppenhaus
der ›Musterfabrik‹
Werkbund-Ausstellung,
Köln
Foto Hugo Schmölz 1914

Modernes Unternehmertum 35

Grundriß der Gesamtanlage nach der Erweiterung, Planungsstand 1915

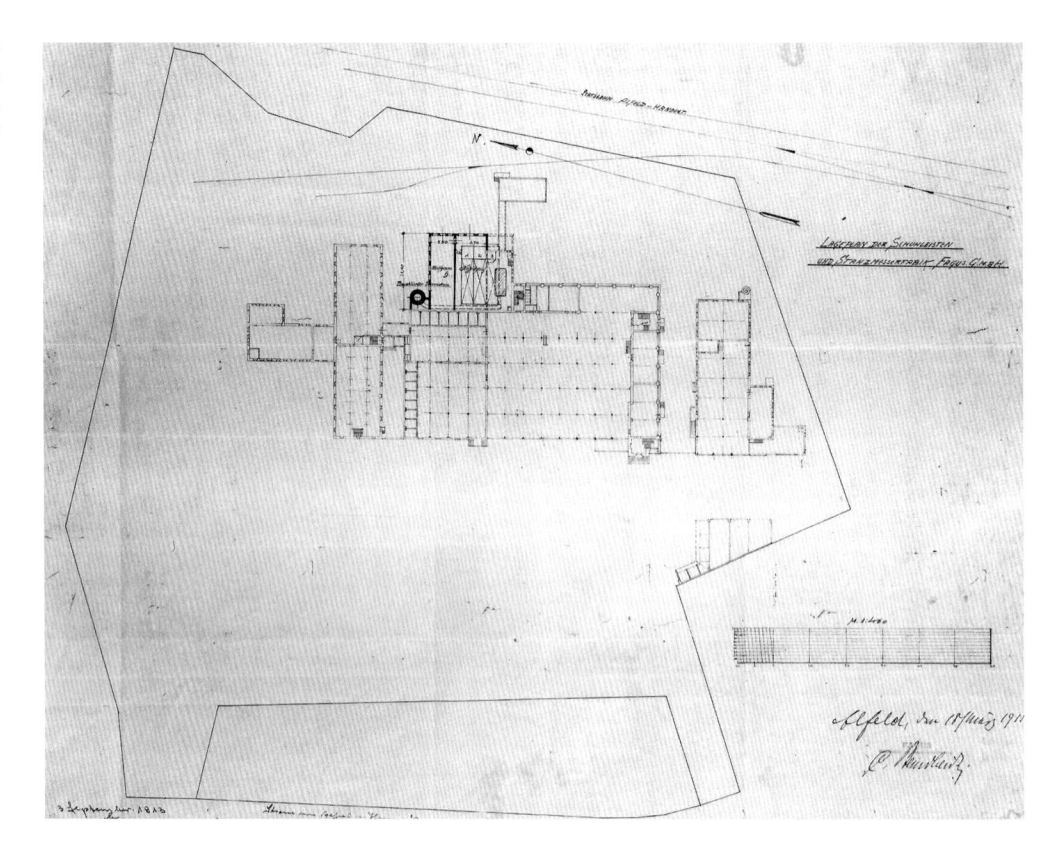

Kriegsjahre

Nur in bescheidenem Maße gelingt es Benscheidt in den Jahren des 1. Weltkriegs die Erweiterung des Fagus-Werks weiterzutreiben. Während Gropius sich unmittelbar nach Kriegsausbruch bei der Reserve-Einheit seines Regiments meldet, findet Meyer in der Entwurfsabteilung der renommierten Stahlbaufirma Breest & Co. eine interessante Arbeit, die als kriegswichtig eingestuft ist und ihn vorerst von der Einberufung freistellt. Von Berlin aus betreut er die Fertigstellung des Alfelder Hauptgebäudes und aktualisiert die bereits seit 1914 sämtlich vorliegenden Pläne für die Erweiterung der noch nicht in Angriff genommenen Bauten.

Nach der Vergrößerung der Produktionsräume und der Installierung der bestellten Drehbänke reicht die Leistung der Lokomobile nicht mehr aus und diese muß durch eine stärkere Kraftmaschine ersetzt werden. Daraus resultiert die Erweiterung des Kessel- und die Neuerrichtung des Maschinenhauses. Bei Ausbruch des Krieges ist man gerade mit der Ausschachtung der Gebäude beschäftigt und muß die Ausführung verschieben. Dieser Umstand bringt Benscheidt in massive Bedrängnis, denn wiederholte Ausfälle der Lokomobile legen den Betrieb lahm und führen zu erheblichen Umsatzeinbußen.

Da der Bezug einer neuen Kraftmaschine während des Kriegs die größten Schwierigkeiten bereitet, beginnt man im Sommer 1915 als vorbereitende Maßnahme erst einmal mit dem Bau des Schornsteins, der für den Gesamteindruck der Anlage eine wichtige Rolle spielt. Dunkle Horizontalstreifen »in chocoladefarbenen Eisenklinkern«[58] gliedern den über 30 Meter hohen, in ledergelben Steinen gemauerten runden Schaft bis zur Höhe des Hauptgebäudes. Wie die Anweisung »Nuten vom Lagerhaus übernehmen«[59] auf einer Zeichnung belegt, dienen sie auch der Einbindung in das ›graphische‹ Bezugssystem der Architektur. Dann löst sich die Ummantelung in braune Stützen auf, die einen zylinderförmigen, mit den gleichen

Entwurfsvariante für den Schornstein, 1914

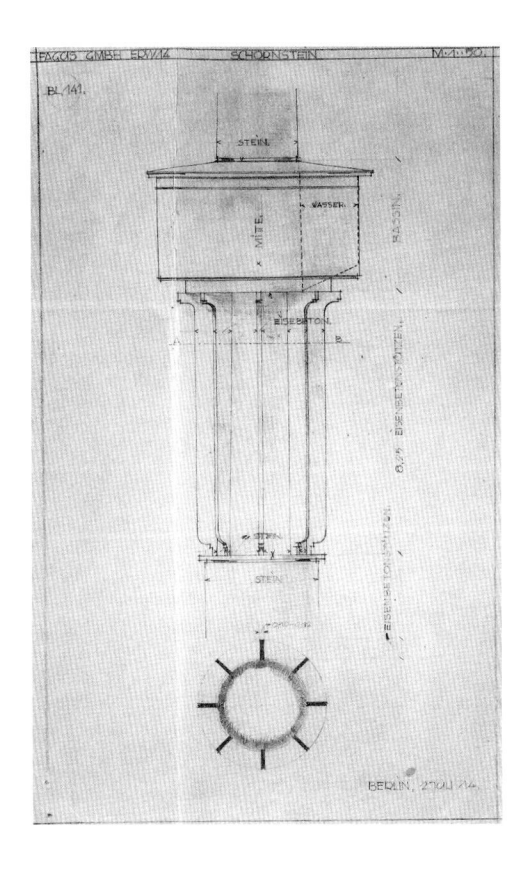

Eisenklinkern verblendeten Löschwasserbehälter tragen. Dahinter wird der eigentliche Kamin sichtbar, der das Bassin durchstößt und steil in die Höhe fluchtet. Diese überaus wirkungsvolle, Hülle und Rohr differenzierende Gestaltung verleiht dem Schornstein eine markante Körperlichkeit. Verschiedene Varianten vom Juli 1914 belegen, mit wieviel Aufwand der Entwurf für den Schornstein betrieben wird. Darunter befindet sich auch ein Vorschlag mit lamellenartigen Betonstützen, dessen grazile Form an gleichzeitig entstandene Möbel von Gropius und Meyer erinnert.

Zum Jahresende 1915 folgt endlich der Bau der Kraftanlage. Auch hierfür liegen verschiedene Planungsstufen in Zeichnungen vor, die vom Juni 1914 datieren und im März 1915 Überarbeitung durch Meyer finden. Sie entsprechen sich alle insofern, als sie außer einer geschoßhohen Verglasung auch deren Herumführung um eine oder gar mehrere Gebäudeecken aufweisen. Diese beiden Gestaltungsmerkmale müssen nachgerade als das Erkennungszeichen aller neu entstehenden Fagus-Bauten verstanden werden. Anfänglich nur dem Hauptgebäude vorbehalten, finden sie in der Erweiterung ab 1914 Übertragung auf den Arbeitssaal, die Schlosserei und nun auf die Kraftanlage. Auch bei den Bauten, die in den 1920er Jahren noch folgen werden, dürfen sie nicht fehlen.

Benscheidt entschließt sich für den bereits 1914 vorgeschlagenen, jetzt etwas vergrößerten Entwurf, bei dem das Maschinenhaus zweiseitig verglast ist. Ein Grund dafür, die gläsernen Fassaden nicht am Kesselhaus zu verwenden, liegt vielleicht in der hier herrschenden hohen Raumtemperatur, die eine starke thermische Beanspruchung der Eisenfenster mit rasch einsetzenden Schäden nach sich gezogen hätte. Um den laufenden Betrieb nicht zu stören, wird um das alte Kesselhaus mit der darin installierten Lokomobile herum das neue gebaut. Nach Fertigstellung des Maschinenhauses und dem Anschluß der dort aufgestellten Kraftmaschine kann dann das alte Kesselhaus abgebrochen werden.[60]

Abweichend von den bisherigen Bauten handelt es sich beim Maschinenhaus um eine Stahlrahmenkonstruktion mit einem Ständer in der gläsernen Ecke. Wie beim Hauptgebäude bestehen die Glasflächen aus Fenster-

Bahnseite mit provisorisch fertiggestelltem Kesselhaus
Werksfoto
Winter 1918/19

Modernes Unternehmertum 37

elementen mit 4 x 4 Scheiben im liegenden Rechteckformat, wobei hier jeweils zwei Elemente übereinander angeordnet sind. In der oberen Reihe setzen sie sich als Fensterband im Oberlichtbereich des angrenzenden Kesselhauses fort. Fotos vom Winter 1918/19 zeigen an dieser Stelle noch eine Holzverschalung und die Verwendung behelfsmäßiger Fenster. Dieses Provisorium hängt mit Benscheidts Absicht zusammen, nach dem Krieg einen zweiten Kessel anzuschaffen. Erst als dieses große Gerät in den Bau eingebracht ist, kann er 1921/22 fertiggestellt werden.

Wie sehr das Gebäude Teil der Gesamtkomposition ist, zeigen Fotos aus den 1930er Jahren. Die verglaste Ecksituation des Maschinenhauses zielt auf die Wahrnehmung aus dem von Hannover kommenden Zug ab und übernimmt dabei eine maßgebliche Funktion als Bindeglied: vom horizontal gegliederten Block des Lagerhauses wandert der Blick zum hoch aufragenden Schornstein, um dann über das eingeschossige verglaste Maschinenhaus und durch das Oberlicht des Kesselhauses weiterlaufend zum Hauptgebäude zu finden; den rahmenden Endpunkt bildet die niedrige Stanzmesserabteilung mit dem vertikalen Abschluß des zweiten Schornsteins. Aus Richtung Göttingen vorbeifahrend, präsentiert sich dem Betrachter analog zum Maschinenhaus die gläserne Ostecke des Hauptgebäudes, eingefaßt durch die markanten Zäsuren der Kamine.

Die bewegte Höhenstaffelung, der Wechsel von horizontaler Struktur mit vertikaler Rhythmisierung, schweren geschlossenen Volumina und leichten aufgelösten Körpern zeugt von einer Vorgehensweise, die bewußt mit Kontrasten arbeitet, aber eine Harmonie der Gegensätze bewirkt, so daß man von einem bildmäßigen Aufbau der Bahnansicht sprechen muß. Maßgeblich verantwortlich hierfür sind die stimmigen Proportionen und das subtile Beziehungsgeflecht der Details. Im Gegensatz zu Eduard Werner reihen Gropius und Meyer nicht einfach zweckbedingt Bau an Bau, sondern binden jedes der Bestandteile in eine gestalterische Einheit ein.

Einen ähnlichen, wenngleich weitaus ruhigeren Eindruck vermittelt die Straßenseite des Komplexes. Auch sie entwickelt sich parallel zur Bewegungsrichtung, im Gegensatz zur Bahnseite aber flach entlang einer Ebene. Die in ihrer unterschiedlichen Höhe deutlich

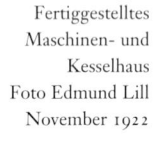

Fertiggestelltes
Maschinen- und
Kesselhaus
Foto Edmund Lill
November 1922

38 Kriegsjahre

voneinander abgesetzten Bauvolumina von Lagerhaus, Dämpferei, Arbeitssaal und Hauptgebäude sind kunstvoll miteinander verbunden, so daß man auch hier von einer bildmäßigen Komposition sprechen kann. Im Unterschied zum noch gänzlich ungeordneten Zustand des ersten Bauabschnitts erfährt diese Ansicht durch die Erweiterung 1913/14 eine Aufwertung zu einer der Bahnseite gleichberechtigten Fassade.

Wie die Auswahl der in Publikationen genutzten Fotos belegt, scheint Benscheidt sen. immer die Bahnseite als die Hauptfassade aufzufassen – sicherlich bestimmt durch die Konkurrenzsituation mit Behrens, aber auch beeinflußt durch die nicht nur im Industriebau vorhandene Ausrichtung zur Schiene als dem damals wichtigsten Transportmittel. Gropius und Meyer dagegen nehmen mit der Ausbildung einer auf die Straße bezogenen Fassade weitsichtig Rücksicht auf die Entwicklung des Automobils. Gleichzeitig geben sie der Anlage etwas, was bisher fehlte: eine eindeutige Blick- und Wegeführung auf das Portal, das die Route zur Verwaltung und damit zum Chef vorgibt.

Nach der Einberufung von Meyer im Frühling 1915 kann von einer Baubetreuung seitens der Architekten kaum noch die Rede sein. Im Baugesuch für den Neubau der Kraftanlage erklärt Benscheidt die auf den Plänen fehlende Unterschrift von Gropius mit dessen kriegsbedingter Abwesenheit, versichert aber, daß dieser »die Ideen für die Anordnung der Bauten angegeben und die Zeichnungen geprüft«[61] habe. Gropius bestätigt diese Aussage indirekt in einem Brief aus dem Felde vom Sommer 1916 an seine Mutter, die in Alfeld bei der Familie der Tochter weilt: »Sieh Dir gelegentlich mit den Kindern einmal Fagus an, da ist viel geschafft worden im Kriege; ich stehe in dauernder Korrespondenz u. leite die Arbeiten so gut es eben geht von hier aus.«[62] Alle aufschiebbaren Arbeiten werden aber ausgesetzt. Die meisten davon kommen erst nach dem Krieg zur Ausführung.

Von 1911 bis 1918 ist das Fagus-Werk eine ständige Baustelle. Manche damals geschaffene Provisorien währen noch bis in die 1980er Jahre! Denn die im Krieg mehr oder minder weitergeführte bauliche Erweiterung findet in den 1920er Jahren keine wirkliche Fortsetzung. Es gibt zwar Pläne, aber nur wenig kommt zur Ausführung. Bedingt durch den 1. Weltkrieg werden auch erst verhältnismäßig spät Fotos des erweiterten Zustands publiziert. Daher ›entdecken‹ Kritiker und Historiker das Fagus-Werk auch erst in der zweiten Hälfte der 1920er Jahre – dann fängt auch das Konzept von Benscheidt an, sich auszuzahlen: der Bau ist ihm nicht nur eine gute Reklame, sondern macht sein Unternehmen weltbekannt!

Das Fagus-Werk aus der Sicht des Bahnreisenden Werksfotos aus den 1930er Jahren

Modernes Unternehmertum

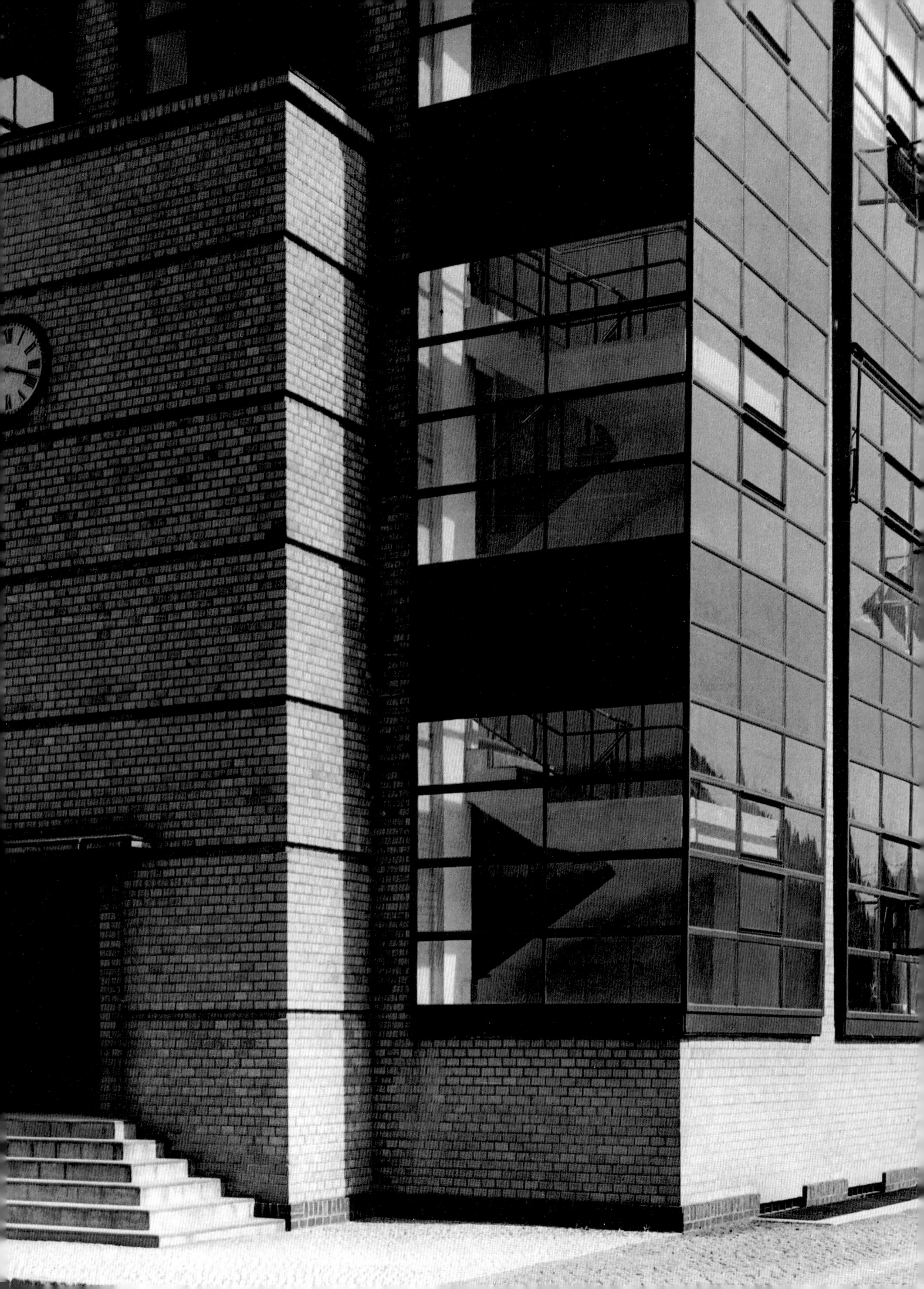

Der Industriebau als künstlerische Aufgabe

Monumentale Kunst und Industriebau

Am Anfang des Jahres 1914 stellt der Architekturkritiker Adolf Behne fest: »Heute, das darf man wohl ohne Übertreibung behaupten, fesselt ein industrieller Neubau Publikum und Kritiker in höchstem Maße. Eine Fabrik, die nicht künstlerischen Ansprüchen genügt, wird heute fast erbarmungsloser beurteilt als ein langweiliges Rathaus oder ein mißlungenes Denkmal. Vor 10 Jahren konnte im Fabrikbau geschaffen werden, was wollte, kein Mensch nahm davon Vermerk.«[1]

Tatsächlich ist die Beauftragung eines namhaften Architekten mit Aufgaben aus dem Gebiet des Nutzbaus in den Jahren vor dem 1. Weltkrieg alles andere als ein Einzelfall. Spätestens seit der Mitte des 19. Jahrhunderts kann in Deutschland die künstlerische Gestaltung von Produktionsstätten der Großindustrie beobachtet werden.[2] Die Motivation hierfür ist einerseits in der Einfügung eines Fabrikkomplexes in die Landschaft oder Umgebung, andererseits in der wirtschaftlichen Bedeutung und Selbstdarstellung eines Unternehmens zu suchen. Ab den Gründerjahren wird die Reklamewirkung der Architektur gezielt als wirtschaftlicher Faktor eingesetzt: auffallende Fabrikbauten – z.B. burgenartige Brauereien – sprechen den Konsumenten nachhaltig an. Das bekannteste Bauwerk dieser Art ist sicher die ab 1907 entstandene Zigarettenfabrik *Yenidze* in Dresden, die in der Form einer Moschee auf die Herkunft der verarbeiteten Orienttabake verweist. Sie »macht Tag und Nacht, bei guten und schlechten Geschäftszeiten Reklame für den Besitzer und verursacht keine Ausgaben für das Propaganda-Konto.«[3]

Nicht nur die Tätigkeit, sondern auch die Architektur von Peter Behrens für die AEG geht weit über diesen vordergründigen Rah-

Zigarettenfabrik
Yenidze, Dresden
Arch. Martin Hammitzsch,
1907

links:
Südecke des Hauptgebäudes
Foto Albert Renger-Patzsch
April 1928
(Fagus-Serie Nr. 8a)

men hinaus. Mit seiner im Jahre 1907 erfolgten Berufung als »künstlerischer Beirat« obliegt ihm die Verantwortung für die gesamte Gestaltung des Weltunternehmens: das beinhaltet den Entwurf für das Firmenzeichen, sämtliche Drucksachen, die Produktpalette der elektrischen Haushaltsgeräte, die Fabrikbauten, die Ausstellungsarchitektur, alle Ladeneinrichtungen, die Vereinshäuser der Belegschaft samt Interieurs und Arbeitersiedlungen – eine Identifikation stiftende, künstlerisch bedingte Einheitlichkeit und Zusammengehörigkeit, eine Frühform der *corporate identity*.

Im 1907 gegründeten *Deutschen Werkbund* manifestiert sich dieser umfassende Anspruch auf Gestaltung als nationales Wirtschaftsprogramm. Führende Männer aus Politik, Handel, Verlagswesen und Kunst – Peter Behrens gehört zu den Gründungsmitgliedern – finden sich auf höchster Ebene zur Unterstützung und Realisierung zusammen. Ihr Ziel besteht darin, technisch innovative und qualitativ hochrangige Handelsware zu produzieren, die nicht nur im Inland, sondern vor allem im Exportgeschäft konkurrenzfähig ist. Den führenden Ländern Frankreich und England sollen mit gestalterisch anspruchsvollen Waren Marktanteile abgenommen und im Inland zugleich ein neuer nationaler Stolz für Wertarbeit geweckt werden.

Vor allem die werbewirksame Kraft der Architektur als Ausdrucksträger von Innovation und Qualität findet zunehmend in der Wirtschaft Niederschlag. Neben auffällige Bauten, deren Reklamecharakter auf allzu allgemeinverständlicher Ebene angesiedelt ist, treten nun geschmackvolle Gebäude, die von Gediegenheit und Kultur zeugen. Die künstlerische Überhöhung erweckt den ruffördernden Eindruck von innerer Größe und Vornehmheit des Unternehmens. Dieser Weg bietet sich vor allem für solche Firmen an, die im Investitionsgüterbereich tätig sind und deshalb nicht direkt mit ihrem Produkt werben können.

Speziell im Kreis der Berliner Werkbundarchitekten setzt sich die von Peter Behrens mit den AEG-Bauten propagierte Nobilitie-

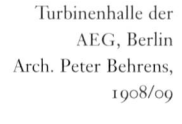

Turbinenhalle der AEG, Berlin
Arch. Peter Behrens,
1908/09

42 Monumentale Kunst und Industriebau

rung der Fabrikwelt als »Industrieklassizismus« durch. Diese neudeutsche[4] Monumentalarchitektur demonstriert nicht bloß die wirtschaftliche Bedeutung des Unternehmens, sondern verkörpert insbesondere die Vorrangstellung der Industrie als staatstragende, die Gesellschaft verändernde Kraft. Behrens ›gereinigter‹ Klassizismus geht einher mit der Vereinfachung der Form. Aus präzisen stereometrischen Grundkörpern setzen sich seine Bauten zusammen. Geschlossenheit des Umrisses, Exaktheit der Einzelheiten, Härte der Materialien evozieren Größe, Kraft und Herbheit: Qualitäten eines neuen monumentalen Stils, der sich aus den Bedingungen industrieller Arbeit ableitet. Die knappe Straffheit der Kontur verweist auf ökonomische Materialausnutzung, die Reihung gleicher Bauglieder folgt dem Prinzip der seriellen Produktion.

Zu diesen aus dem Wesen der Fabrik gewonnenen architektonischen Mitteln treten aus der Architekturgeschichte überkommene Würdeformeln. So gestaltet Behrens die Fassade der 1908/09 entworfenen Turbinenhalle als Tempelfront, überhöht also eine profane Industriestätte ins Sakrale. Dieser Akt der Nobilitierung stellt ein wiederkehrendes Phänomen im Werk von Behrens dar, z.B. ist beim Pavillon der AEG auf der Berliner Schiffsbauausstellung 1908 die achteckige Grundform durch die Aachener Pfalzkapelle inspiriert. Dabei handelt es sich nicht um eklektizistische Übernahmen, sondern um die zeitgemäße Neuinterpretation bekannter Schemata. Durch eine nachgerade abstrahierende Reduktion aufs Elementare werden diese zu neuen Zeichen für eine moderne, von der Technik beherrschte Welt transformiert. Historie und Industrie manifestieren sich im Zusammengehen von symbolischer Form und modernem Material. So erkennen die Zeitgenossen im vertikalen Fensterfeld und dem polygonalen Tympanon der Turbinenhalle sowohl einen auf dem Stiel aufrecht stehenden Hammer als auch eine archaisch-dorische Säule.[5]

Während ihrer Zeit im Büro von Behrens erleben Walter Gropius (Juni 1908 bis März 1910) und Adolf Meyer (November 1907 bis September 1908) den Entstehungsprozeß der Turbinenhalle (Entwurfszeit: Herbst 1908 bis Frühjahr 1909) aus unmittelbarer Nähe. Nach einer anfänglichen Identifikation mit dem großen Architekten folgt für beide eine Phase der kritischen Auseinandersetzung. Ausschlaggebender Grund dafür ist – so berichtet Gropius später – daß »sowohl der Frontteil der Turbinenhalle, wie auch die Fassade der Voltastr. [Kleinmotorenfabrik] nicht konstruktiv ›echt‹, sondern ästhetisch manipuliert erschienen.«[6] Tatsächlich kann man das Hauptgebäude des Fagus-Werks als eine gebaute Berichtigung der Turbinenhalle sehen, in der Gropius und Meyer in »antithetischer Abhängigkeit«[7] Stellung zu Behrens beziehen.

In einem regelrechten Umkehrverfahren korrigieren sie das Vorgehen des Lehrers: während Behrens an der Langseite die Stützen senkrecht stellt und die dazwischen befindlichen Fensterflächen neigt, böschen Gropius und Meyer die Pfeiler und befestigen die geschoßübergreifende Glashaut lotrecht am Sturz. Sie folgen damit eher der Hauptfront der Turbinenhalle mit den geböschten Pylonen und der scheinbar am Gie-

Pavillon der AEG auf der Schiffsbauausstellung, Berlin
Arch. Peter Behrens, 1908

Der Industriebau als künstlerische Aufgabe 43

bel herabhängenden Glasschürze. Wo Behrens allerdings die Ecken als massig betont, verkehren die Schüler auch dieses ins Gegenteil, indem sie stützenlose Glasecken schaffen.

Behrens orientiert sich bei der Turbinenhalle insofern an der Konstruktion, als er die statisch irrelevanten Elemente der Fassade nach innen neigt. Bei den Fenstern der Langseite überzeugt das, dagegen vermag man es bei den in Beton ausgeführten Pylonen nicht recht nachzuvollziehen. Tatsächlich sind letztere aber der Dreigelenkbogen-Konstruktion der Halle nur vorgestellt, während in Wirklichkeit das große Fassadenfenster den Giebel trägt. An dieser Stelle siegt sowohl die Konvention über die Konstruktion, als auch das »Kunstwollen« des Architekten. Die verstärkte Ecke befriedigt nicht nur das Stabilitätsempfinden, sie verleiht dem Bau im Zusammenwirken mit dem Tympanon eine pathetisch aufgeladene Monumentalität.

Eben dieses Pathos stößt bei der jüngeren Generation – bei aller Begeisterung für die Arbeit von Behrens – auf Kritik. Adolf Behne findet schon 1913, daß Behrens »das Element des Schweren, Massigen und Gewaltigen etwas allzu sehr betont. Seine Vereinfachungen grenzen hier und da an Plumpheit. Er will die Industrie als Zyklopen, als einen Riesen geben, dessen einzige Äußerungen Donnern und Brausen sind.«[8] Auch darin unterscheidet sich die Architektur des Fagus-Werks: sie hält sich von machtberedten Gesten oder symbolischen Überhöhungen fern. Zur vorherrschenden Leichtigkeit des Hauptgebäudes tragen ganz erheblich die stützenlosen Ecken bei. Allerdings sind sie ebensowenig konstruktiv »echt«, sondern beim vorgegebenen Mauerwerksbau nur mit einigem Aufwand realisierbar.

Im Umgang mit der Monumentalität verhalten sich Gropius und Meyer ambivalent. Zwar benennt auch Gropius in seinen Schriften – Behrens zitierend – »unnahbare Gewalt« als eine Qualität monumentaler Kunst, »vor der man niedersinkt, die uns erschauert, uns durch ihre Größe seelisch überwältigt.«[9] Genau diese Kraft geht aber von keinem ihrer Bauten aus. Was die Architektur von Gropius und Meyer anbelangt, so folgt sie eher jener Definition, die Gropius ausführlich in seinen Schriften behandelt: sie bedingt nicht äußere, sondern innere Größe und manifestiert sich in der geschlossenen Umrißform, dem körperhaften Volumen und in harmonischen Proportionen. Neben der schwebenden Leichtigkeit ist es diese fern von Machtgebärden und Symbolen angesiedelte Form der Körperlichkeit, die das Alfelder Hauptgebäude zu einem Ursprungsbau der Moderne macht.

Vor dem Hintergrund der Turbinenhalle beginnt man auch die straßenseitige Fassade des Alfelder Hauptgebäudes mit anderen Augen zu sehen. Hier wiederholen Gropius und Meyer nicht nur die stützenfreie Ecke, sie greifen auch die horizontale Strukturierung der Pylone für ihren auf Wandstärke und geringere Höhe geschrumpften »Pylonrest« auf – sozusagen eine doppelte Korrektur an Behrens. Denn wie dieser selbst ausführt, und auch Gropius 1911 zu berichten weiß, sollen die Nuten verdeutlichen, daß dieser Bauteil keine tragende Funktion erfüllt – in Alfeld ist das nur mehr als deutlich herausgestellt.[10] Zugleich besteht ihre Aufgabe darin, die beiden Fassaden miteinander zu verbinden. Wie bei der Turbinenfabrik verlaufen die Schattenfugen in Abstimmung mit den Sprossen der benachbarten Fensterfelder.

Erst mit dem Auftrag für das Fagus-Werk beginnt sich Gropius literarisch mit dem Thema Fabrikarchitektur auseinanderzusetzen, und zwar in einem »Monumentale Kunst und Industriebau« betitelten Vortrag, den er am 10. April 1911 im Folkwang Museum in Hagen hält.[11] Gründer dieser Institution ist Karl Ernst Osthaus, ein kunstsinniger Bankier, der insbesondere als Förderer von Henry van de Velde und Peter Behrens, aber auch als maßgebliches Mitglied im *Deutschen Werkbund* wirkt. Gropius lernt ihn im Früh-

Straßenseitige Fassade
des Hauptgebäudes
Werksfoto
späte 1920er Jahre

jahr 1908 kennen und verdankt ihm viel: die persönliche Vermittlung ins Büro Behrens, die im Dezember 1910 erfolgte Aufnahme in den *Deutschen Werkbund* und im März 1911 die Betrauung mit dem Aufbau einer Fotosammlung von vorbildlichen Industriebauten für das von Osthaus ins Leben gerufene und vom Werkbund unterstützte Deutsche Museum für Kunst in Handel und Gewerbe.[12]

Mit seinem Hagener Lichtbildvortrag richtet sich Gropius an Unternehmer. Im Publikum soll auch Benscheidt sen. gesessen haben, der wenig später dem Deutschen Museum für Kunst in Handel und Gewerbe beitritt.[13] Mit diesen Ausführungen legt Gropius die Fundamente für seine in kurzen Abständen bis 1914 nachfolgenden Veröffentlichungen zum Thema Industriebau. Sie gehen in allen wesentlichen Punkten mit den Schriften von Behrens konform; in manchen Passagen lehnt er sich nicht nur äußerst eng an ihn an, sondern übernimmt auch wortwörtlich Formulierungen.[14] Abweichend ist die ausführliche Behandlung der Bedeutung, die der moderne Fabrikbau auf die Arbeitsbedingungen ausübt. Hier vertritt Gropius den Standpunkt einer vom Unternehmer ausgehenden ›Reform von oben‹, die zur Lösung der sozialen Frage und zur Verhinderung einer Revolution beitragen könne. In Kenntnis von Benscheidts Geschäftsphilosophie darf man in ihm sicherlich eine Inspirationsquelle vermuten.

Gropius kann seine theoretischen Gedanken an zentraler Stelle veröffentlichen und erwirbt sich durch die Fotosammlung vorbildlicher Industriebauten und die Kölner Musterfabrik von 1914 zu Recht einen Namen als Fachmann für Industriebau. Innerhalb weniger Jahre schafft er es, zur Spitze vorzudringen: zum Kreis der Großen im *Deutschen Werkbund*. Aus dem Kontext der dort geäußerten Meinungen entwickelt er nicht nur seine Theorien, sondern auch sein Selbstverständnis als Künstlerarchitekt.[15] Die Bauten von Gropius und Meyer, letzterer tritt dem Werkbund 1912 bei, sind in diesen Umkreis eingebunden.

Der Kritiker Adolf Behne unterteilt 1913 den neuen Industriebau in drei Kategorien. Als gemeinsames Charakteristikum benennt er »die ungeschminkte Hingabe an die Be-

Der Industriebau als künstlerische Aufgabe   45

deutung und den Wert industrieller Bedürfnisse«[16] – d.h. der Ausdruck dieser Bauten muß aus ihrer Bestimmung gewonnen sein, darf sich kein erborgtes Stilkostüm überstreifen. Die bestehenden Unterschiede zwischen den einzelnen modernen Architekten ergeben sich aus deren Auffassung »von Wesen, Wert und Seele der Industrie.« So zählt er zu den »Pathetikern« Peter Behrens (Bauten der AEG, Berlin), zu den »Romantikern« Richard Riemerschmid (Deutsche Werkstätten für Handwerkskunst, Hellerau) und zu den »Logikern« Hans Poelzig (Chemische Fabrik, Luban), wobei er keinen Zweifel daran läßt, daß ihm die Sachlichkeit Poelzigs am überzeugendsten scheint.

Gropius und Meyer kommen nicht vor. In einem etwas später erscheinenden Beitrag wird Behne sie dann in die Nähe der »Pathetiker« einordnen: »Der Einfluß, den Peter Behrens auf die Industriearchitektur ausübt, ist groß. Niemand wird in den Arbeiten eines Gropius (Schuhleistenfabrik Fagus in Alfeld) (...) die eigene Note verkennen, und dennoch wird jeder ihre Zusammengehörigkeit mit den Werken von Behrens fühlen.«[17] Behne hebt damit auf den »Industrieklassizismus« ab, der bei Behrens mit großer Emphase vorgetragen wird, bei Gropius und Meyer aber im Ausdruck gemildert und eher als eine stilistische Übereinstimmung gewertet werden muß.

Wir sind inzwischen gewohnt, im Fagus-Werk immer nur das – im Verhältnis zu Behrens – Antithetische als das Moderne zu sehen. Dadurch ist die Abhängigkeit, die den Zeitgenossen sehr viel deutlicher erschien und durchaus als avantgardistisch gewertet wurde, verdrängt worden. Das hat natürlich damit zu tun, daß die Nähe zu einem historischen Stil spätestens seit den 1920er Jahren als negativ gilt. Aus demselben Grund hat sich die Forschung auch immer mit den deutlicheren Bezügen zum Klassizismus bei der Werkbundfabrik schwer getan. Diese sind aber auch beim Fagus-Werk zu finden, insbesondere wenn man den Blick vom Hauptgebäude einmal abwendet und auf die anderen Bauten wirft. So erweist sich die bahnseitige Front der 1914 vergrößerten Sägerei als ein auf Pfeiler, Architrav/Fries und Dreiecksgiebel reduzierter und in die Fläche projizierter

Bahnseitige Front der Sägerei
Werksfoto aus den 1930er Jahren

Portikus. Durch diese gestalterische Hervorhebung wird das hinter dem Lagerhaus gelegene Gebäude produktionstechnisch als Eingang gekennzeichnet, durch den das Rohmaterial in die Fabrik gelangt.

Man darf nicht vergessen, daß das Fagus-Werk erst in den späteren 1920er Jahren ›entdeckt‹ worden ist,[18] bekannt gemacht durch die in der Zeit der Weimarer Republik aufgenommenen Fotos des erweiterten Zustands. Diese stellen aber vor allem das Hauptgebäude und das Thema des großflächigen Gebrauchs von Glas ins Zentrum des Interesses und unterdrücken den Aspekt des Industrieklassizismus.

Antike

Die Bedeutung der Antike bzw. ihre Vermittlung durch den Klassizismus ist in allen Arbeiten von Gropius und Meyer vor 1914 evident und erlebt – unterbrochen durch eine kurze expressionistische Phase – um 1921/22 noch einmal ein letztes Aufflackern. Im Bereich des Industriebaus erweist sich die Bezugnahme als weitaus abstrakter, eher aufs allgemeine Prinzip denn auf die konkrete Form bezogen. Doch auch bei Bauaufgaben, die nicht ohne tradierte Formeln der Repräsentation auskommen, betreiben Gropius und Meyer keine Archäologie: Pfeilerfassaden, Dreiecksgiebel, ionische Kapitelle sind als solche nur noch Formeln, die kein identifizierbares antikes Vorbild zitieren.

Auch wenn Gropius und Meyer sich in Hinsicht auf konstruktive Echtheit – übrigens nicht nur im Fall von Turbinenhalle und Fagus-Werk – in gebauter Form kritisch mit Behrens auseinandersetzen, so sind sie wie er Vertreter jenes neuen monumentalen Stils, der sich aus der Verbindung von Industrie und Antike nährt. Daß es sich dabei zumindest im Fall von Gropius nicht bloß um ein künstlerisches Prinzip, sondern auch um eine Lebenseinstellung handelt, legen Äußerungen in privaten Briefen an Alma Mahler aus der Zeit um 1910 nahe, die beständig um die Themen Antike/Klassizismus und Arbeit/Industrie kreisen.

In ihrer ganzen Tragweite verständlich werden sie aber erst durch ein im Frühsommer 1910 entstandenes Manuskript von Gropius mit dem Titel »Über das Wesen des verschiedenen Kunstwollens im Orient und Occident«.[19] Hierin setzt er sich mit dem von Alois Riegl definierten Begriff des »Kunstwollens« auseinander.[20] In Gegenposition zur Theorie von Gottfried Semper, der Gebrauchszweck, Rohstoff und Technik als die bedingenden Faktoren eines Kunstwerks bezeichnet, betrachtet Riegl diese lediglich als »Reibungskoeffizienten« und ordnet ihnen den Willen des Künstlers als ein zeitbedingtes geistiges Prinzip über. Oder, um mit Gropius zu sprechen: »Die Materie an sich ist tot und wesenlos, erst die Form spendet Leben, die der Schöpferwille des Künstlers ihr einhaucht.«[21]

Gropius führt aus, daß das menschliche Kunstwollen seit jeher zwischen zwei Richtungspolen schwanke, nämlich dem antik-orientalischen und dem barock-indogermanischen, wobei diese Begriffe nicht stilgeschichtlich, sondern im weitesten Sinn verstanden werden müssen. »Dem ersten entspricht die einfach differenzielle Ordnung, die auf das Chaos folgt, dem zweiten dagegen das Überdifferenzierte, das sich bereits dem Chaos wieder nähert; in der Mitte steht der vollendete Ausgleich, das Höchstdifferenzierte (die griechische Antike).«[22]

Der antike Massenbau erreiche seine Wirkung dadurch, daß man »aus dem Körper Teile fortnimmt, wie durch eingegrabene Nuten und Kannelüren, und so dem Ganzen die organische Zusammengehörigkeit erhält. Alle architektonischen Bewegungen des Körpers spielen sich auf einer »taktischen Ebene« ab (bei der Fläche (Ornament) auf einer taktischen Linie). Das ganze Geheimnis geschlossener Wirkung beruht auf diesem Gesetz der Enveloppe, wie ich es nennen will.« Als erläuternde, in den Text eingebaute Skizze gibt Gropius eine Fassade im Grundriß wieder, der Halbsäulen vorgestellt sind: das in der Renaissance herrschende Vorgehen hinzugefügter Masse. Daneben zeichnet er das Schema des antiken Massenbaus, bei dem Teile weggenommen werden: im Prinzip entspricht es dem Hauptgebäude des Fagus-Werks mit seinen in den Baukörper zurücktretenden Pfeilern!

Bereits Fritz Hoeber macht 1913 im Zusammenhang mit der Turbinenhalle auf die Bedeutung des von Riegl geprägten Begriffs der »taktischen Ebene« für das Werk von Behrens aufmerksam.[23] Er sieht sie in der reliefartigen Zerlegung der Oberfläche, der Bezugnahme ausladender Elemente zur Grundfläche wie auch den Pylonnuten als verbindende Linien verwirklicht – also das »graphische System«, wie es hier im Zusammenhang mit dem Fagus-Werk bezeichnet wurde. Durch die Freilegung von Schichten und die Herausbildung geschlossener Flächen werden Schattenwirkungen erzeugt, die den Bau strukturieren und ihm eine gewisse Plastizität verleihen. Sie erlauben zugleich eine klare optische Erfassung aus der Distanz.

Gropius ist davon überzeugt, daß sich aus der »Silhouettenfrage (...) ein moderner Architekturgedanke entwickeln wird: denn infolge der wachsenden Schnelligkeit der Verkehrsmittel und des ganzen Lebens muß sich heute das Auge mit der oberflächlichen Betrachtung begnügen und wird so ganz von selbst wieder auf die einfachsten sinnlichen Eindrücke (Retardieren der Dimensionen) gedrängt. Wir bewegen uns also allem Anschein nach von einem barocken Kunstpol fort dem antiken entgegen.«[24]

Mit Hilfe eines zur Klassifikation spätantiker Kunst vorgenommenen Entwicklungsschemas leitet Gropius also eine Standortbestimmung für das Jahr 1910 ab: nach dem Chaos des Eklektizismus setzt nun der Anfangszustand einer neuen Kunstströmung ein. So schreibt er Alma Mahler: »Die bisherige romantische Kunst von heute, der Triumph des Intellekts über den natürlichen Instinkt, oder besser entarteter Verstand, der die Gefühlswelt in Fesseln legte. Was wir erstreben müssen ist eine Harmonie dieser beiden Welten, ein neuer Klassizismus, eine Rückkehr aus der Überkultur in ein animaleres, sinnloseres Dasein.«[25] Dieses Denken in Gegensatzpaaren, das mit der Suche nach dem harmonischen Zwischenzustand einhergeht, ist typisch für Gropius und in diesen frühen Jahren unabdingbar mit der Antike verbunden. Alma Mahler berichtet er über die bei den Griechen herrschende Gleichsetzung von »schöne(m) Geist und schöne(m) Körper, von meiner religiösen Anbetung dieser Zweiheit. Du verstehst den übertragenen Sinn auf die Kunst.«[26]

Maßgebliches Mittel zur Erzeugung einer harmonischen Wirkung ist die geheime Kraft der Proportion. Gropius und Meyer arbeiten mit systematischen Entwurfsprinzipien aufgrund von Rasterfigurationen, die mitunter dem Goldenen Schnitt folgen.[27] Darüber hinaus spielen wahrnehmungspsychologische Gesichtspunkte eine wichtige Rolle. Diese »optischen Tricks« haben zumeist die Aufgabe, zur Steigerung einer intendierten Wirkung beizutragen. Am Hauptgebäude des Fagus-Werks zählen hierzu die im Verhältnis zu den vertikalen Streben dicker ausgebildeten Horizontalsprossen der Fensterfelder oder die – wie Helmut Weber feststellte – breiteren Scheibenformate an den stützenlosen Ecken, die den Effekt der Leichtigkeit unterstützen.[28] Die stockwerksweise höher werdenden Scheiben gleichen dagegen die Unzulänglichkeiten des Auges aus.[29] Nach allem wundert es nicht, daß Gropius noch als alter Mann über den Parthenon urteilt: »Hier triumphieren Intuition und Verstand vereint über die Mängel des menschlichen Sehvermögens. Hier haben wir wahre Architektur.«[30]

Das Fagus-Werk ist Ausdruck dieser auf Harmonie von Kunst und Industrie ausgerichteten Suche nach dem rhythmisch gegliederten Massenbau der Antike als dem Höchstdifferenzierten. Das bedeutet nicht, im Hauptgebäude das Relikt eines antiken

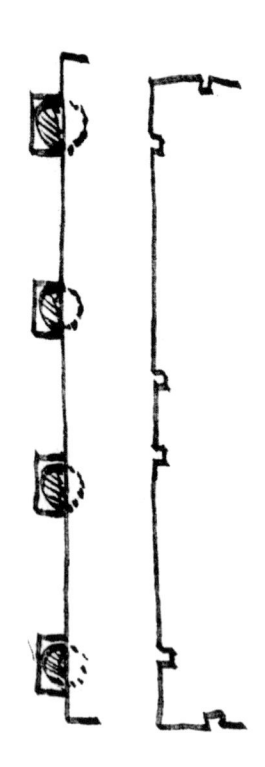

Fassadenprinzip
der Renaissance
und der Antike
Skizze Walter Gropius,
1910

48 Antike

Tempels erkennen zu wollen, selbst wenn Gropius nicht nur 1911 in der Korrespondenz mit Benscheidt, sondern auch noch als alter Mann die Einzelbestandteile dieses Baus nach der Terminologie der klassischen Ordnungen benennt: wahlweise Pfeiler oder Säulen, Architrav, Fries oder Attika. Wenn der Fabrikbau als zur Genealogie der Moderne zugehörig angesehen wird, sollte man aber zumindest im Fall des Fagus-Werks von Gropius und Meyer besser von einem Fabrikbau sprechen, der sich als die Verkörperung des antiken Massenbaus im Sinne einer neuen monumentalen Architektur versteht.

Amerika

»Das Land der unbegrenzten Möglichkeiten«[31] gilt spätestens seit der Jahrhundertwende als der Inbegriff des Modernen, durch technischen Fortschritt, Effizienz und schrankenloses Wachstum Europa in der Entwicklung um Jahre voraus. Diesen Vorsprung hat sich Nordamerika durch seine unermeßlichen Reichtümer an Bodenschätzen und fruchtbarem Land sowie seinen »Pioniergeist der Sachlichkeit« erarbeitet. Alles ist dimensionslos: Städte, Häuser, Fabriken, Verkehr, Natur.

Ein solches Amerikabild vermitteln in Deutschland eine Vielzahl von Reiseberichten, deren hohe Auflagen auf ein lebhaftes Interesse schließen lassen. Die Route des Amerikabesuchers beginnt mit dem Ankunftshafen New York – der Inbegriff der Großstadt. Es folgen die Niagara-Fälle, wobei nicht nur das gigantische Schauspiel der Natur, sondern auch die Nutzung der ungeheuren Wasserkraft durch das angegliederte Elektrizitätswerk bestaunt wird. Mit einer Mischung aus Befremdung und Bewunderung besucht man ab 1912 die Autofabrik Ford (Highland Park) in Detroit, vielleicht auch die Stahlwerke von Pittsburgh, berichtet man über das vollautomatisierte Versandhaus Sears Roebuck in Chicago und die neu-

esten Erfindungen aus »den geheimen Laboratorien« von Thomas A. Edison – der »phänomenalste Mensch der heutigen Welt.«[32] Wieder nach New York zurückgekehrt, gilt die ganze Aufmerksamkeit der Großstadt und ihren Wolkenkratzern. Auf dem Programm stehen weder Kultur noch Kunst, sondern Zivilisation und Ingenieurleistungen.

Zu den Sehenswürdigkeiten der Städte an den Großen Seen gehören die unermeßlichen Anlagen der Getreidemühlen und -silos. Auch wenn man sie nicht unbedingt besichtigt, so nimmt man sie aus dem fahrenden Zug mit Erstaunen zur Kenntnis: »Da stehen sie (...) diese riesigen grauen Röhren, vierzehn, fünfzehn nebeneinander wie Tuben in der Patronentasche eines Gottes. (..) Es sind Gebilde wie Wolkenkratzer, diese Elevatoren. Sie erinnern mich sogleich an die Generatoren im Krafthaus an den Niagarafällen. In ihnen sammelt sich die lebendige Kraft der Erde, die erfüllte Hoffnung der ins Land strömenden Menschenmillionen.«[33]

Walter Gropius gebührt das Verdienst, diese nicht nur in der Reiseliteratur, sondern auch durch die Fachzeitschriften des Ingenieurwesens einem Publikum bereits bekannt gemachten Silos in die Architekturdiskussion eingeführt zu haben. Wahrscheinlich schon seit 1910 sammelt er Abbildungen von Beispielen nicht bloß des amerikanischen Kontinents, sondern auch aus Deutschland. Einige dieser Bilder zeigt er erstmals anläßlich seines Vortrags über »Monumentale Kunst und Industriebau« in Hagen im April 1911. Außerdem integriert er sie in die Fotosammlung vorbildlicher Industriebauten des Deutschen Museums für Kunst in Handel und Gewerbe. Weiteste Verbreitung erhalten sie durch Veröffentlichung im *Jahrbuch des Deutschen Werkbunds* 1913 als Abbildungen zu Gropius' Aufsatz über »Die Entwicklung moderner Industriebaukunst.«[34]

Bis zum Ausbruch des 1. Weltkriegs trägt Gropius außer Fotos von amerikanischen Silos auch Abbildungen von Fabriken zusammen, die ihm modern erscheinen. Eine maßgebliche Quelle dafür ist Osthaus, der schon 1910 Aufnahmen amerikanischer Industriebauten in die Sammlung »Moderne Baukunst« aufnimmt. Außerdem nutzt er seine guten Kontakte zu bedeutenden Persönlichkeiten in den Vereinigten Staaten, um Gropius weitere Fotos – vielfach aus Werbeprospekten stammend – zu verschaffen.[35]

Auch Alma Mahler, die sich zwischen Oktober 1910 und März 1911 in New York aufhält, schickt Gropius »architectonische Dinge« und »arch. Broschuren«[36]. Möglicherweise handelt es sich hierbei um das Material, über das er in einem Brief an Osthaus vom 19.2.1911 berichtet: »Einige neue, sehr schöne amerikanische Betonbauten, die Ihnen vermutlich auch noch unbekannt sind, (...) habe ich in den letzten Tagen bekommen; ich stelle sie natürlich gern der Sammlung zur Verfügung.«[37] Diese Aufnahmen müssen aber nicht notwendigerweise direkt aus Amerika bezogen worden sein, denn von den sechs Fotos amerikanischer Silos, die Gropius Anfang April 1911 anläßlich seines Hagener Vortrags zeigt, stammen mehrere aus deutschen Fachzeitschriften für Ingenieurbau.[38]

Im Laufe des Jahres 1911 vergeht kaum ein Monat, in dem er Osthaus nicht vom Erhalt neuer amerikanischer Beispiele berichtet. Dabei wiederholen sich Erfahrungen, die zuvor mit deutschen Stellen gemacht werden, denn »auch aus Amerika werden mir total falsche scheußliche Photos geschickt, weil die Leute meist nicht begreifen, daß man einfache Nutzbauten schön finden kann.«[39]

Als weitere Bezugsquellen müssen Vater und Sohn Benscheidt genannt werden. Zeitgleich mit der Entwurfsplanung für das Fagus-Werk erhält Gropius zwar von Benscheidt sen. diverse Postkarten von Gebäuden, um Aufnahmen von amerikanischen Silo- oder Fabrikbauten kann es sich dabei aber kaum handeln.[40] Anders sieht die Situation ein Jahr später aus. Der Juniorchef ist im August 1912 Gropius behilflich, Fotos aus Amerika für die Sammlung »Vorbildliche Industriebauten« zu beschaffen, die als Wanderausstellung in verschiedenen deutschen Städten gezeigt wird. Einem Freund, der bei der *National Association of Manufacturers* in New York arbeitet, schreibt er: »Der Architekt, welcher unseren Fabrikbau ausgeführt hat, möchte gern Photografien der folgenden amerikanischen Fabrikbauten haben. 1.) The Brown Hoisting Machinery-Company, New York, 50 Church Str. hat verschiedene Grossbauten ausgeführt. 2.) Anlage der St. Louis Portland Cement Works. 3.) Silobauten der Washburn Crosby Society in Buffalo, Minneapolis und anderen Städten. 4.) Dakota Elevator in Buffalo (besonders wichtig). Der Architekt will diese Photografien zu einer Ausstellung benutzen, dieselben müssen deshalb so gross wie möglich und tadellos klar sein, damit man sie evtl. auf eine Grösse von 45 x 60 cm vergrössern kann. Der Kostenpunkt spielt hierbei absolut keine Rolle.«[41]

Bei zwei der aufgelisteten Bauten handelt es sich um solche, von denen Gropius bereits Abbildungen besitzt. Es ist ihm nun daran gelegen, bessere Fotos für Publikations- und Ausstellungszwecke zu erhalten. Vater und Sohn Benscheidt machen ihren Architekten bis weit in die 1920er Jahre hinein stets auf Silobauten aufmerksam, die ihnen zur Kenntnis kommen.

Was Gropius an den Ingenieurbauten des amerikanischen Kontinents fasziniert, ist ihre lapidare, aus dem unmittelbaren Zweck abgeleitete Einfachheit: »Sie tragen ein architektonisches Gesicht von solcher Bestimmtheit, daß dem Besucher mit überzeugender Wucht der Sinn des Gebäudes eindeutig begreiflich wird.«[42] Seinem 1910 dargelegten Strukturschema entsprechend, vertreten sie die »einfach differenzielle Ordnung« des »antik-orientalischen Richtungspols«: die erste Stufe der Entwicklung, die sich durch herbe Formen des Anfangs auszeichnet. Riegl rechnet ihr die ägyptische Architektur zu, der »Fenster (...) grundsätzlich (fehlen), weil sie nur als störende Löcher in der geschlossenen taktischen Form erschienen wären; Türen sind als notwendige Übel so spärlich als möglich angebracht. Nach außen steht der ägyptische Tempel mit seinen ungegliederten Mauern da wie eine taktische Einheit in der Welt (...).«[43]

Hierauf rekurriert Gropius in seinem so oft zitierten Ausspruch: »Die Getreidesilos von Kanada und Südamerika, die Kohlensilos der großen Eisenbahnlinien und die modernsten Werkhallen der nordamerikanischen Industrietrusts halten in ihrer monumentalen Gewalt des Eindrucks fast einen Vergleich mit den Bauten des alten Ägypten aus.«[44] Die in Anlehnung an Behrens im gemeinsamen Werk von Gropius und Meyer vor dem 1. Weltkrieg benutzten Pylonen oder die in der Musterfabrik des Werkbundes 1914 feststellbaren Analogien mit altägyptischer Architektur beziehen sich ebenfalls auf diese Vorstellung des ursprünglichen Anfangszustands einer aus der Industrie neu entstehenden Kultur.[45]

»Die mächtige körperliche Wirkung«, die Gropius als Merkmal des Dakota-Elevators in Buffalo hervorhebt, ergibt sich aus der geschlossenen Flächenbildung der Wand, obwohl diese im mittleren Bereich des hohen Baukörpers nur aus dünnen »gewölbten Blechplatten zwischen eisernen Trägern«[46] besteht. Der Bau ist ihm deshalb »besonders wichtig«, weil sich hier das Kunstwollen deutlich manifestiert: »Körperlichkeit ist aber aus jeder Art stofflicher Elemente zusammenzusetzen, und kein Material, wie es auch geartet sein mag, wird imstande sein, diese Grundgesetze der Baukunst einzureißen.«[47]

In den Erbauern der amerikanischen Silos scheint sich »der natürliche Sinn für große, knapp gebundene Form, selbständig, gesund und rein erhalten zu haben.«[48] Denn im Gegensatz zum verbildeten Menschen der alten Welt verfügen sie über eine »künstlerische Naivität«. Auch Adolf Behne, beeinflußt durch die von Gropius veröffentlichten Fotos, vertritt die Auffassung, daß »der amerikanische Architekt in einer viel glücklicheren Lage (ist). Er hat keine Tradition, die ihn im Industriebau vom produktiven Neuschaffen zurückhalten könnte. (...) So ist es nicht schwer zu verstehen, daß Amerika eigentlich noch im-

Amerikanischer Silo, Buffalo (?)
Foto Walter oder Ise Gropius, 1928

Der Industriebau als künstlerische Aufgabe 51

mer die besten Industriebauten besitzt und daß es uns vorbildlich in diesem Gebiete sein kann. Das haben auch viele unserer Architekten erkannt. Eine Studienreise über den Ozean ist heute fast obligatorisch. Auch Peter Behrens ist im Vorjahre nach Amerika gegangen!«[49]

Das Entscheidende für Behne ist die »unbedingte Sachlichkeit, mit welcher der Amerikaner an industrielle Aufgaben herangeht.« Deshalb »verdienen die wundervollen Kohlen- und Kornsilos und die Elevatoren (...) das größte architektonische Interesse, mögen sie nun von Künstlern in unserem Sinne oder von Ingenieuren errichtet sein, mag ihre Schönheit, der Entstehungsweise nach, mehr der Schönheit der Maschine nahestehen oder der Schönheit eines bewußt als Kunstwerk geschaffenen Architekturwerkes. Das Entscheidende ist, daß sie ›schön‹ sind und daß die entsprechenden Aufgaben bei uns in den Schaffenskreis der Architekten fallen. Und wenn unsere Baukünstler aus den amerikanischen Elevatoren und Silos nichts anderes lernen könnten, als die alleräußerste Beschränkung in der Verwendung von Formen und Gliedern, wäre das Studium jener Arbeiten wertvoll!«[50]

Wenn Behne vor dem 1. Weltkrieg lediglich Poelzig eine Nähe zur »unbedingten Sachlichkeit« zugesteht und Gropius im Umkreis des Industrieklassizisten Behrens ansiedelt, so differenziert er dieses Urteil in den 20er Jahren insofern, als er beim Fagus-Werk »Kompromisse zwischen Sache und Form, zwischen Amerika und Ostendorf« feststellt: »Wie sehr das Studium amerikanischer Nutzbauten befreiend gewirkt hat, ist deutlich, ebenso deutlich, daß auch Gropius eine gewisse ästhetische Filtrierung amerikanischer Direktheit dennoch vornimmt. (...) Diese Einfachheit ist im Grunde kompliziert. Aber es bleibt entscheidend: der modernste, der vorbildliche deutsche Fabrikbau vor dem Kriege, nicht vielleicht so zwingend, so einfach wie Poelzig (...), aber ohne Frage kühner«[51]

Moderne Baustoffe: Beton, Stahl, Glas

Kurz vor der Beauftragung mit dem Fagus-Werk entwickelt Gropius im Jahr 1910 Alma Mahler gegenüber eine architektonische Vision: »Die schönsten Bauten sind die, die man im Geiste baut, die man aber nie ausführt. Ich möchte eine große Fabrik, ganz aus weißem Beton bauen, nichts wie nackte Mauern mit Löchern darin – große Spiegelglasscheiben – und ein schwarzes Dach. Eine große, reine, reich gegliederte Form, durch keine kleinen Farbunterschiede, malerische Valeurs und Architektürchen gestört. Muß durch die hellen Wände und Schlagschatten wirken. einfach – groß. ägyptische Ruhe. Ich komme immer mehr zu der Überzeugung, daß die Arbeit die einzige wirkliche Gottheit unserer Tage ist und daß man ihr in der Kunst zum Ausdruck verhelfen muß.«[52]

Diese Faszination für Beton bringt Gropius bald darauf den Auftrag des *Deutschen Werkbunds* ein, eine Broschüre über diesen Werkstoff zu verfassen.[53] Wie es scheint, hat er sie nie geschrieben, aber aus seinen gleichzeitigen Äußerungen geht hervor, daß ihn zwei Materialeigenschaften begeistern, die auch die amerikanischen Silos auszeichnet: die weiß-graue Helligkeit und die geschlossene Flächen- und Körperbildung. Im Gegensatz zum Baustoff Eisen oder Stahl, der aus Gründen der Materialersparnis und der Demonstration des Kraftflusses in Stabwerk oder Gitterträger aufgelöst wird, findet beim Beton eine Verdichtung auf kompakte Stützen oder Mauern statt.[54] Da nach Gropius' Verständnis aber »Körpergestaltung und als notwendige Folge davon Raumbegrenzung die eigentliche Aufgabe der Baukunst« ist, erweist sich das Material Beton dank seiner natürlichen Bedingungen als »zur monumentalen Gestaltung prädestiniert.«[55]

Die Materialien Stahl und Eisen spielen in den frühen Schriften von Gropius daher nur dort eine Rolle, wo sie – wie am Dakota Elevator in Buffalo – im Sinne einer kompak-

Eiserne Balkenbrücke
Übermalung durch
Walter Gropius
Foto aus dem
Hagener Vortrag

ten Körperlichkeit wirken. Bereits Peter Behrens hat bei der Turbinenhalle eine vollwandige Binderkonstruktion gewählt, um den Ständern an der Langfront Volumen zu geben. Für ihn ist »die architektonische Idee maßgebend, die Eisenmassen zusammenzuziehen und nicht, wie es den üblichen Gitterkonstruktionen eigen ist, sie aufzulösen.«[56] Im Umkreis von Behrens empfindet man daher die historischen Beispiele der Eisenarchitektur – z.B. den Crystal Palace oder den Eiffelturm – als »Vogelkäfige« oder »nackte Gerüste«.[57]

Wie der Architekt die entstofflichende Eigenschaft des Eisens bezwingen soll, demonstriert Gropius in seinem Hagener Vortrag anhand einer Balkenbrücke. In der Fotografie schwärzt er den rechten Teilbereich, »um anzudeuten, wie viel stärker die architektonische Wirkung wäre, wenn der Erbauer eine einfache Verkleidung der Gitterträger vorgenommen hätte. Statt des Netzwerkes von zahllosen Drahtstäben, durch die das Auge hindurchsieht, wäre, ästhetisch genommen, der Eindruck eines einfachen körperlichen Balkens entstanden, und ebenso würde dem Auge eines Passanten räumlicher Halt gewährt werden.«[57] Lange wird dieses Prinzip für Gropius Gültigkeit bewahren: noch Anfang der 1920er Jahre formuliert er das Brücken-Beispiel – zur maßlosen Enttäuschung der Studenten – als Aufgabenstellung im Architekturunterricht am Weimarer Bauhaus.[59]

In seinen Texten vor dem 1. Weltkrieg kommt der Baustoff Glas bei Gropius nur in der Aufzählung mit Stahl und Eisen vor. Jeder Ansatz zu einer vertiefenden Behandlung der spezifischen Eigenschaften fehlt. Offenbar bedarf Glas der rahmenden Festigkeit des Eisens, muß aber wie dieses in eine Massenwirkung gebracht werden: »Die modernen Baustoffe wie Eisen und Glas erscheinen in ihrer enthüllenden Wesenlosigkeit mit der Forderung der Körperlichkeit in der Architektur unvereinbar. Um so interessanter dürfte es sein, an Beispielen nachzuweisen (...), wie dennoch der künstlerische Wille auch hier die scheinbar unüberwindlichen Schwierigkeiten aus dem Wege räumt und mit genialem Raffinement dem wesenlosen Material den Eindruck von Körperlichkeit abtrotzt.«[60]

Die Bauten, an denen Gropius die Umsetzung dieser Forderung illustriert, sind die Turbinenhalle von Behrens und die Werdermühle in Breslau von Poelzig. Bei ersterer wird das Glas zu großen Flächen zusammengefaßt, wobei die Schräglage der Fenster oder der Pfeiler zur Ausbildung einer kasten-

Der Industriebau als künstlerische Aufgabe 53

Werdermühle, Breslau
Entwurf Hans Poelzig,
1906–08

förmigen Dreidimensionalität führt. Poelzig geht darin noch weiter, indem er eigenständige Körper formt, die dem Bau vorgehängt oder als Brücke die Verbindung zwischen zwei Gebäuden aufnehmen.[61]

In diesem Sinne müssen auch die geschoßübergreifenden Fenster am Hauptgebäude des Fagus-Werks gelesen werden. Ihre körperliche Qualität manifestiert sich noch deutlicher im Vorentwurf vom Mai 1911, wo sie als erkerähnlich ausgreifende Kästen formuliert sind. Gropius und Meyer orientieren sich – wie bereits erwähnt – dabei an Beispielen aus dem Bereich des Geschäftshauses. Wie das 1906 in Berlin gebaute *Papierhaus* von Bruno Schmitz deutlich zeigt, gehören geschoßübergreifende, lediglich durch Blechbrüstungen getrennte Fensterfelder zwischen Pfeilern zu einem bereits ausgebildeten Repertoire dieser Bauaufgabe. Selbst wenn bei der Ausführung des Alfelder Hauptgebäudes dann eine antithetische ›Rückbesinnung‹ auf die Turbinenhalle stattfindet, illustriert der Vergleich mit Schmitz die Einbindung von Gropius und Meyer über Behrens hinweg in die zeitgenössische Berliner Architektur.

Versteht man die geschoßübergreifenden Fenster am Hauptgebäude als die architektonische, d.h. raum- und körperbildende Formung wesenloser Materialien, dann muß man konsequenterweise auch den Eckbereich als »taktischen Kubus«[62] werten. Die Ecke stellt durch ihre Dreidimensionalität eine ideale Situation dar, um Volumen zu formen, und überzeugt in ihrer Körperlichkeit weitaus mehr als die kastenartigen »Normalfelder«. Dabei trägt der fast bündige Anschluß am Sturz zur präzisen und scharfkantigen Silhouettenwirkung bei, während die geböschten Pfeiler für dunkle Schattenpartien und die Tiefenwirkung der Fenster sorgen. Aus der fahrenden Bahn heraus nimmt der Betrachter die einheitliche Geschlossenheit einer rhythmisch gegliederten Fassade wahr. Bei einer Annäherung zu Fuß beginnt man heraustretende und zurückweichende Bauteile und Einschnitte zu unterscheiden. Un-

54 Moderne Baustoffe: Beton, Stahl, Glas

mittelbar davorstehend wird das Auge durch kunstvolle Detailausbildungen angezogen.[63]

Damit erfüllt aber der Bau alle »drei Hauptphasen« der Entwicklung, die nach Riegl die »bildende Kunst im Altertum bei den führenden Kulturvölkern« durchläuft: die »taktische« Auffassung des antiken Kunstwollens, die den Hauptakzent auf die Umrisse legt; die »taktisch-optische«, die sich in der reliefartigen Teilgliederung vor allem durch Schatten bemerkbar macht; die »optische«, die die Einzelform in ihrer dritten Dimension betont. Gemeinsame Ausgangsbasis »ist die Erweckung der Wahrnehmung von der tastbaren Undurchdringlichkeit als Bedingung der stofflichen Individualität.«[64] Oder in den Worten von Gropius: »Unabhängig von den Eigenschaften der Materie muß sie [die Baukunst] die tastbare Undurchdringlichkeit der Bauteile als unerläßliche Vorbedingung für die monumentale Körper- und Raumwirkung behaupten und die Widerstände, die sich aus dem jeweiligen Material ergeben, überwinden.«[65]

Die Darstellung von Transparenz als immaterielle Eigenschaft von Glas ist in den Schriften von Gropius kein Thema. Schwebende Leichtigkeit und die Auflösung des Baukörpers, die wesentlichen Merkmale für die Bewertung des Alfelder Hauptgebäudes als »Ursprungsbau der Moderne«, sind um 1911 nicht in seinem theoretischen Verständnis verankert! Das erklärt auch die in der Forschung verschiedentlich konstatierte Verwunderung darüber, warum in den Fotos, die den Zustand des Fagus-Werks im ersten Bauabschnitt festhalten, weder das Hauptgebäude, noch die Glasfassade, geschweige denn die stützenlose Ecke herausgestellt werden. Auch in den wenigen Veröffentlichungen, in denen das Fagus-Werk vor dem 1. Weltkrieg vorkommt, werden diese uns heute so wesentlich erscheinenden Merkmale nicht zur Kenntnis genommen. Lediglich im Werbeblatt des Fensterlieferanten findet man eine Einzelaufnahme des Baus, die die großflächige Verglasung ausdrücklich zeigt. Gropius benutzt aber dieses Foto nicht in seinen Veröffentlichungen.

Die Bedeutung, die wir heute dem Fagus-Werk beimessen, ist erst in der zweiten Hälfte der 1920er Jahren erkannt und propagiert worden – unterstützt durch die zum gleichen Zeitpunkt aufgenommenen und extensiv veröffentlichten Fotos, die das Hauptgebäude und den Aspekt des Glases in den Vordergrund stellen. Das ändert nichts an seiner Stellung als »Ursprungsbau der Moderne«, es entspricht aber nicht der Absicht, die Gropius und Meyer ursprünglich mit diesem Bau verfolgten. Die Neuinterpretation basiert maßgeblich auf Gropius selbst, der Mitte der 1920er Jahre damit beginnt, sein Œuvre als eine konsequente Entwicklung vom Fagus-Werk über die Werkbundfabrik bis zum Bauhaus-Gebäude darzustellen: als Beleg für die Überwindung der Stilarchitektur voriger Jahrhunderte und die Formierung der Moderne.

In dieser Zeit fängt Gropius an, sich »wieder viel mit neuen raumideen« zu be-

Papierhaus, Berlin
Arch. Bruno Schmitz, 1906

schäftigen. »er glaubt, dass die bisherige vorstellung, die den raum als etwas für sich abgeschlossenes fest umgrenztes, einem neuen raume weichen wird, der in seiner aufgelöstheit und leichtigkeit nur mehr durch einzelne peilpunkte bestimmt sein wird, die seinen rhythmus angeben.« Ausdruck dieser neuen Raumidee ist »das gefühl schwebender Leichtigkeit.«[66] Gropius wird sie fortan mit den Eigenschaften der Baustoffe Glas, Eisen und Beton verbinden. In diametraler Umkehrung seines Standpunktes von 1911 sieht er 1926 »das prinzip der bewegung, des verkehrs unserer zeit in einer auflockerung der baukörper und räume wieder[ge]spiegelt, das die abschließende wand verneint und den zusammenhang des innenraums mit dem allraum zu erhalten sucht. etwas schwebendes, leichtes, rhythmisch bewegtes liegt über diesen bauten, das schwergewicht, die erdenträgheit wird in wirkung und erscheinung überwunden.«[67]

Im Jahre 1911 ist aber gerade nicht die Darstellung der Grenzenlosigkeit des Raums, sondern ausdrücklich seine Fassung intendiert. Mit der durchsichtigen Qualität von Glas soll keine Auflösung, kein fließender Übergang zwischen innen und außen hergestellt werden. Da Gropius sich in seinen Schriften vor dem 1. Weltkrieg kaum über den Baustoff Glas äußert, muß man aus seinem Umgang damit in den gleichzeitigen Bauten versuchen, Hinweise auf mögliche Bedeutungen zu ziehen.

Außer im Fabrikbau findet Glas ganz herkömmlich Verwendung für Wintergärten oder Gewächshäuser. Es kommt aber auch beim Entwurf für das Alfelder Krankenhaus von 1912 an hervorgehobener Stelle zum Einsatz: am Operationssaal finden wir wieder jene kastenförmig dem Bau vorgesetzten geschoßhohen Fenster, die in ähnlicher Form auch 1914 für die Erweiterung der Schlosserei des Fagus-Werks angedacht werden. Das Glas dient nicht der Sichtbarmachung der im Inneren stattfindenden Handlungen, sondern der Optimierung der Lichtverhältnisse. Aber auch diese sind, wie die vom Dachgarten über die Fenster heruntergreifende Begrünung zeigt, nicht der eigentliche Grund. Vielmehr soll durch den großflächigen Einsatz von Glas auf die besondere Funktion dieses Gebäudeflügels aufmerksam gemacht werden: ein wissenschaftlichen Erkenntnissen folgender, in der technischen Einrichtung hochmoderner, hygienischer Arbeitsbereich im Dienste der Gesundheit des Menschen.

Krankenhaus Alfeld
Entwurf Walter Gropius
und Adolf Meyer, 1912

Diese Kriterien treffen aber auch auf den musterhaften Industriebetrieb des Fagus-Werks zu: das Credo von Benscheidt sen. heißt Fortschrittlichkeit, und zwar bezogen auf optimierte Arbeitsbedingungen, betriebstechnisch modernste Einrichtungen und das lebensreformerische Ziel gesunden Schuhwerks. Bereits bei der Behrensschen Leistenfabrik von 1897 loben die Zeitgenossen »Helligkeit, Übersichtlichkeit, Sauberkeit« als die wesentlichen Merkmale der Produktionsräume. Das Fagus-Werk soll »aber auch von außen zeigen, daß es eine moderne Arbeitsstätte darstellt.«[68] Möglicherweise ist es gerade die wesenlos wirkende Eigenschaft des Glases, die diesen Baustoff als geeignet erscheinen läßt, sowohl die nicht greifbaren Qualitäten »Licht, Luft und Reinlichkeit« als auch die abstrakte Größe »der gemeinsamen großen Idee«[69] auszudrücken, die Gropius dem Verständnis von Benscheidt sen. entsprechend dem Arbeiter zuteil werden lassen will.

Mit der Verwendung von Glas ist aber nicht automatisch Transparenz im Sinne von offen präsentierter Durchsichtigkeit gemeint. Wenn sie trotzdem an einigen wenigen Stellen demonstrativ eingesetzt wird, dann konzentriert sie sich auf Bereiche mit repräsentativem Charakter: Im ersten Bauabschnitt innerhalb der Kontoretage, wo die verglasten Trennwände dem Besucher Einblick in die mustergültigen Verwaltungsräume gewähren. Hier soll die Durchsichtigkeit des Materials auch die Offenheit der Verhältnisse suggerieren. Beim zweiten Bauabschnitt von 1913/14 macht die gläserne Südecke das Treppenhaus sichtbar und weist dem Besucher den Weg hinauf zum Kontor. Schließlich muß das Maschinenhaus als Glasbehältnis für die Zurschaustellung der Kraftmaschine – das Herz der Anlage – bezeichnet werden, womit man einer Tradition im Fabrikbau folgt.

Der großflächige Gebrauch von Glas bewirkt im Fagus-Werk nicht nur Helligkeit bis in die letzten Winkel der Räume, das Licht stellt in seiner übermäßigen Fülle auch ein Problem dar. Von Anfang an gehören Vorhänge zur Ausstattung sämtlicher Räume im Hauptgebäude. Selbst im Arbeitssaal hängen an den noch klein dimensionierten Fenstern des ersten Bauabschnitts – wie Fotos von 1912 belegen – Jalousien. Nach der Erweiterung 1913/14 und der kompletten Verglasung dieser Südwestseite geht man zusätzlich dazu über, die unteren Reihen der Scheiben zuzustreichen. Offenbar reicht das durch die Shedverglasung einströmende Nordostlicht nicht nur völlig aus, es erfüllt wohl auch den Zweck einer gleichmäßigen Beleuchtung besser. Erst nach der 1926 erfolgten Anbringung von Markisen an der straßenseitigen Front des Arbeitssaals entfernt man den Anstrich wieder.

Trotzdem wird am großflächigen Gebrauch von Glas festgehalten, denn es stellt zusammen mit der stützenlosen Ecke das architektonische Markenzeichen des Fagus-Werks dar, das in adaptierter Form auch auf die Kleinbauten und Projekte der 1920er Jahre übertragen wird. Dieses auffallende Merkmal hat – auch in der Wiederholung beim Bauhaus-Gebäude 1925/26 – sowohl ernsthafte als auch polemisch gemeinte Vergleiche mit der Bauaufgabe des Warenhauses hervorgerufen.[70] Die Verwendung von Glas als Baustoff resultiert jedoch nicht ausschließlich aus der Zurschaustellung von Konsumartikeln, sondern gründet ebenfalls im Fabrik- und Bürohausbau.

Hohe Grundstückspreise und tief geschnittene Bauareale bilden in den Städten des späten 19. Jahrhunderts die auslösenden Faktoren für die Vergrößerung der Fensterflächen. Die rückwärtig gelegenen Räumlichkeiten in den Bürogebäuden von Liverpool, Glasgow oder Chicago waren wie die Fabriketagen in den Berliner Höfen nur dann vermietbar, wenn sie ausreichend natürliche Belichtung aufwiesen. Dieser Umstand hat weniger mit der Forderung nach menschenwürdigen Arbeitsstätten als mit den Strompreisen zu tun. Besonders auf dem Lande erweisen sich diese als extrem hoch. So zahlt

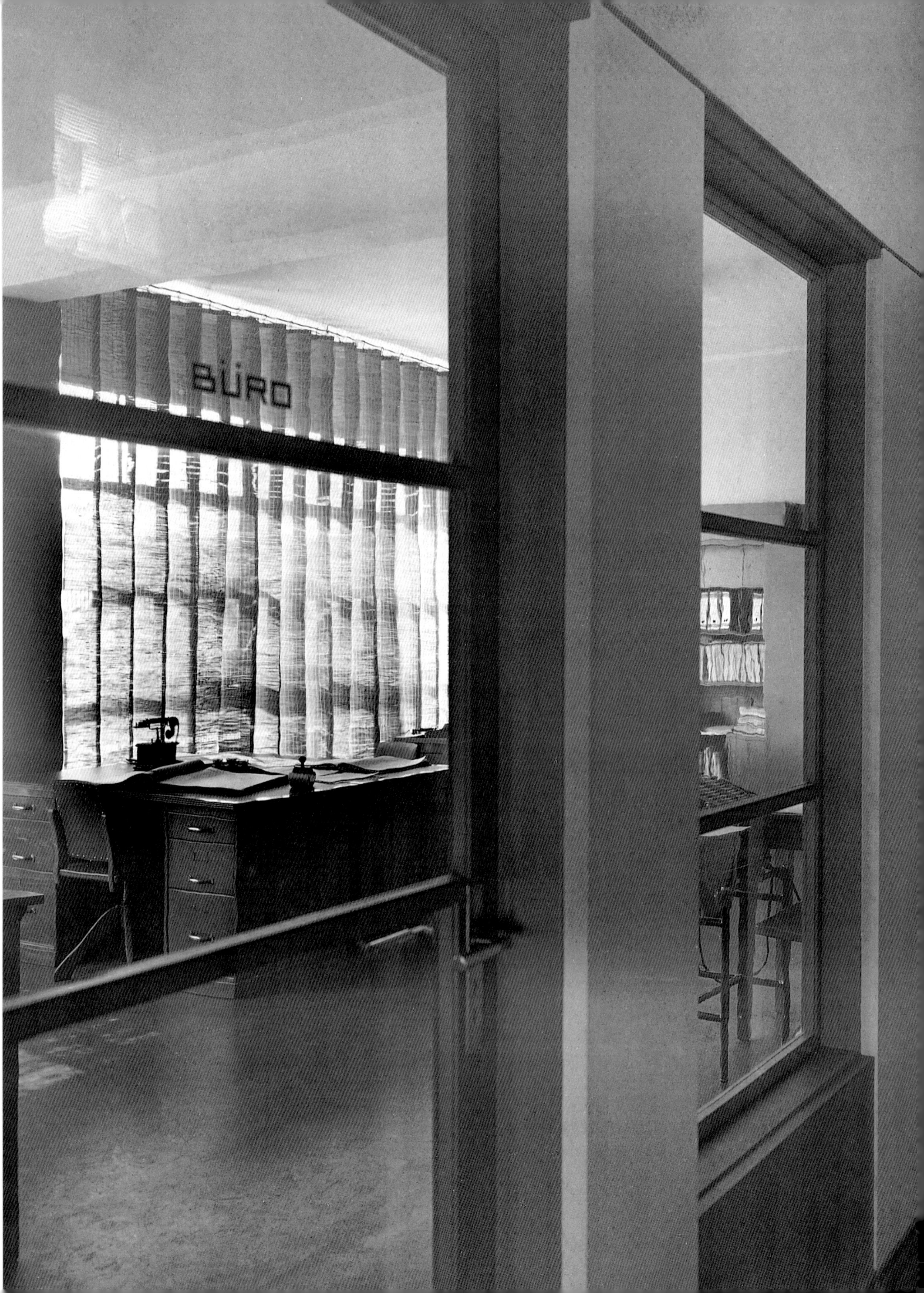
BÜRO

Fagus und Bauhaus

Karl Benscheidt jr.
(1888–1975)

Steht in der Gründungsphase des Fagus-Werks und während des 1. Weltkriegs Carl Benscheidt sen. in allen geschäftlichen Belangen an der Spitze des Unternehmens, so tritt ab 1919 sein Sohn stärker in den Vordergrund. Nach außen manifestiert sich der allmähliche Generationswechsel in der Umstrukturierung des Unternehmens von einer GmbH zu einer offenen Handelsgesellschaft mit Vater und Sohn als alleinigen Teilhabern: die ab dem 30. 4. 1919 geltende neue Firmenbezeichnung »Fagus-Werk Karl Benscheidt« trägt den Namen des Juniorchefs.

Ausschlaggebender Grund für diese Veränderung bilden die Ereignisse des Weltkriegs. Da an der Fagus GmbH in geringem Maße auch englisches Kapital beteiligt ist, gerät sie zuerst unter Staatsaufsicht, und als dann 1917 auch Amerika in den Krieg eintritt, unter Zwangsverwaltung. Der drohenden Zwangsliquidation kommt Benscheidt sen. in Absprache mit den amerikanischen Gesellschaftern zuvor, indem er selbst die Liquidation einleitet und mit Hilfe eines Bankkredits das Geschäft vom deutschen Staat zurückkauft.

Nicht nur in dieser Angelegenheit erweist sich Benscheidt sen. als überaus rasch und zielsicher handelnder Geschäftsmann. Seiner Erfahrung, Improvisationsfähigkeit und Weitsichtigkeit ist es zu verdanken, daß das Fagus-Werk mit guten Bilanzen durch die Kriegsjahre kommt. Da Schuhe als kriegswichtige Ware ausschließlich für das Militär hergestellt werden und somit die gesamte zivile, d.h. von der wechselnden Mode abhängige Produktion entfällt, kommt die Nachfrage nach Leisten fast vollständig zum

Karl Benscheidt jr.
Werksfoto um 1930

links:
Hauptbüro im
Erweiterungsbau
Foto Edmund Lill
1. Jahreshälfte 1923

Erliegen. Das Fagus-Werk verlegt sich daher auf die Herstellung verschiedenster Ersatzartikel wie Holzschuhe, Holzsohlen und Holznägel.

Als vorausplanender Unternehmer weiß Benscheidt sen., daß nach dem Krieg ein enormer Bedarf an Schuhen herrschen wird. Gezielt bereitet er sich daher auf die Friedenszeit vor, indem er in Rohmaterial investiert. Durch geschickte Holzeinkäufe verfügt das Fagus-Werk nach 1918 über große Bestände an Rohleisten, die ohnehin einem langen Trocknungsprozeß unterliegen und so lange lagern können, bis sie gebraucht werden. Schon 1920 berichtet Benscheidt sen. den amerikanischen Freunden, mit denen er nach wie vor gute Geschäftsbeziehungen pflegt, daß er »ihnen eine Fabrik zeigen kann, die, was Ausstattung, Vorräte, Organisation etc. anbelangt, wohl als mustergültig bezeichnet werden kann.«[1]

Die in der unmittelbaren Nachkriegszeit erzielten Gewinne steckt Benscheidt sen. während der Inflationszeit 1922/23 in Grundstücke und Immobilien. So gelingt es ihm, angrenzende Betriebe und unbebaute Areale zu erwerben und damit das Fabrikgelände nach zwei Seiten hin erheblich zu vergrößern. In die übernommenen Gebäude können Teile der Produktion ausgelagert werden, andere baut man zu Arbeiterwohnungen um. Der Aufschwung währt aber nicht lange, denn 1926 leitet ein massiver Umsatzeinbruch von 40% einen über die Weltwirtschaftskrise 1929 hinaus andauernden rückläufigen Trend ein. Im Bereich der Schuhindustrie liegt der Grund für diese auch allgemein spürbare Rezession in der zunehmenden Rationalisierung der Fabriken.[2] Während Benscheidt am Prinzip der Qualitätsware festhält und verstärkt auf das Auslandsgeschäft setzt, reagiert die Konkurrenz mit Billigware und Preissenkungen bis zu 25%, was den Ruin der Branche bedeutet. Von den ca. 20 in Deutschland bestehenden Leistenfabriken existieren am Ende nur noch neun, deren zweitgrößte das Fagus-Werk ist.

Es überlebt diese wirtschaftlich harten Krisenjahre ausschließlich wegen seines enormen Innovationsvorsprungs. Seit dem

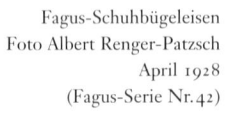

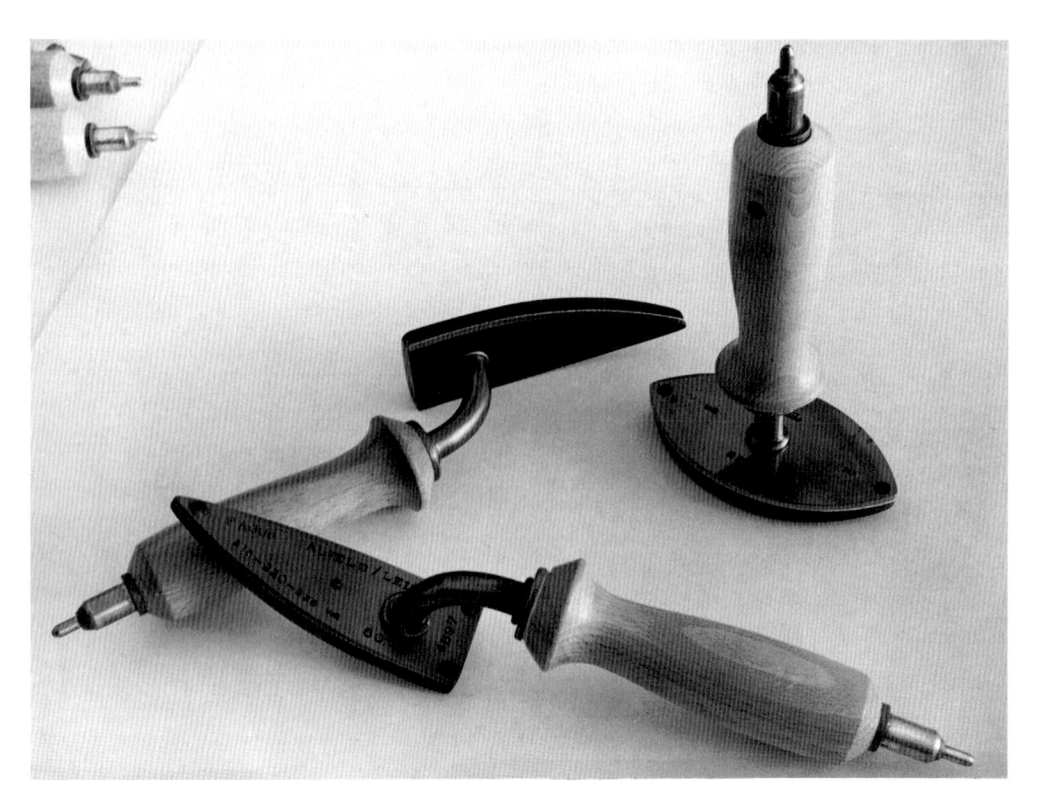

Fagus-Schuhbügeleisen
Foto Albert Renger-Patzsch
April 1928
(Fagus-Serie Nr. 42)

1. Weltkrieg hat man die Spezialisierung auf einige wenige Artikel aufgegeben und setzt nun auf die Entwicklung neuer Produkte und die Optimierung der Betriebsmittel. Geschickt orten Vater und Sohn Benscheidt Marktlücken. So veranlaßt sie eine kurze Notiz in einer Fachzeitschrift, in der die Qualität der handelsüblichen Schuhbügeleisen beklagt wird, verbesserte elektrische Modelle auf den Markt zu bringen. Durch die Aufnahmen des Fotografen Albert Renger-Patzsch erlangen diese zum Ausbügeln von Nähten bei der mechanischen Produktion von Schuhen notwendigen Apparaturen dann Berühmtheit. Sie werden noch heute in nahezu unveränderter Form hergestellt.

Auf langjährigen vorbereitenden Studien von Benscheidt jr. basiert die Fagus-Genauigkeitsdrehbank, die unregelmäßige Körper so präzise in Holz zu kopieren vermag, daß selbst eine darauf aufgeklebte Briefmarke erkennbar übertragen wird. Bei der Herstellung von Schuhleisten erspart sie mehrere Nachbearbeitungsschritte, schont das Modell und dreht rechte und linke Leisten verzerrungsfrei. Außerdem kann sie zu einer Doppeldrehbank aufgerüstet werden und erfordert auch dann lediglich einen Arbeiter zur Bedienung. Wollte man ursprünglich die Maschine nur für die eigenen Zwecke verbessern, geht man Ende der 1920er Jahre dazu über, sie nicht nur selbst zu bauen, sondern auch zu exportieren – bevorzugt in europäische Länder, die man nicht mit Schuhleisten beliefert.

Die ungewöhnlichen Leistungen dieser Drehbank erregen früh Aufsehen und veranlassen den 1925 das Werk besichtigenden Herausgeber der Zeitschrift *Das Kunstblatt* zu ketzerischen Überlegungen: »Seltsamer Gedanke, wenn man hier einmal dazu käme, statt einem Schuhleisten eine Plastik von Riemenschneider oder die kleine ägyptische Wasserträgerin des Louvre einzuspannen und so in tausenden von Exemplaren nachzuschnitzen! Möglich wäre es schon, und die Kopie – die Maschine kann ja nicht fälschen – hätte nicht einmal den falschen Zug, der aller menschlichen Kopistentätigkeit anhaftet.«[3] Benscheidt jr. hat später Besuchern von

Fagus-Genauigkeitsdrehbank
Werksfoto 1930er Jahre

dieser Möglichkeit immer wieder erzählt – und den anekdotischen Charakter dieses ›Leistungsbeweises‹ mit einem vielsagenden Lächeln abgerundet.

Konstruktionsbüro, Maschinenbau-Abteilung und elektrische Werkstätte gehören in den Zuständigkeitsbereich von Karl Benscheidt jr., der durch Jahre der Praxis bestens auf diese Aufgaben vorbereitet ist. Hinsichtlich der Ausbildung seines Sohnes hat Benscheidt sen. »von vornherein die Absicht verfolgt, daß er später in ein von mir geleitetes oder zu gründendes eigenes Geschäft eintritt.«[4] Nach Beendigung der Schule schickt er ihn deshalb zur Lehre in eine Schuhfabrik, wo er die maschinelle Herstellung von Schuhen wie auch alle kaufmännischen Belange von der Pike auf erlernt. Danach besucht Benscheidt jr. zwei Semester lang die renommierte Berliner Handelshochschule, um sodann 1910/11 für ein Jahr in amerikanischen Betrieben zu arbeiten.

Verschiedene »Fabriknotizbücher« aus der amerikanischen Zeit, die Benscheidt jr. mit Aufzeichnungen über Herstellungsverfahren und Details von Maschinenkonstruktionen füllt, belegen sein Interesse an allen technischen Einrichtungen, die ihm neu und sinnvoll erscheinen. Wenn er Unpraktisches erwähnt, dann immer im Zusammenhang mit Verbesserungsvorschlägen. Erleichterung der Arbeit und Funktionsgerechtigkeit stehen dabei im Vordergrund. In diesen Heften finden sich gelegentlich auch Eintragungen, die eine Beschäftigung mit den Zeitstudien von Frederick Winslow Taylor nahelegen.[5]

Einen Einblick in die Betriebsorganisation des Fagus-Werks gewähren die Quellen erst für die 1920er Jahre. Dabei erweist es sich als äußerst schwierig, dezidiert amerikanische Methoden festzumachen. Vielmehr scheint man bei Fagus diverse brauchbare Ideen in die spezifischen Erfordernisse der Leistenherstellung zu integrieren. Hierzu gehört die Abschaffung des alten Meistersystems. Aufsichtsfunktion übernehmen nun an verschiedenen Stellen des Produktionsablaufs speziell eingerichtete, mit Arbeitern besetzte Kontrollstationen, um Fehlerquellen frühzeitig festzustellen.[6] Anstelle des Werkmeisters tritt spätestens 1924 im Fagus-Werk ein »Organisationsingenieur«, der im Arbeitssaal einen durch Glaswände abgetrennten und der besseren Übersichtlichkeit halber erhöht angeordneten Raum erhält.

In einem Vortrag von 1927 setzt sich Benscheidt jr. ausführlich mit den Methoden des amerikanischen Automobilherstellers Henry Ford auseinander, den er persönlich kennengelernt haben muß.[7] Im Gegensatz zur Konzentration auf ein einziges Modell bei Ford, das massenweise produziert wird, handelt es sich bei Schuhleisten um Spezialaufträge in einer festgelegten Stückzahl. Was Ford praktiziert, kann daher im Fagus-Werk nicht angewendet werden. Lagerhaltung ist außer im Materialbereich der Rohleisten nicht möglich. Erst nach Auftragseingang beginnt die Leistenproduktion, die jeweils ganz spezifische Kundenwünsche berücksichtigen muß. »Von moderner Massenfabrikation kann man hier also nicht sprechen, wohl aber von einem äußerst modernisierten Handwerksbetrieb oder ›Kunstgewerbe‹.«[8] Im Gegensatz zu Amerika, »das Land der großen serienmäßigen Herstellung billiger Gebrauchsgüter«, sieht Benscheidt jr. im Fagus-Werk ein Symbol für die Arbeitsweise in Deutschland – »das gegebene Land für die individuelle Kundenversorgung.«

Für die ständige Modernisierung ist im Fagus-Werk der Organisationsingenieur zuständig. Über den Produktionsbereich hinaus regt er optimierende Maßnahmen in allen Abteilungen an: Karteien über die Kundschaft und das Materiallager, die Vergabe von Inventarnummern für sämtliche Gegenstände im Werk, Meßgeräte an nahezu jeder Maschine, Einheitsschlösser an allen Türen, strikte Einhaltung der Deutschen Industrie Normen (DIN) – um nur einige Anwendungsgebiete zu nennen. Wenngleich dieser Optimierungs- und Ordnungsdrang gelegentlich den Grad einer gewissen Verselbständigung erreicht, trägt er nicht nur erheblich zur Produktionssteigerung, sondern auch zum Arbeitsschutz bei. So weist das Fagus-Werk die niedrigste Unfallrate in der Branche auf. Rückvergütete Versicherungsprämien fließen in die Betriebskrankenkasse.

Besondere Aufmerksamkeit wird auf die Ausbildung der Arbeiter gelegt. Sie sollen den gesamten Produktionsprozeß vom Rohstoff bis zur fertigen Ware beherrschen – einerseits, um der Entfremdung von der Arbeit zu begegnen, andererseits, um nach Möglichkeit immer dort eingesetzt werden zu können, wo man sie gerade braucht. Diese Strategie erweist sich besonders bei Rationalisierungsmaßnahmen – z.B. nach Inbetriebnahme der Genauigkeitsdrehbank – als erfolgreich. Die Auswahl von Lehrlingen für die Ausbildung zum Schuheisten-Modelleur geschieht auf der Grundlage psychologischer Eignungstests.[9] In der seit 1927 eingerichteten Werksschule erhalten sie täglich eine Stunde zusätzlichen Unterricht, woran auch der Juniorchef mitwirkt. Fortbildung, aber auch Zerstreuung bietet schließlich die Werksbücherei: außer Fachbüchern zu den Themen Leistenherstellung und Maschinenbau umfaßt sie nicht nur Belletristik, sondern auch künstlerische Avantgarde-Literatur wie z.B. die Bauhaus-Bücher.

Eine Zusammenstellung der Buchtitel gäbe einen guten Querschnitt durch die weitgespannten Interessen von Karl Benscheidt jr., der sich keineswegs als ausschließlich rationaler »Homo Faber«, sondern vielmehr auch als kunstsinniger Schöngeist erweist. Den Zugang zu moderner Kunst und Architektur eröffnet ihm Walter Gropius. Als großzügigen Mäzen findet man den Juniorchef daher bei nahezu allen Gruppierungen und Aktivitäten wieder, in die Gropius involviert ist, z.B. beim Arbeitsrat für Kunst, dessen Manifest (1919) er unterzeichnet.[10] Vater und Sohn Benscheidt bedenken aber vor allem immer wieder das Bauhaus – sei es mit Aufträgen, durch den Kauf von Produkten oder gezielte Spenden und zinslose Darlehen.

Hierzu zählt das Musterhaus *Am Horn* in Weimar, für das die Benscheidts im März und April 1923 in zwei Raten die inflationsbedingt schwindelerregende Summe von 1,5 Millionen Mark beisteuern. Anfang September 1924 geben sie 4000 Mark als Vorschuß zur Neuordnung des Ateliers von Gropius, das als Baubüro in die Architekturlehre integriert wird.[11] Und als Gropius nach der Kündigung der Verträge durch die Thüringische Regierung Ende des Jahres 1924 den Versuch unternimmt, das Bauhaus in eine Gesellschaft mit begrenzter Haftung umzuwandeln, zeichnet der Juniorchef eine Einlage von 3000 Mark.[12] Schließlich sind Vater und Sohn Benscheidt nach dem Umzug des Bauhauses von Weimar nach Dessau Mitglieder im *Kreis der Freunde des Bauhauses*.

Angesteckt vom expressionistischen Aufbruchspathos des frühen Bauhauses bildet Benscheidt jr. Ende 1922 zusammen mit vier weiteren Mitstreitern in Alfeld den »Volksbildungsverein«. Das Gründungsmanifest, ein dreiseitiger Aufruf, stellt voller Enthusiasmus die Errungenschaften der Technik, die Erkenntnisse der Wissenschaft und die Ausdrucksformen der Kunst dem »reinen Materialismus« der Vorkriegszeit entgegen. Angelehnt an das Programm des Bauhauses von 1919 wird formuliert: »Das Bauen umfasst alle Künste. An der Art ihrer Bauwerke erkennen wir das Fühlen und Denken der Völker, besser oft als aus vielen Geschichtsbüchern. Zeige mir, wie eine Zeit gebaut hat, und ich will Dir sagen, wie sie gelebt und gedacht hat.«[13]

Der Volksbildungsverein setzt sich zum Ziel, »Männer der Kunst und der Wissenschaft, die das Land der Zukunft gesehen haben, heran[zu]ziehen und uns berichten [zu] lassen von den fabelhaften Wundern, die sie geschaut haben.« Als ersten Redner gewinnt man Walter Gropius, der einen Vortrag über das Bauhaus hält. In einer Ankündigung stellt Benscheidt jr. ihn wie folgt vor: »Er verfolgt die Aufgabe, die Zersplitterung der verschiedenen Kunstgebiete dadurch aufzuheben, dass er sie alle im Bau zusammenführt. Dieses Ziel wurde ja schon seit Jahrhunderten erstrebt, aber bisher nicht erreicht. Gropius hat in seiner dreijährigen Tätigkeit bewiesen, dass er es erreicht hat, trotz der ungeheueren Schwierigkeiten und Kämpfe, die eine solche Aufgabe gerade in unserer Zeit erfordert.«[14]

Da Benscheidt jr. in diesem Kontext das Fagus-Werk als Beispiel der radikalen Baugesinnung von Gropius benennt, liegt es nahe, es als Verkörperung des angestrebten Gesamtkunstwerks zu begreifen – insbesondere wenn man weiß, daß gerade in dieser Zeit 1922/23 die innere Ausgestaltung des Hauptgebäudes in Zusammenarbeit mit den Werkstätten des Bauhauses stattfindet. Aber auch umgekehrt präsentiert das Bauhaus seine Zusammenarbeit mit dem Fagus-Werk als programmatische Erfüllung des gesteckten Ziels, nun jedoch unter dem seit 1923 gültigen Motto »Kunst und Technik – eine neue Einheit«. Anläßlich der Ausstellung *Die Form 1924* in Stuttgart plant das Bauhaus in Verbindung mit dem Fagus-Werk eine kleine Sonderpräsentation, die neben Architekturfotos auch »Schuhleisten, Meßapparate, Kleingerät für die Schuhfabriken und Drucksachen« umfaßt. »Es sind lediglich ideelle Gesichtspunkte, die die Besitzer veranlassen einmal zu zeigen, wie weit der Formgedanke in ihrer ganzen Arbeit vom Fabrikbau an bis zum Erzeugnis durchgeführt ist.«[15] Unter den erwähnten Kleingeräten befinden sich wohl die von Gropius gestalteten Schuhbügeleisen und die dazu gehörige elektrische Steckdose.[16] Demnach sind beide Ideale des Bauhauses im Fagus-Werk verkörpert: der »Große Bau« des Gesamtkunstwerks ebenso wie das Mitwirken von Künstlern an der Formgebung industrieller Erzeugnisse.

Benscheidt jr., der sich geschäftlich oft in Erfurt aufhält, verpaßt so gut wie kein Bauhausfest der Weimarer Zeit, und bei der feierlichen Eröffnung des Dessauer Bauhaus-Gebäudes Anfang Dezember 1926 finden wir Vater und Sohn unter den Gästen. Über die unmittelbar am Fagus-Werk beteiligten Künstler hinaus hält der Juniorchef regen Kontakt zu Werner Gilles, Laszlo Moholy-Nagy, Karl Peter Röhl und Eberhard Schrammen, d.h. nicht nur zu den Meistern, sondern auch zu den Studenten. Letztere gehören sämtlich zum engeren Freundeskreis von Adolf Meyer.

Im Sommer 1925 bereisen die Benscheidts Holland. Ausgestattet mit einer von Meyer erstellten Liste sehenswerter neuer Architektur und Adressen sämtlicher *Stijl*-Künstler wird ihr Urlaub zu einer Informationstour der Moderne. W. M. Dudok, C. v. Eesteren, J. J. P. Oud und G. Rietveld stehen für Auskünfte bereit und führen die Gäste z.T. persönlich durch ihre Bauten. Nicht nur der Name Benscheidt, sondern auch das Fagus-Werk ist danach in der holländischen Szene ein Begriff.

Benscheidt jr. bewegt sich aber nicht nur durch das Bauhaus und vermittelt in Künstlerkreisen, er nimmt auch regen Anteil an den Aktivitäten der Hannoveraner Moderne. So verkehrt er in der Kestnergesellschaft und ist förderndes Mitglied der 1927 gegründeten Vereinigung *die abstrakten hannover*.[17] Entweder dort oder über seinen Bekanntenkreis, zu dem Karl Buchheister, El Lissitzky, Kurt Schwitters und Friedrich Vordemberge-Gildewart gehören, lernt er auch die amerikanische Galeristin Katherine Dreier kennen.[18] Die meisten Künstler lädt er zur Besichtigung des Fagus-Werks nach Alfeld ein: seit Mitte der 1920er Jahre gibt sich hier die internationale Avantgarde die Klinke in die Hand.[19]

Was der Juniorchef nicht aus eigener Anschauung kennenlernen kann, versucht er sich durch Lektüre anzueignen: als Werkbund-Mitglied bezieht er das Verbandsblatt *Die Form* und als zum Kreis der Freunde des Bauhauses gehörig die *Bauhaus-Zeitschrift*, außerdem liest er *G – Zeitschrift für elementare Gestaltung* und unter den Restbeständen seiner Bibliothek finden sich Hefte des *Neuen*

Russland ebenso wie des *Esprit Nouveau*.²⁰ Darüber hinaus gehört Benscheidt jr. zu dem nicht einmal einem Dutzend Abonnenten des *De Stijl* in Deutschland. Damit erweist er sich als mindestens genauso gut über die internationale künstlerische Entwicklung informiert wie seine Architekten.

Benscheidt jr. tritt auch als Förderer der Wissenschaft in Erscheinung. Wie sein Vater setzt er sich intensiv mit Fragen der Herstellung fußgerechter Leisten auseinander. Aus seiner Forschungstätigkeit gehen neue Größentabellen mit genaueren Abstufungen der Weiten- und Längenmaße hervor, aber auch werksintern entwickelte Geräte wie der Absatznormer oder der Meßpunkt-Markierapparat tragen zu einer größeren Präzision der Leisten und besseren Paßform der mit ihnen produzierten Schuhe bei. Diese Ergebnisse stellen jedoch nur kleine Schritte innerhalb des eigentlich verfolgten Ziels dar, den Massenartikel Schuh zu reformieren. Hierfür mangelt es an medizinischer Grundlagenforschung.

Im Jahre 1921 lernt Benscheidt jr. den Orthopäden Dr. med. August Weinert kennen, der sein Leben der wissenschaftlichen Erforschung des Fußes gewidmet hat. Mit erheblichen Geld- und Sachmitteln unterstützt das Fagus-Werk seine Arbeit über eine Zeitspanne von mehr als einem Jahrzehnt. Weinerts Verdienste liegen auf dem Gebiet der Definition des Normalfusses und der Analyse der Fußbewegung beim Gehen. Seiner Auffassung nach formt die naturgemäße Bewegung des Fußes die sogenannte »Optimalstellung«. Dabei weist der Fuß eine »Verwindung« auf: während der Rückfuß eine Auswärtsdrehung (Supinations-Varusstellung) zeigt, folgt der Vorderfuß einer entgegengesetzten Einwärtsdrehung (Pronations-Valgusstellung).²¹

Diesen statisch richtig gestellten Fuß findet Weinert außer bei Naturvölkern und Sportlern nur noch an antiken Statuen (!). Beim zivilisierten Menschen ist sie durch das Tragen falschen Schuhwerks verdorben. Schuld daran sind die üblichen, zwar nach dem Fuß geformten, aber der stark verbreiteten Knickstellung (Valgus) folgenden Leisten. Mittels Massage, Gymnastik und Belehrung gelingt es Weinert, die Optimalstellung bei vielen seiner Patienten wiederzuerlangen.

In Zusammenarbeit mit Benscheidt jr. beginnt Weinert die Entwicklung eines nach seinen Grundsätzen als physiologisch richtig angesehenen Leistens. Gemeinsam mit dem Orthopädie-Schuhmachermeister Siebert, Inhaber mehrerer Patente von Leisten in Rückfuß-Varusstellung, und verschiedener

von links nach rechts:
Skelett eines
›normalen‹ Fußes
Skelett eines leicht
deformierten Fußes
Skelett eines ›mittleren‹
Knick-Plattfußes
Fotos Albert Renger-Patzsch
1926

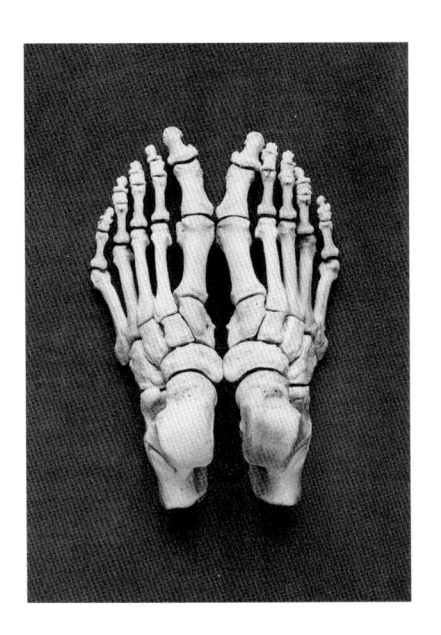

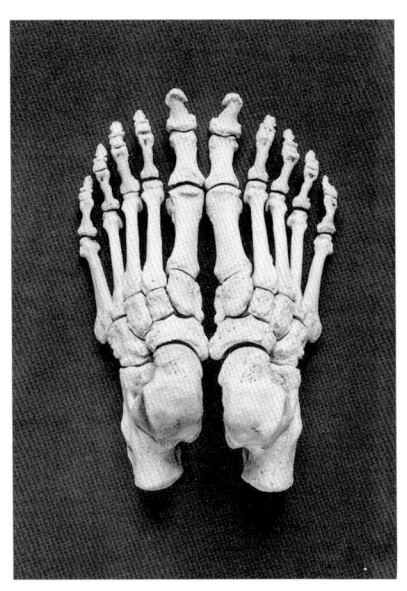

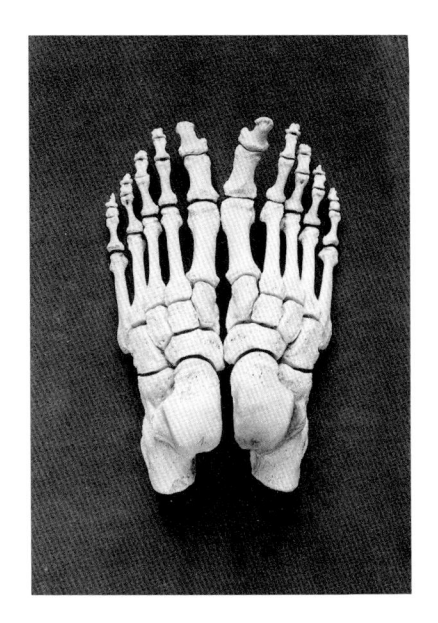

Fagus und Bauhaus

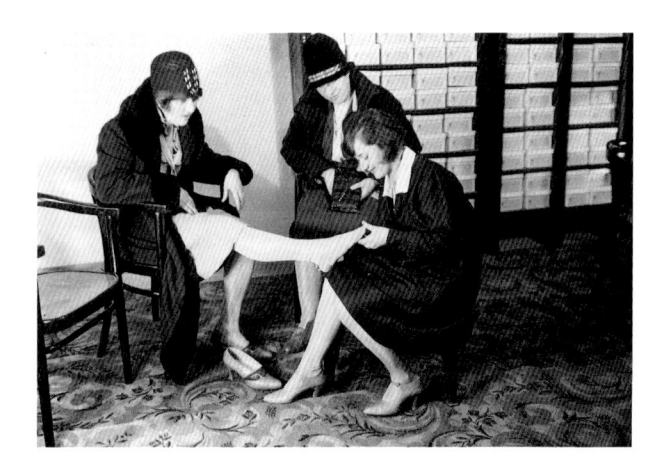

Szenen aus dem
Angulus Varus Film
Beratung im Schuhgeschäft
Fotos Albert Renger-Patzsch
ca. 1928

Schuhproduzenten kommt es 1926 zur Gründung der *Angulus Varus Gesellschaft*. Ziel des Unternehmens ist die Herstellung gesunder, aber zugleich modischer Fußbekleidung für Männer, Frauen und Kinder. Durch den Schuh soll der Rückfuß in den richtigen Winkel (lat.: angulus) zur Beinachse, nämlich in die Varusstellung gebracht werden.

Vater und Sohn Benscheidt setzen große Hoffnungen in diese Sache, da sie ihren Vorsätzen einer qualitativ hochstehenden Reformware näher kommt als jeder zuvor im Fagus-Werk produzierte Artikel. Sie bietet ihnen gleichzeitig die Möglichkeit der Diversifikation in einer Zeit, in der der Absatz ihres Hauptprodukts stagniert. Von Anfang an ist ihnen klar, daß über Varusleisten hergestellte Schuhe nur dann von der Kundschaft angenommen werden, wenn sie elegant sind. Es geht nicht um Gesundheitsschuhe für einen kleinen Kreis ohnehin Überzeugter, sondern um Breitenwirkung – selbstverständlich auch aus umsatztechnischen Gründen, vor allem aber, um die Volksgesundheit zu heben. Zugleich können bei diesen quasi eigenen Aufträgen die ersten größeren Bewährungsproben mit der neuen Fagus-Genauigkeitsdrehbank gemacht werden.

Für die Markteinführung des Angulus Varus Schuhes zieht Weinert 1927/28 eine großangelegte Werbekampagne auf. Johannes Molzahn gestaltet das Plakat, diverse Informationsbroschüren und die Schuhkartons unter Verwendung von Fotos, die Albert Renger-Patzsch anfertigt. Bereits seit 1926 macht er Aufnahmen für Weinert, die dieser als Arbeitsmittel und zur Illustration eines wissenschaftlichen Aufsatzes benutzt.[22] Dabei handelt es sich um Bilder von Schuhen, Füßen und – durch das Tragen falschen Schuhwerks – deformierter Fußskelette. Für Renger-Patzsch bilden vor allem die bei Tageslicht vor schwarzem Hintergrund aufgenommenen Skelette eine handwerkliche Herausforderung.[23] Innerhalb seines fotografischen Œuvres scheint er diesen Bildern aber keine große Bedeutung beigemessen zu haben, denn sie finden später keine Erwähnung mehr.[24]

Offenbar wird auch ein Lehr- und Aufklärungsfilm mit dem Titel *Die Bedeutung richtiger Fußbekleidung für die Volksgesundheit und die Volkswirtschaft* gedreht. Hiervon hat sich eine Folge von Einzelaufnahmen erhalten, die Renger-Patzsch anfertigt und die zur Bebilderung einer Broschüre benutzt werden.[25]

Inwiefern es sich tatsächlich um Szenenfotos eines Films handelt, für den möglicherweise Renger-Patzsch verantwortlich zeichnet, oder die Broschüre in der Form einer filmischen Sequenz lediglich den Eindruck eines solchen erwecken will, läßt sich bislang nicht klären. Gezeigt wird ein Verkaufsgespräch in einem Schuhladen, bei dem eine Verkäuferin zwei Kundinnen die Vorzüge der Angulus Varus Schuhe erklärt.[26]

68 Karl Benscheidt jr. (1888–1975)

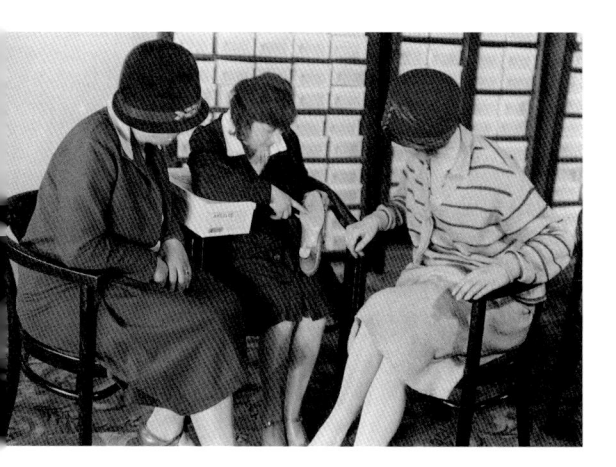

Anhaltende Meinungsverschiedenheiten zwischen den an der *Angulus Varus GmbH* Beteiligten führen das Unternehmen schon 1928 in eine verfahrene Situation. Als Weinert dann noch zu der Erkenntnis gelangt, daß die produzierten Schuhe den Fuß zu falschen Bewegungen zwingen, kommt es zum Bruch mit den Herstellern.

Ergebnisse wissenschaftlicher Forschung mit der Kunst zu verbinden und in Reformwaren umzusetzen – dieses Wagnis mit hohem Einsatz und sehr ideellen Zielen konnte kaum gelingen, da die wissenschaftliche Forschung noch nicht zu allgemein anerkannten Ergebnissen gekommen war. Was jedoch von diesem Anspruch im Falle von *Angulus Varus* übrigbleibt, ist für die Allgemeinheit immerhin die erfreuliche Tatsache, daß Schuhe in Knickfußstellung vom Markt verschwinden.

Kleinere Aufgaben ab 1919

Unmittelbar nach Kriegsende meldet sich Gropius bei Benscheidts. Bereits Mitte Januar 1919 findet er sich in Alfeld ein und nimmt die während seiner Zeit im Felde errichteten Bauten in Augenschein. An Aufträgen kommen vorläufig nur kleinere Aufgaben in Frage. So entwerfen Gropius und Meyer, die seit März 1919 wieder in einer Ateliergemeinschaft in Berlin zusammenarbeiten, eine in den Zeichnungen als »Normaluhr Maschinensaal« bezeichnete Standuhr recht konventionellen Charakters. Es folgen im September 1919 Entwürfe für den durch die Änderung des Firmennamens bedingten neuen Schriftzug auf dem Lagerhaus, der kurz darauf zur Ausführung kommt.

Gleichzeitig kümmern sie sich um die Fertigstellung des Kessel- und Maschinenhauses. Begonnen wird noch 1919 mit dem Geländer vor dem Maschinenhaus, das aus handelsüblichen Gasrohren mit kugelförmigen Verbindungselementen besteht und am Treppenaufgang in ausgreifenden Spiralen ausläuft. Bis Ende 1922 ist auch die innere Ausgestaltung des Maschinenraums vollendet. Ein schmales schwarzes Band auf Höhe des Fensterabschlusses, das horizontal über die Wandflächen ausgreift und klammerartig vor der Uhr an der Stirnseite endet, zeichnet den ganz in schwarzweiß Kontrasten gehalte-

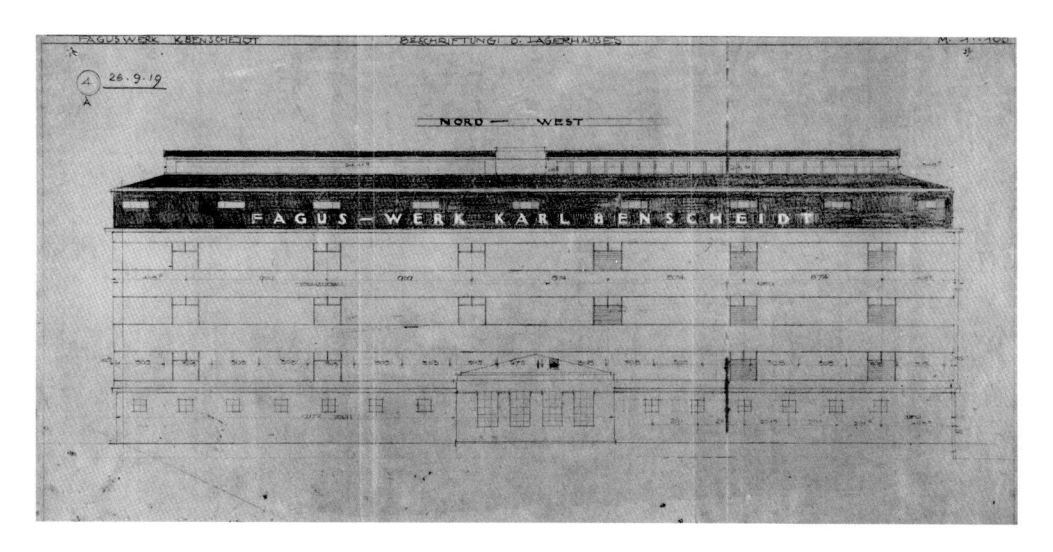

Neuer Schriftzug am Lagerhaus, 1919

Fagus und Bauhaus 69

nen Raum aus. Daß man diesen zurückhaltenden Schmuck als eine nobilitierende Geste verstehen muß, legen ähnliche Lineamente im gleichzeitig fertiggestellten Vestibül des Hauptgebäudes nahe. Es ist denkbar, daß auch das Mobiliar – ein langgestreckter Tisch und mindestens zwei Stühle – auf Entwürfen von Gropius und Meyer basieren. Einer der Stühle, der als unterste Farbschicht ein charakteristisches Türkis zeigt, hat sich erhalten.

Aus dieser nur schlecht dokumentierten frühen Nachkriegszeit stammt auch der vom Mai 1921 datierende Entwurf für einen Ausstellungsschrank. Das breitgelagerte, aber nur wenig tiefe Möbel besteht aus einem niedrigen dreiteiligen Corpus und einem hohen Vitrinenaufsatz. Sowohl der Pyramidalschliff der Kanten als auch die Pyramidenstumpffüße kennzeichnen das Stück als ein typisches Beispiel expressionistisch angehauchter Möbel von Gropius und Meyer. Im Zusammenhang mit den Bücherschränken für das Damenzimmer der Villa Sommerfeld in Berlin (1921/22) und für das Herrenzimmer Hanstein in Homberg-Efze (1923/24) muß der Ausstellungsschrank für das Fagus-Werk als der Prototyp für diese nur noch gering variierten Nachfolgestücke angesehen werden.[27]

Ausgestaltung und Möblierung des Hauptgebäudes, 1921–1925

Bedingt durch den Ausbruch des 1. Weltkriegs kann der 1914 erweiterte Trakt des Hauptgebäudes zwar äußerlich fertiggestellt werden, im Inneren bleiben die Räume jedoch im Rohbauzustand. Während im Erdgeschoß der Versand wie vorgesehen die Arbeit aufnimmt, dienen die beiden anderen Etagen in den Kriegsjahren der Produktion. Für die Ausgestaltung des Vestibüls, in das man durch den Haupteingang gelangt, liegen Zeichnungen vom Juli 1914 vor. Sie kommen nahezu unverändert 1921/22 zur Ausführung.

Wie bereits im Bürogebäude der Kölner Werkbundfabrik (1914) verwenden Gropius und Meyer Schwarzglasplatten, die die helle Wand in Flächen untergliedern. Die Kontrastwirkung von Positiv- und Negativformen darf als Umsetzung antiker Ornamentprinzipien verstanden werden.[28] Auch der Wandaufbau stellt mit Sockel, klammerartigen Lineamenten und besonders dem abstrahierten Metopen-Triglyphen-Fries eine Anlehnung an antikes Formengut dar. Sie tragen zur Erzeugung einer feierlichen Stim-

Maschinenhaus
Foto Edmund Lill
November 1922

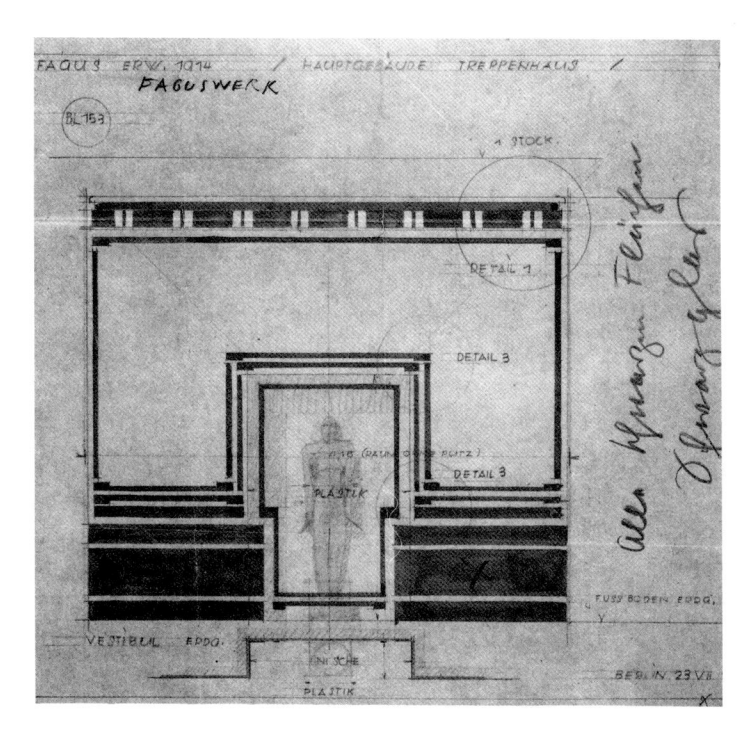

mung bei und lassen etwas von jener den Besucher ergreifenden Wirkung monumentaler Architektur erahnen, die Gropius vor dem 1. Weltkrieg anstrebt.

Das Festhalten an einem bereits sieben Jahre alten Entwurf erklärt sich nicht bloß aus dem Vorhandensein des Planmaterials oder möglicherweise dem Wunsch des Bauherrn, sondern legt vielmehr die ungebrochene Gültigkeit der Lösung nahe. Denn Gropius und Meyer wiederholen 1923 nahezu identisch das Alfelder Vestibül in den Geschäftsräumen des Glaslieferanten, der *Spiegelglas AG* im unweit gelegenen Freden. Diese Rückbesinnung auf eine ›zeitlose Klassik‹ läßt sich auch für andere ihrer Arbeiten der Zeit um 1922/23 belegen.

Anstelle der 1914 vorgesehenen lebensgroßen Plastik einer männlichen Aktfigur – zu denken wäre an ein Werk von Richard Scheibe, Gerhard Marcks oder Georg Kolbe, deren Werke Gropius und Meyer verschiedentlich in ihre Architektur integrierten – kommt 1922 eine Gedenktafel mit den Namen der im 1. Weltkrieg gefallenen Arbeiter und Angestellten des Fagus-Werks zur Ausführung. Verwendet wird eine neu entwickelte eckige Schrifttype, die sich zu dieser Zeit auch im Bauhaus einer gewissen Beliebtheit erfreut.[29]

Von Anfang Februar 1922 datiert der Entwurf für die Lampe, die aus vier Glühbirnen in nackten Fassungen besteht. Den Abschluß zur Decke bildet eine quadratische Schwarzglasplatte, an der mittels Stifte und würfelförmiger Muttern eine durchsichtige Glasplatte als untere Begrenzung befestigt ist. Die in jüngster Zeit erfolgte Wiederherstellung der originalen Farbigkeit im Vestibül und Treppenhaus des Hauptgebäudes förderte für den weißlichen Edelputz der Wände eine Durchsetzung mit Marienglas zutage, dessen glänzende Bestandteile das Licht funkelnd widerspiegeln. Für die Innenseite des Türblatts konnte als unterste Farbschicht ein Sienarot ermittelt werden.[30]

Auch die Eingangstüre basiert auf einem Entwurf des Gropiusschen Büros. Wie Fotos belegen, bestand zuvor lediglich eine provisorische Türe. Die Ausführung erfolgt nach einer im Januar 1922 im Werk eingegangenen Zeichnung, die ein Nagelmuster aus drei parallel zueinander geführten, mehrfach rechtwinklig abknickenden Linien zeigt.

Hauptgebäude Vestibül
links:
Entwurf von 1914
rechts:
Ausführung von 1922
Foto Edmund Lill
1. Jahreshälfte 1923

Fagus und Bauhaus 71

Haupteingangstür
Entwurf 1921/22

Klinke an der
Haupteingangstür, 1922

Vorbilder hierfür lassen sich im Werk des holländischen Architekten J. L. M. Lauweriks, dem Lehrer von Adolf Meyer an der Düsseldorfer Kunstgewerbeschule, finden.

Schließlich bleibt der Türdrücker zu erwähnen. Es handelt sich um eine Sonderanfertigung der berühmten ›Gropius-Klinke‹, die aus einem rechtwinklig abgeknickten Vierkantstab mit einer zylinderförmigen Griffrolle besteht. In der Entwurfszeichnung für die Tür zum Vestibül vom Januar 1922 ist der Drücker noch nicht eingezeichnet. Vielmehr erscheint dort ein Griff, der an ein Modell von P. Behrens erinnert. Am Fagus-Werk kann die ›Gropius-Klinke‹ also erst im Laufe des Jahres 1922 zur Ausführung gekommen sein.[31] Die in der Literatur immer wieder zu findende, mit dem Erbauungsjahr des erweiterten Hauptgebäudes in Verbindung gebrachte Vordatierung auf 1914 ist nach Lage der Fakten undenkbar.[32]

Gleichzeitig findet der Ausbau der Büroetage im 1. Obergeschoß statt. Die Wände des Vestibüls sind ebenfalls hell verputzt unter Beimischung von Marienglas. Dagegen setzt sich die Decke in einem kräftigen Ko-

72   Ausgestaltung und Möblierung des Hauptgebäudes, 1921–1925

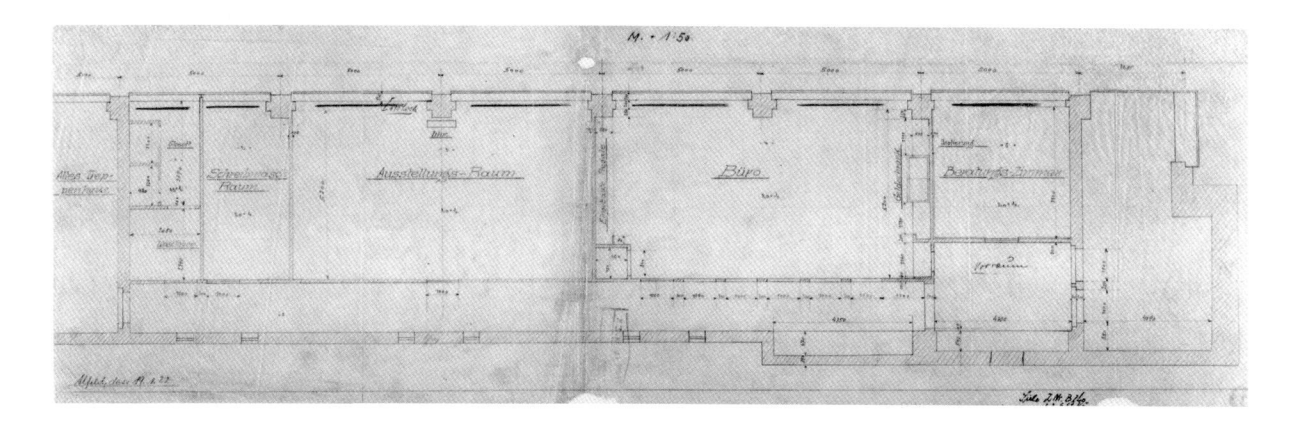

Grundriß der neuen Büroetage im Hauptgebäude, 1922/23

Sitzgruppe im Vestibül, 1925
Hauptgebäude,
1. Obergeschoß

baltblau ab. Wie die erhaltenen Zeichnungen belegen, stammt der Entwurf für die hier aufgestellte, nachträglich weiß gestrichene Sitzgruppe aus Eichenholz erst aus dem März 1925. Sie besteht aus einer ungepolsterten Sitzbank, zwei entsprechenden Sesseln und einem quadratischen Tisch. In der Literatur existieren für diese als Reedition produzierten Möbel Datierungen, die sogar bis ins Jahr 1910 zurückgehen.[33]

Bei der Unterteilung der Etage geht man nach dem Beispiel des bahnseitigen Bürotraktes von 1911 vor, in dem ein langer, parallel zur Rückwand verlaufender Flur die einzelnen Zimmer erschließt. Der Besucher betritt vom Vestibül aus einen annähernd quadratischen Vorraum, der einerseits einen Zugang zum Konferenzzimmer bietet, andererseits durch zwei Schwingtüren in den Flur leitet. Ein kleiner Schalter mit einem Schiebefenster ermöglicht die Abfertigung durch das angrenzende Büro mit Kassenfunktion. In diesem Vorraum stand eine heute noch erhaltene, weiß gestrichene Holzbank, die mit losen, schwarz bezogenen Sitzkissen versehen war. Auch dieses Möbelstück, für das

Fagus und Bauhaus 73

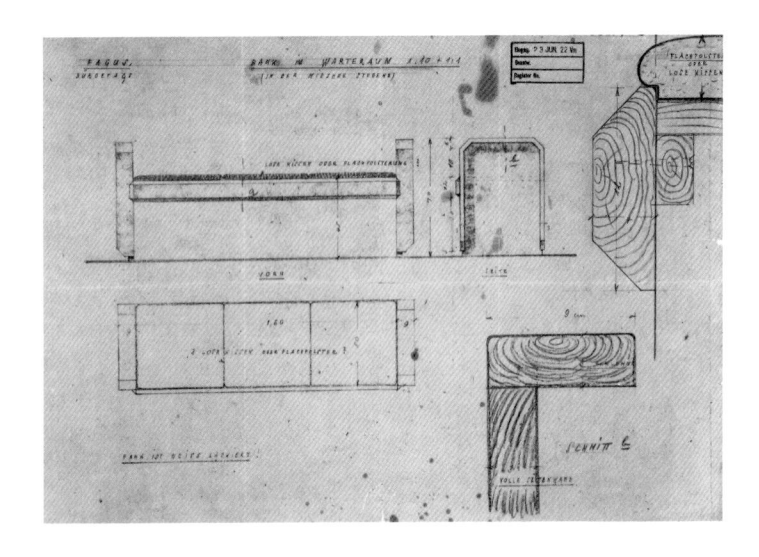

Sitzbank im Vorraum, 1922
Hauptgebäude, neue Büroetage

Mobiliar für das Konferenzzimmer Hauptgebäude, neue Büroetage
Entwurf Erich Brendel, 1922/23

eine Zeichnung aus dem Büro Gropius vom 30.5.1922 existiert, weist die charakteristischen abgefasten Kanten auf.

Für den Konferenzraum entwirft der Bauhaus-Geselle Erich Brendel um 1922/23 einen runden Eichentisch mit sechs brettartigen Beinen und einer sternförmig furnierten Platte. Hierzu gehören sechs Polstersessel, deren Sitz- und Lehnfläche mit Leder bezogen sind. Brendel fertigt in der Bauhaus-Tischlerwerkstatt lediglich die Musterstücke an, d.h. einen Sessel und den Tisch.[34] Nach diesen arbeitet wahrscheinlich ein Alfelder Schreiner die restlichen Stücke. Ein Sessel mit einem gestreiften, aus der Bauhaus-Weberei stammenden Bezugsstoff bleibt im Besitz von Brendel und wird auf der Bauhaus-Ausstellung 1923 gezeigt.[35] Im Fagus-Werk hat sich außer der lederbezogenen Gruppe noch ein etwas kleinerer, ansonsten aber identischer Tisch mit vier gleichen Sesseln erhalten, die an das Bauhaus Dessau übergeben worden sind.

Wie im bahnseitigen Trakt des Hauptgebäudes wird auch im Erweiterungsteil ein großer Büroraum eingerichtet, der durch Fensterwände vom Flur getrennt ist. Zur Ausstattung gehören Lamellenvorhänge aus Rohr, Heizkörperabdeckungen aus farbigem Spiegelglas, eine in der Zimmerecke eingebaute Telefonzelle und natürlich das modernste Büromobiliar. An den Türen befinden sich Vorversionen des ›Gropius-Drükkers‹, die einen konischen Griffhals aufweisen. Auch hier muß noch einmal betont werden, daß eine Vordatierung dieser Beschläge ins Jahr 1914 abwegig ist.[36] Zeichnungen von

74   Ausgestaltung und Möblierung des Hauptgebäudes, 1921–1925

Wandaufrissen der Büroetage, die eine als ›Gropius-Drücker‹ identifizierbare Klinke zeigen, stammen vom Juli und August 1922. Ein genaues Datum der Fertigstellung ist nicht überliefert. Man darf aber davon ausgehen, daß vor dem Frühjahr 1923 hier noch nicht gearbeitet wird.

Was die farbige Ausmalung der Büroetage anbelangt, schweigen sich die Unterlagen aus. Restauratorische Untersuchungen haben außer im Haupttreppenhaus noch nicht stattgefunden. Kurz nach Fertigstellung der Büroetage aufgenommene Fotos zeigen, daß die Wände des Vorraums bis Türhöhe einheitlich in einem dunkel erscheinenden Ton gehalten sind. Im Flur bestand eine farbliche Differenzierung zwischen den hellen Pfosten und den dazwischen befindlichen, dunkel gehaltenen Bereichen von Brüstung, Fenster- und Türrahmen. Noch in den 1950er Jahren muß die originale Farbigkeit vorhanden gewesen sein. Angaben gehen aber leider nicht über allgemeine Äußerungen – z.B. »die Wandtöne sind stets mattgrün, hellgelb und englischrot«[37] – hinaus.

Immerhin finden diese Bemerkungen Bestätigung durch einen Grundrißplan für das 2. Obergeschoß des erweiterten Hauptgebäudes. In der oberen rechten Ecke weist die Zeichnung Farbproben in Aquarell mit dezidierten Anmerkungen auf. Hier sollen die Wand- und Deckenflächen in Grünblau, Pfeiler und Deckenunterzüge in Hellgelb, Türen und Heizkörper in Grau und die Fensterrahmen samt Sprossen in einem Rot-Violett gehalten werden. Letzteres kann verschiedentlich bei Entwürfen von Gropius und Meyer in dieser Zeit beobachtet werden, wenngleich am Außenbau: so weist der unweit vom Fagus-Werk gelegene, ab 1923 gebaute Speicher der Firma Kappe rot gestrichene Fenster auf.[38] Für das Vestibül im 2. Obergeschoß haben die Untersuchungen eine rote Decke ergeben. Dieses Ergebnis findet durch ein 1923 entstandenes Foto, das einen deutlich von der Wand differierenden dunkleren Farbwert zeigt, Bestätigung.

Verschiedene zeitgenössische Quellen belegen, daß das Bauhaus für die farbige Ausgestaltung der Büroetage im Hauptgebäude ver-

Büro und Kasse Hauptgebäude, neue Büroetage am Telefon stehend: Karl Benscheidt jr. Foto Edmund Lill 1. Jahreshälfte 1923

Treppenhaus im
Hauptgebäude
2. Obergeschoß
Foto Edmund Lill
1. Jahreshälfte 1923

antwortlich zeichnet. Hervorgehoben wird die »einfache, zweckdienliche Art des Weimarer Bauhauses (...). Diese betont die Architektur des Raumes durch die Aufteilung der Flächen und die Wahl der Farben. In die Räume ist daher eine überraschende Frische und Lebendigkeit gebracht worden, die nicht ohne Einfluß auf die darin Schaffenden bleiben kann.«[39] Namen erfährt man jedoch, getreu der zu dieser Zeit noch herrschenden Vorstellung vom gemeinsam zu erschaffenden »Großen Bau«, nicht. Allerdings weisen die Spesenabrechnungen von Benscheidt jr. für Ende Februar 1922 den Besuch von »Schlemmer-Weimar« aus.[40] Ob es sich hierbei um Oskar oder Carl Schlemmer, den am Bauhaus als Werkmeister arbeitenden Bruder des bekannten Malers, handelt, bleibt aber ungewiß. Ein Besuch zu diesem Zeitpunkt kann, wenn er überhaupt in einem Zusammenhang mit der Ausmalung des Treppenhauses und der Büroetage steht, nur einer ersten Information vor Ort gegolten haben.

Nach Fertigstellung der neuen Büroetage wird auch die alte im bahnseitigen Trakt des Hauptgebäudes umgebaut. Die Ausführungszeichnungen aus dem Büro Gropius setzen hierfür im September 1923 ein und ziehen sich zeitlich bis zu den Planunterlagen für die Fußmatte (!) im Dezember 1924 hin. Für die verhältnismäßig geringen architektonischen Eingriffe dauert der Umbau recht lange. Im Grunde genommen werden nur einige der 5 cm dünnen Zwischenwände entfernt und neu plaziert, um sich der geänderten Nutzung anzupassen. Denn durch die Einrichtung des Musterzimmers und der Kasse im neuen Bürotrakt fallen diese im älteren Gebäudeteil nun fort, so daß der Seniorchef einen größeren Raum erhält und dem Hauptbüro eine Registratur angegliedert werden kann.

Auffällig ist der hohe, zweifelsohne durch die Geldentwertung während des Jahres 1923 bedingte Grad an Ökonomie: die gesamte Wand zum Flur bleibt unangetastet bis auf die Entfernung der Volutenbekrönungen über den Türsturzen – offenbar stören nun die antikisierenden Details aus der Vorkriegszeit –, d.h. nicht nur die Position der Wandöffnungen, sondern auch die Türen selbst bleiben erhalten; außerdem wird eine gläserne Zwischenwand wiederverwendet. Anstelle der im Grundriß vom 10. Dezember 1923 eingezeichneten Ausstattung mit einer Polstergarnitur, die stark an Gropius' eigene im Direktorzimmer des Weimarer Bauhauses aus dem gleichen Jahr erinnert, begnügt sich Benscheidt sen. mit den schlichten Rohrmöbeln von 1912.

Ab Ende März 1924 hält sich der Bauhaus-Student Peter Keler für mehrere Wochen in Alfeld zur Ausmalung der Büroetage auf.[41] Über die heute nicht mehr erhaltene Farbigkeit der Räume gibt es keine Unterlagen. Außer in einem einzigen Foto des Flurs, das Renger-Patzsch 1928 im Zusammenhang mit der Fagus-Serie macht, ist der umgebaute Zustand der alten Büroetage überhaupt nicht im Bild festgehalten. Diese Aufnahme vermag aber zu belegen, daß 1923/24 keine ›Gropius-Drücker‹ an den alten Türen angebracht wurden. Die heute dort befindlichen können erst nach 1970 in Zweitverwendung montiert worden sein.[42]

76   Ausgestaltung und Möblierung des Hauptgebäudes, 1921–1925

**Die Werkswohnungen
Am Weidenknick, 1923**

Auf einem Grundstück in der Nähe der Fabrik, das Benscheidt sen. kurz nach dem 1. Weltkrieg erwirbt, entsteht ab Mai 1922 nach den Plänen des Einbecker Architekten W. Rudolph ein konventionelles Sechsfamilienhaus für Angehörige des Fagus-Werks mit Drei-Zimmer-Wohnungen, zu denen auch Stall und Gartenland gehören. Die rechte Erdgeschoßwohnung bezieht der in der Auftragsabteilung als Dolmetscher für das Auslandsgeschäft mit Rußland beschäftigte Bruno Hans, ein ehemals zaristischer Offizier, der nach der Revolution nach Deutschland flieht und keinerlei Hab und Gut mehr besitzt. Benscheidts statten ihm die Wohnung komplett aus. Hierfür beauftragen sie Ernst Neufert mit dem Entwurf der Möbel und Hinnerk Scheper mit der farbigen Ausgestaltung der Räume. Obwohl beide zu diesem Zeitpunkt dem Bauhaus nicht mehr angehören, wird die Einrichtung in der zeitgenössischen Literatur als eine Arbeit des Bauhauses bezeichnet.[43]

Ernst Neufert (1900–1986) ist 1919/20 kurzzeitig Student am Weimarer Bauhaus und arbeitet seit Anfang 1922 als Bauleiter für das Büro Gropius. Ab 1923 verlegt er seinen Wohnsitz für etwa ein Jahr nach Alfeld und betreut außer dem Fagus-Werk auch die anderen dortigen Bauten von Gropius und Meyer. Während dieser Zeit freundet sich Neufert eng mit Benscheidt jr. an und verkehrt auch mit Wilhelm Hanstein, dem Organisationsingenieur des Fagus-Werks. Durch sie kommt er in Berührung mit allen Fragen der Betriebsorganisation und der Normierung. Diese Kenntnisse schlagen sich sowohl in der durchrationalisierten Führung des Büros von Gropius in den Jahren 1925/26 als auch in der Ausbildung an der von ihm geleiteten Bauabteilung der Staatlichen Bauhochschule Weimar 1926–1930 nieder und kommen in den über Jahrzehnte lang einflußreichen Büchern der *Bauentwurfslehre* (1936) und der *Bauordnungslehre* (1943) voll zur Geltung.

Bei der Einrichtung für Bruno Hans handelt es sich um eine der frühesten Arbeiten von Neufert. Da es keinerlei Erwähnung davon in den Bauhaus-Archivalien gibt, muß

Wohnhaus
Am Weidenknick
Arch. W. Rudolph, 1922
Werksfoto 1930er Jahre

Fagus und Bauhaus

Wohnung Bruno Hans
links: Wohnzimmer
rechts: Elternschlafzimmer
Fotos Edmund Lill
September 1923

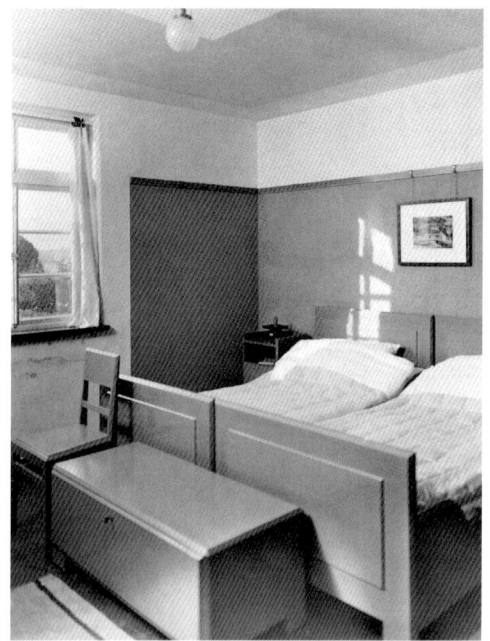

man annehmen, daß er die Entwürfe im Büro Gropius anfertigt und daß diese nach den – heute nicht mehr erhaltenen – Zeichnungen von einem lokalen Tischler gegen Ende des Jahres 1922 ausgeführt werden. Der Auftrag umfaßt Möbel für sämtliche Räume der Drei-Zimmer-Wohnung. Nicht nur in ihrem schweren, kubischen Habitus, sondern auch in Detailausbildungen erinnern die aus Birkenholz gefertigten Stücke an Arbeiten von Gropius und Meyer.

Für die Farbgestaltung gewinnen Benscheidts den späteren Bauhaus-Meister Hinnerk Scheper (1897–1957), der gerade die Meisterprüfung abgelegt und sich selbständig gemacht hat. Mitte Januar 1923 kommt er nach Alfeld, fertigt Entwürfe für alle sechs Wohnungen an und leitet die von einer lokalen Malerfirma ausgeführten Arbeiten, die auch das Beizen und Lasieren der Möbel nach Vorgaben von Scheper übernimmt. Schließlich wählt er noch die Vorhänge und Bilder für die Einrichtung von Bruno Hans aus. Die im Nachlaß von Scheper erhaltenen Farbpläne zeigen stets einen neutralen Friesstreifen über der farbig behandelten Wandfläche. Dieser Streifen wird im Bereich der Fenster auf den Fußboden heruntergezogen.

Auch der Deckenspiegel setzt sich von einem hellen Hintergrund ab. Rechteckige Reflektionsflächen umgeben in den meisten Räumen den Deckenauslaß. An Farben kommt ein Ockergelb, verschiedene matte Grüntöne, ein intensives Dunkelblau und ein sattes Braun vor. Die im Herbst 1923 angefertigten Fotos der Wohnung von Bruno Hans zeigen allerdings Abweichungen in der Ausführung.

Wie aus den Briefen von Scheper an seine Frau hervorgeht, nehmen Benscheidts regen Anteil am Fortgang der Arbeiten. Es ist geplant, »einen Riesenapparat in Bewegung zu setzen. (...) Benscheidt will diese Wohnung und das ganze Haus der Öffentlichkeit zeigen und besonders einladen: Den Industrieverein Alfeld und Umgebung, Industrieverein Goslar, Hannoversche Bauberatungsstelle, Volksbildungsverein und die Vertreter der Gewerkschaften. (...) Dieses fieberhafte Inszeugsetzen der Leute für meine und unsere Sache kommt ganz von selbst, ohne daß ich das Geringste dazu getan habe (...).«[44]

Daß es Benscheidt sen. dabei nicht bloß um Reklame, sondern um ein sozial motiviertes Beispiel geht, belegt ein Schreiben vom 9.6.1947, das der 89jährige wenige Tage vor seinem Tod im Krankenhaus aufsetzte. Hier-

Rangierwinde
und Gleiswaage
Alternativentwurf, 1919

in ordnet er an, »daß ein Lehmbehelfsheim errichtet wird auf dem Grundstück am Weidenknick. Ich habe den Wunsch, daß dieses Behelfsheim möglichst kräftig weitergeführt und bis zum Herbst beziehbar fertiggestellt wird. Wenn irgend möglich, soll zur gleichen Zeit die Wohnung mit Möbeln ausgestattet werden in dem Stil, wie sie seinerzeit im Haus am Weidenknick für Herrn Hans angefertigt wurden. Ich glaube, daß gerade in der jetzigen Zeit es für die Allgemeinheit ungemein wichtig ist, gute Vorbilder zu geben.«[45]

Neubauten, 1923–1925

Auch die Bauten, die Gropius und Meyer nach dem 1. Weltkrieg für Fagus realisieren, bewegen sich im Bereich kleinerer Aufgaben. Hierzu gehört das Haus für die Rangierwinde und Gleiswaage, das quasi an der Ostecke des Grundstücks, auf der Grenze zur Bahn steht. Lagepläne aus dem Bestand des Werksarchivs belegen, daß bereits im März 1919 mit der Planung begonnen wird. Es handelt sich um einen lediglich 6,5 x 4 m Grundfläche messenden rechteckigen Bau, für den die Architekten im Mai 1919 drei verschiedene Varianten vorlegen. Ledergelbe Verblender, großflächige Verglasung und stützenfreie Ecken kennzeichnen auch dieses Gebäude als zum Fagus-Werk zugehörig. Die Entwürfe differieren hinsichtlich der Anordnung der Glasflächen. Anstelle der asymmetrisch um den Baukörper geführten Fenster entscheidet man sich für den sicher zweckdienlicheren, aber gestalterisch weniger ausgefallenen symmetrischen Vorschlag. Das im Spätsommer 1922 fertiggestellte Häuschen weist zur Bahnseite eine gänzlich in Glas aufgelöste Front auf, die klammerartig auf die beiden Schmalseiten umgreift. Wie am Hauptge-

Spänebunker
und Gleiswaage
Foto Edmund Lill
1. Jahreshälfte 1924

Fagus und Bauhaus 79

Pförtnerhaus
Foto Edmund Lill
November 1925

Skizze zum
Pförtnerhaus, 1924

bäude wirken auch hier die kastenförmig ausgebildeten Fenster so, als ob sie vom vortretenden Sturz herabhängen würden und dem Baukörper vorgeblendet seien.

Um 1923/24 beginnt man mit der Erweiterung des ebenfalls an der Bahn gelegenen Kohlen- und Spänebunkers. Noch im 1. Weltkrieg wurde – ohne Mitwirkung von Gropius oder Meyer – an den beiden Schmalseiten eine provisorische, auf Holzpfosten aufruhende Überdachung angebaut, um geschützte Lagerfläche zu gewinnen. Aus der Zeit zwischen 1920 und 1922 belegen verschiedene Planunterlagen bereits die Absicht einer Veränderung dieser Situation. Aber auch das im Dezember 1923 von der Baubehörde genehmigte Projekt gelangt inflationsbedingt nur in reduzierter Form zur Ausführung.[46]

Um den laufenden Betrieb nicht zu beeinträchtigen, erfolgt die Erweiterung – wie bereits 1915/16 beim Kessel- und Maschinenhaus beobachtet – durch die Umbauung des vorhandenen Gebäudes und dessen Einbeziehung in die neue Gesamtform. An der südöstlichen Stirnseite, d.h. zur Gleiswaage hin, wird 1924 mit der Vergrößerung begonnen. Der Funktion eines Lagerhauses folgend, beschränken sich die Wandöffnungen in dem eingeschossigen Gebäude auf die Oberlichtzone. Anstelle eines durchlaufenden und um die Ecke greifenden Glasbandes, das man in Anlehnung an das Kesselhaus erwarten könnte, entscheiden sich Gropius und Meyer für einzelne, durch Mauerpfosten getrennte Fenster. Durch den schwarzen, leicht vorgreifenden Sockel, das ledergelbe Verblendmauerwerk, die sauberen Details und stimmigen Proportionen fügt sich der Bau in die Gesamtanlage ein. Um die Jahreswende 1924/25 folgt dann noch an der anderen Schmalseite eine bis auf Fußbodenniveau des Kellers reichende Grube für Kohlen. Sie wird von einer in Stahlbeton ausgeführten Überdachung abgeschlossen.

Mit dem Pförtnerhaus errichten Gropius und Meyer das letzte Gebäude für das Fagus-

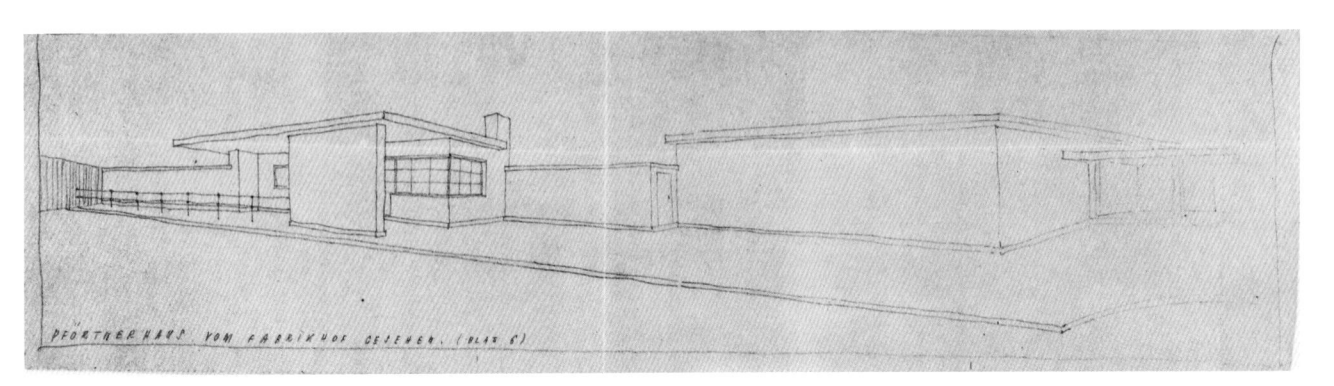

Zufahrt von der
Hannoverschen Straße
Werksfoto
späte 1920er Jahre

Werk. Der gegen Ende 1924 begonnene Neubau ersetzt ein Provisorium aus der Zeit des 1. Weltkriegs. Nicht nur in den Ausmaßen, auch in der asymmetrischen Behandlung der um die Ecke greifenden Verglasung erinnert er an die alternativen Entwürfe für die Gleiswaage. Allerdings ist hier das Flachdach als weit über den Umriß des Baues ausgreifende Platte ausgebildet und wird durch eine dünne Wandscheibe gestützt.[47] Um eine optimale Zu- und Abgangskontrolle von Personen und Waren zu ermöglichen, wird die Südecke des Gebäudes abgeschrägt und mit einem Fenster versehen, so daß der dahinter sitzende Pförtner Fußweg und Zufahrt zum Werk voll übersehen und gegebenenfalls das automatische Tor öffnen kann. Auch dieser Bau verfügte – wie Zeichnungen vom September und November 1924 belegen – über eine Möblierung nach Entwürfen des Büros Gropius, die sich aber nicht erhalten hat.

Deutlich orientieren sich Gropius und Meyer mit diesem Bau an Vorbildern der holländischen Künstlergruppe *De Stijl*, insbesondere an Arbeiten von Gerrit Rietveld oder Theo van Doesburg und Cornelis van Eesteren. Allerdings folgen sie nicht deren Vorgehen, den Baukörper in freie Flächen zu zerlegen, um durch Neukomposition zu einer offenen Raumplastik zu gelangen. Vielmehr beschränken sich Gropius und Meyer auf die rein äußerliche Übernahme von einigen typischen Merkmalen wie der Wand- und Dachplatte oder dem asymmetrisch plazierten Kamin und verbinden diese mit dem eckverglasten Kubus.

Gleichzeitig mit dem Pförtnerhaus liefert das Büro Gropius Zeichnungen für das automatische Tor und die Einfriedung. Eine sanft ausschwingende Mauer aus ledergelben Verblendern macht mit dem Schriftzug »FAGUS-WERK KARL BENSCHEIDT« schon von weitem auf den Eingang zum Fabrikareal aufmerksam. Fotos aus den späten 1920er Jahren belegen, mit welcher Kraft diese sachlich-nüchterne Gestaltung in die ländliche Umgebung einbricht. Es folgen noch diverse, zumeist die Fertigstellung der Außenanlagen betreffende Kleinstaufträge: Außenbeleuchtung, Markisen am Erweiterungstrakt des Hauptgebäudes (1925) und am Arbeitssaal, Einzäunung des Fabrikgeländes (1925/26) sowie die Einrichtung eines Arbeitergartens mit Bänken und Tischen (1926).

Fagus und Bauhaus

Projekte für die Stanzmesserabteilung, 1923–1925

Die Schmiede und Schlosserei umfassende Stanzmesserabteilung ist als einziger ›Altbau‹ nicht erweitert worden. Noch in späten Jahren hat Gropius erklärt, daß er dieses Gebäude nicht besonders schätze, weil es zu konventionell geraten sei – eine nur aus der Rückschau verständliche persönliche Meinung.[48] Denn eine ›Überarbeitung‹ dieses gänzlich seiner Vorkriegsarchitektur verpflichteten Baus ist Gropius trotz verschiedener Anläufe nicht geglückt: weder 1913/14, als der Kriegsausbruch die Ausführung verhinderte, noch in den aufwendigen Projekten von 1923–25, die das Erscheinungsbild des Fagus-Werks wesentlich verändert hätten.

Der Aufwand, den das Büro Gropius dem Entwurf für eine neue Stanzmesserabteilung widmet, erweist sich nach Lage der erhaltenen Unterlagen als äußerst intensiv. Aus der Fülle an Zeichnungen lassen sich drei Planungsstufen feststellen, die zum Teil in Varianten vorliegen und unterschiedliche Nutzungsmöglichkeiten berücksichtigen. Das früheste, Mitte April 1923 datierende Projekt bezieht den Altbau noch mit ein. An Veränderungen sind die Vereinfachung der Fenster und der Wegfall des Sheddachs vorgesehen. Zur Bahn hin soll eine eingeschossige, aber höher ausgebildete und völlig verglaste Halle angebaut werden, die in den aquarellierten Zeichnungen eine gewisse äußere Ähnlichkeit mit der Maschinenhalle aufweist. Dagegen folgt der zweigeschossige Kopfbau

Erweiterung der Stanzmesserabteilung
1. Planung
Projekt vom
14.–17. April 1923

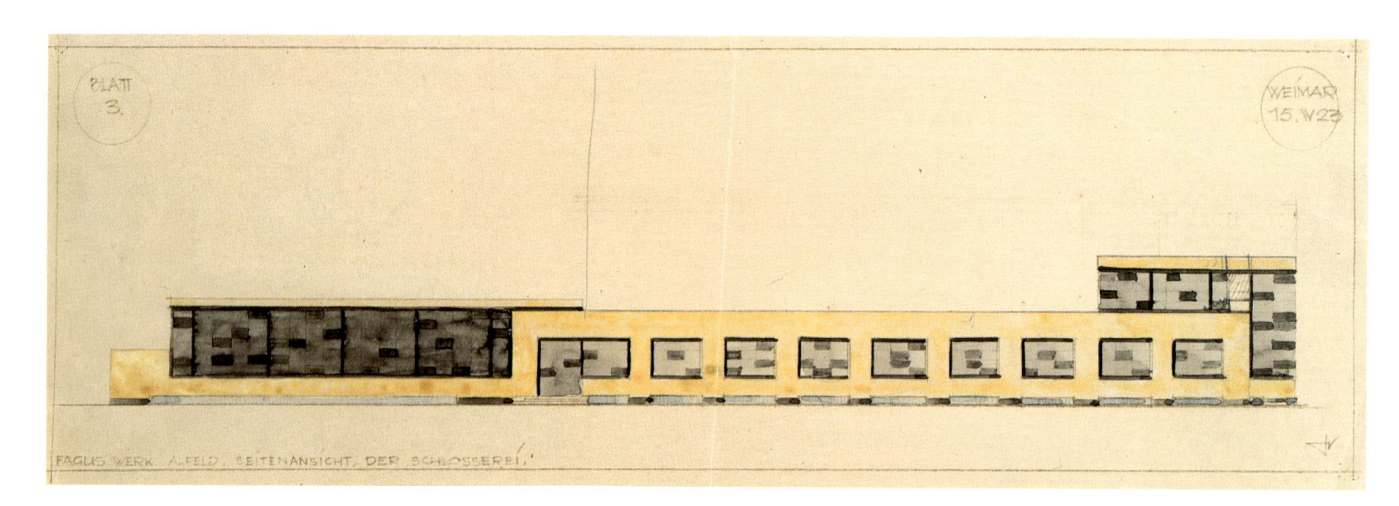

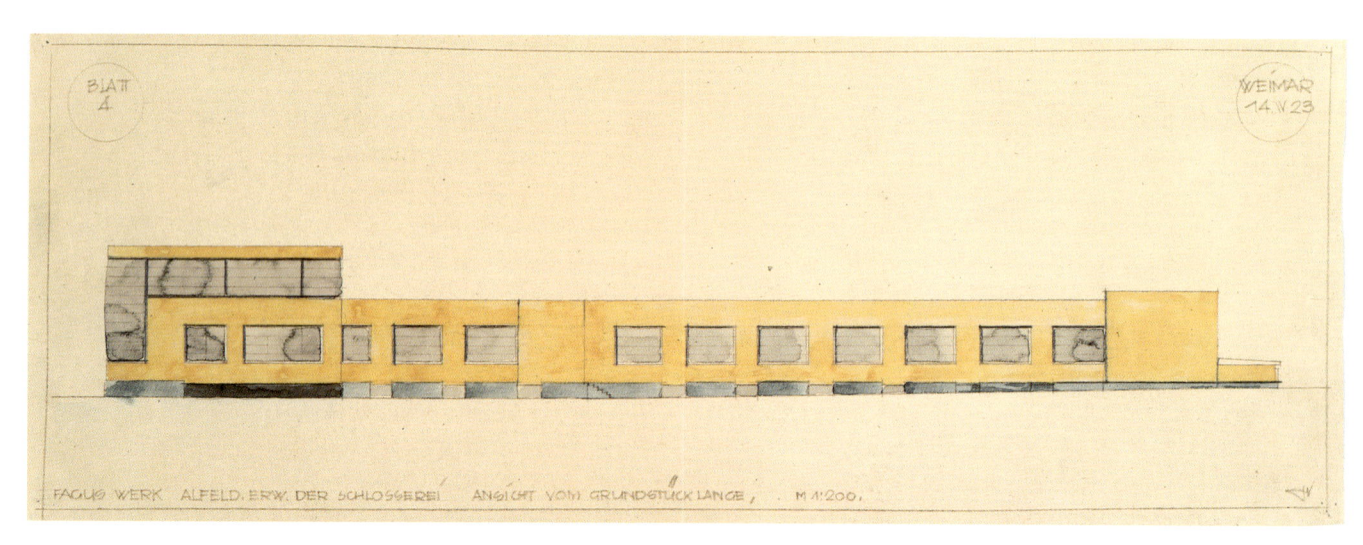

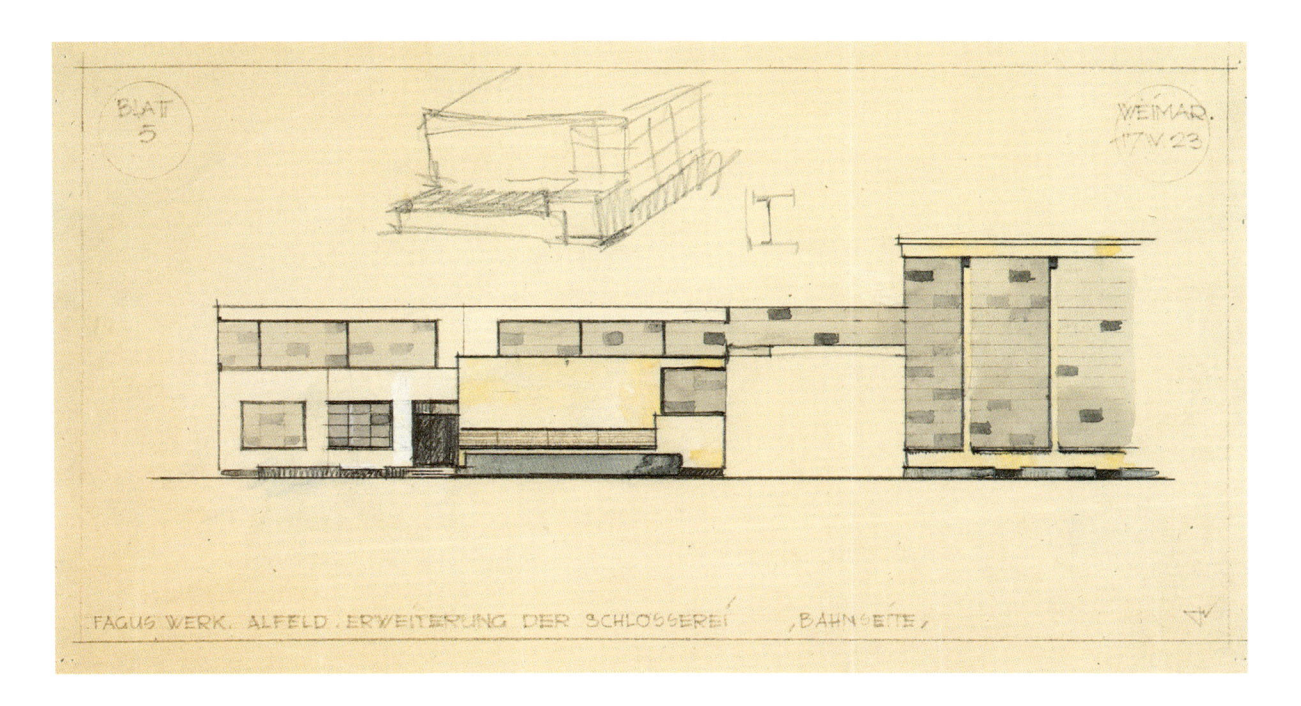

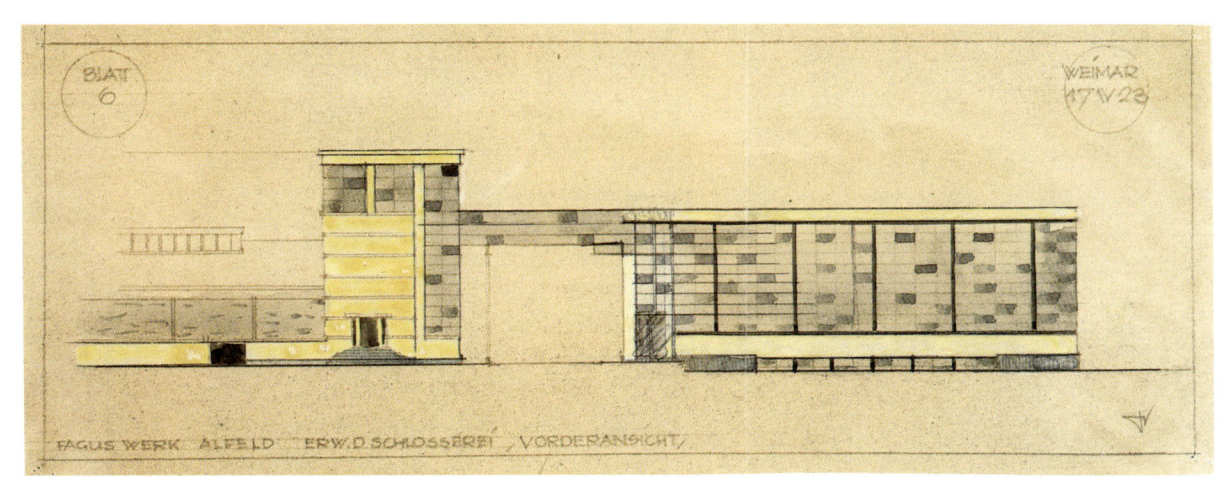

zur Straßenseite gestalterisch dem Hauptgebäude, mit dem er in einer Flucht endet und durch eine Brücke zum Treppenhaus in der verglasten Südecke verbunden ist.

Eine nur zwei Tage später entstandene Projektvariante zeigt abweichend die Aufstockung des Altbaus um ein zurückgesetzt angeordnetes Zwischengeschoß, das als fortlaufendes Oberlicht ausgebildet ist. Wie eine Innenraumperspektive aus der Hand von Neufert verdeutlicht, wäre von der Altsubstanz nur noch die dem Werk zugekehrte Außenwand erhalten geblieben. Pfeiler, die die Oberlicht- und Balkenkonstruktion tragen, untergliedern den ungeteilten, in den bahnseitigen Anbau übergehenden Raum. Hier sollten die Maschinenbauabteilung und die Stanzmesserfabrikation untergebracht werden. Das L-förmig um den Altbau gelegte Kopfgebäude unterscheidet sich durch stimmigere Proportionen und durchdachtere Einzellösungen. Insbesondere die Ansichten der Bahnseite zeigen dieses Verhältnis von Unsicherheit und größerer Klärung zwischen den nur wenige Tage auseinanderliegenden Varianten.

Beide sind in ihrer Bezugnahme zu den anderen Bauten des Fagus-Werks zwar offen-

Fagus und Bauhaus 83

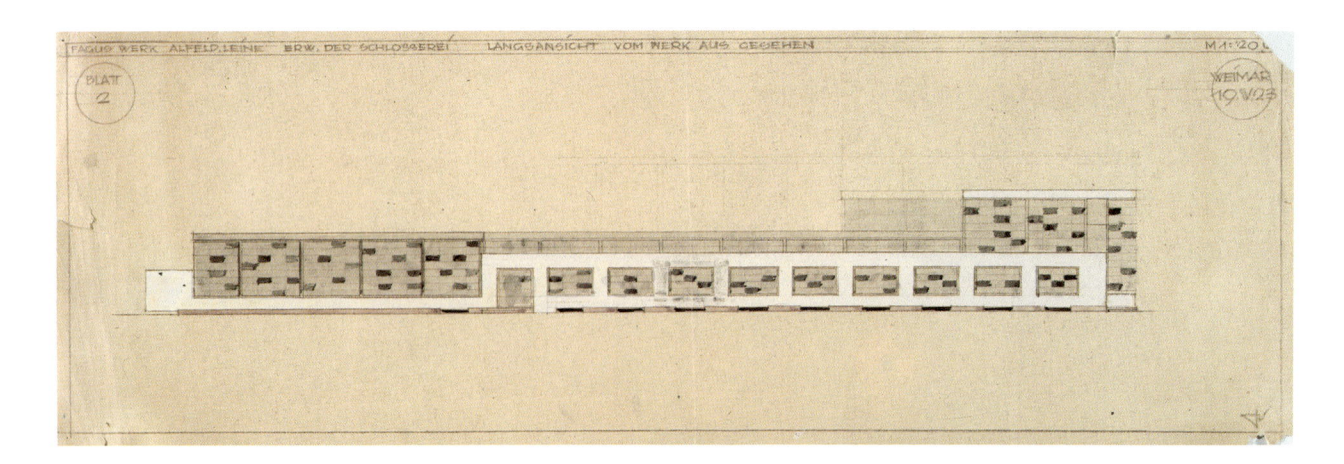

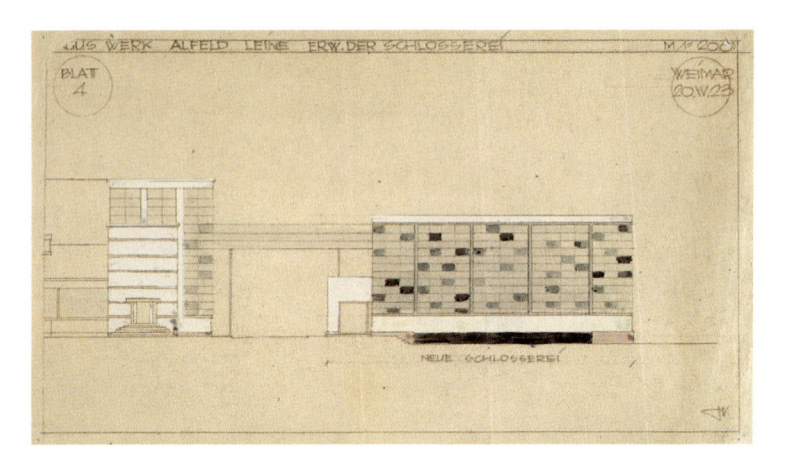

Erweiterung der
Stanzmesserabteilung
1. Planung
Variante vom
19./20. April 1923
Perspektive von E. Neufert

sichtlich, aber dennoch eigenständig. Dies erweist sich insbesondere im Vergleich zwischen Hauptgebäude und projektiertem Kopfbau. Anstelle von geböschten Pfeilern scheinen die stockwerksübergreifenden Fensterfelder lediglich durch schmale Ständer getrennt zu sein. Möglicherweise treten diese noch hinter den vertikalen Fensterbahnen zurück, aber die Glasflächen erweisen sich als bündig zwischen Sturz und Brüstung eingespannt. Die typischen, dreidimensional ausgebildeten Fensterkästen, die mit balkenförmigen Enden über das Mauerwerk zu hängen scheinen, fehlen gänzlich!

Insbesondere in den straßenseitigen Ansichten überraschen die Varianten vom April 1923 durch ihre Nähe zum 1925 entworfenen Dessauer Bauhaus-Gebäude. Diese äußert sich: im dunkel zurücktretenden und durchfensterten Kellergeschoß, das dem Bau in einem stärkeren Maße als beim Hauptge-

bäude eine schwebende Leichtigkeit verleiht; im Fehlen der Blechschürzen auf Höhe der Geschoßdecken; in der flächenhaften Ausbildung der Fenster; im Verzicht auf die trennenden Backsteinpfeiler; in den Proportionen; und natürlich in der Verwendung eines Brückenbauwerks, unter dem eine interne Straße durchläuft.

Galt das Hauptgebäude des Fagus-Werks seit Ende der 20er Jahre als Vorläufer für den Werkstättentrakt des Dessauer Bauhaus-Gebäudes, so läßt sich mit diesen Planunterlagen für die neue Stanzmesserabteilung die entscheidende Zwischenstufe in der Entwicklung der stockwerksübergreifenden Verglasung im Werk von Gropius und Meyer belegen: das Fagus-Werk entpuppt sich als ihr Experimentierfeld. Anfänglich – auch noch bei der Kölner Werkbundfabrik! – nur dem Hauptgebäude vorbehalten, wenden die Architekten es bald auch für die Produktionsstätten und untergeordneten Bauten des Komplexes an. Dabei probieren sie verschiedene Konstruktionen und gestalterische Varianten aus. Große Glasflächen, besonders wenn sie sich aus Scheiben im Format des liegenden Rechtecks zusammensetzen, scheinen im Werk von Gropius und Meyer nachgerade als Zeichen für »Fabrik« gelesen werden zu können. Zumindest muß man den Dessauer Werkstättentrakt als solche verstehen.

Die nachfolgenden Planungsstufen für die neue Stanzmesserabteilung lassen zwar die tastende Vorsicht vom April 1923 vermissen, sie büßen dafür aber Innovationspotential ein. Anlaß für die neuerliche Überdenkung des Projekts ist der Erwerb eines angrenzenden Stücks Land, das ein größeres Gebäude zuläßt. Das von Neufert in Alfeld skizzierte Vorhaben datiert von Anfang Dezember 1923 und ist lediglich durch Grundrisse überliefert. Jetzt geht man von einem vollständigen Neubau aus, der weitgehend dem Hauptgebäude entspricht: dreigeschossig, zurückweichende Pfeiler zwischen geschoßübergreifenden Fensterbahnen, stützenlose Ecken. Eine Brücke verbindet Alt- und Neubau auf Höhe des alten Treppenhauses.

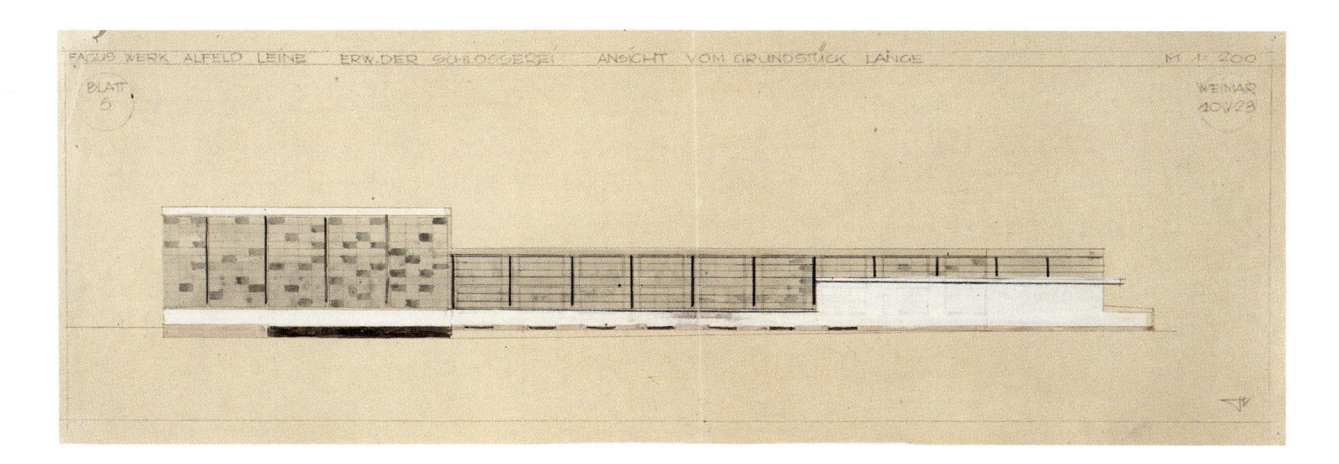

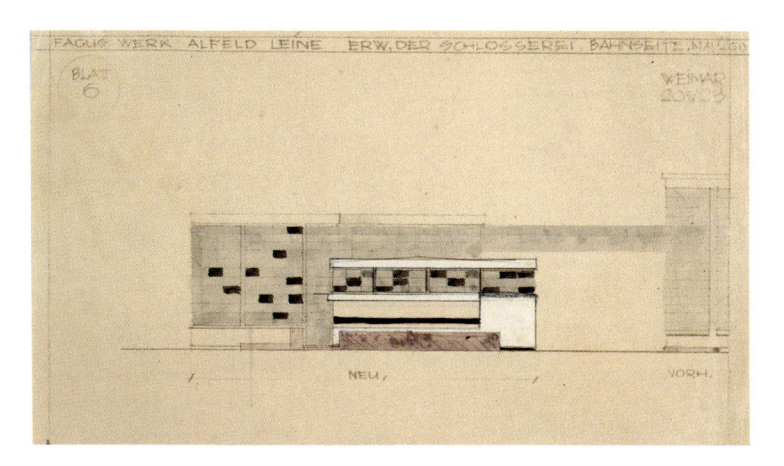

Erst im Oktober 1924 schließt sich die letzte und wohl endgültige Planungsstufe an. Die in Weimar ausgeführten Zeichnungen zeigen einen dreigeschossigen Kopfbau, der als getreue Kopie des Hauptgebäudes bezeichnet werden kann. L-förmig umfaßt er den zweigeschossigen, aus der Flucht zurückspringenden Baukörper der Schmiede, der wie das Maschinenhaus von 1915/16 eine pfeilerlose Glasfassade aufweist. Zur Differenzierung dieses eigenständigen Produktionsbereichs kommt ein quadratisches Fensterformat zur Anwendung – ein Rückgriff auf Gestaltungsmerkmale der bestehenden Schmiede und Schlosserei von 1911. Die Brücke wird wieder auf Höhe des alten Treppenhauses im Hauptgebäude eingeplant.

Überraschenderweise deutet eine zeichnerische Ansicht der Straßenseite die spiegelbildliche Verdoppelung der neuen Stanzmesserabteilung als Erweiterungsmöglichkeit an. Desgleichen findet sich in der Darstellung der Bahnseite auch ein zweites Lagerhaus. Wenngleich diese klappsymmetrische Ausbildung als Rückgriff auf überkommene Prinzipien bezeichnet werden muß – Gropius und Meyer schlagen sie außerdem bereits 1922/23 für den Speicher der Firma Kappe in Alfeld vor – betont es im Falle des Fagus-

Fagus und Bauhaus 85

Werks die Identität der Gesamtanlage und bestätigt die bleibende Gültigkeit der älteren Bauteile. Deutlich erkennbar wird die straßenseitige Front nun als Hauptfassade aufgefaßt.

Noch bis ins Jahr 1925 hinein fertigt das Büro Gropius Zeichnungen, die als Ausführungspläne aufgefaßt werden müssen. Dann deutet Benscheidt sen. in Briefen an Gropius geschäftliche Schwierigkeiten an, die sich in den nachfolgenden Jahren zu einer handfesten Rezession ausweiten. Schließlich teilt er 1927 Gropius die Aufgabe aller Bauabsichten mit. In einer nur wenig später verfaßten, ungewöhnlich ausführlichen Erwiderung auf den Brief eines Journalisten faßt der 69 jährige Seniorchef bereits retrospektiv und auch selbstkritisch seine Erfahrung mit Gropius und der modernen Architektur zusammen: »Dass die Bauweise des Herrn Architekten Gropius abfällig beurteilt wird, ist mir garnichts Neues. Es sind mir im Laufe der Jahre Dutzende vielleicht Hunderte von derartigen Zuschriften zugesandt worden. Es geht mit dieser Bauweise eben wie mit allem Neuen; die einen sind dafür begeistert, die anderen können das Neue nicht genug verurteilen. Dazu kommt, dass ja in der Regel alle neuen Ideen zunächst in Extreme verfallen, und das passiert ja auch Herrn Gropius. Er war in seinen ersten Entwürfen mir auch zu extrem, und ich habe damals vieles verworfen, einesteils weil ich mich mit den neuen Ideen auch noch nicht genügend befreundet hatte, andernteils weil ich dadurch zu große Mehrkosten befürchtete, und so ist es gekommen, dass die Fagus ein Bau geworden ist, der sich von Extremen fern gehalten hat. Er hat aber dadurch im allgemeinen die größte Anerkennung gefunden. Würde ich aber heute die Fagus noch einmal zu bauen haben, dann würde ich wahrscheinlich extremer bauen, als ich gebaut habe. Heute erkenne ich an, dass ich gut daran getan hätte, wenn ich von den Ideen des Herrn Gropius noch etwas mehr übernommen hätte.«[49]

Tatsächlich unternimmt Benscheid sen. wenige Jahre später im Zusammenhang mit seinen Rußland-Geschäften einen erneuten Vorstoß, um mit Gropius eine Fabrik zu bauen. Wie ein Vertragsentwurf vom Juni 1930 belegt, schlagen Vater und Sohn Benscheidt neben umfangreicher technischer Hilfe für die bestehenden staatlichen Leistenfabriken auch die schlüsselfertige Errichtung einer neuen Produktionsstätte vor. Das Alfelder Fagus-Werk wird dabei in jeder Hinsicht als mustergültig und in der UdSSR als zu wiederholendes Vorbild dargestellt, selbst den Architekten will man mit Walter Gropius vertraglich vorschreiben! Offenbar zerschlagen sich aber alle Pläne.[50]

Anläßlich des 25 jährigen Firmenjubiläums treten Benscheidt sen. und Gropius 1936 nach mehreren Jahren wieder in brieflichen Kontakt. Letzterer hat inzwischen Deutschland verlassen und lebt in London. Aus der englischen Arbeitssituation heraus – wie 1911 hat er einen Fabrikentwurf von fremder Hand zu überarbeiten – resümiert er die Tätigkeit für das Fagus-Werk: »ich betrachte es als einen glücksfall, dass ich meinen ersten namhaften bau als junger architekt mit ihnen habe machen können, da sie aus eigener lebenserfahrung das richtige verständnis für neues, pionierhaftes vorgehen hatten. ich glaube sie brauchten es auch nicht zu bereuen, denn das faguswerk ist auch um seines aussehens willen in der ganzen welt bekannt geworden.«[51]

Ende des Jahres 1936 fragt Benscheidt sen. bei Gropius nach, ob er jetzt nicht die Erweiterung der Stanzmesserfabrik bearbeiten möchte. Da dieser kein Arbeitsverbot hat und Kontakt mit den zuständigen Berliner Behörden hält, wäre eine solche Tätigkeit theoretisch möglich gewesen. Allerdings hat Gropius sich bereits entschlossen, als Professor für Architektur an die Harvard-Universität in die USA zu gehen. Deshalb schlägt er Benscheidt geeignete Kollegen vor: »es liegt mir natürlich sehr daran, dass diese vergrösserung verständnisvoll vorgenommen wird. ich denke, dass entweder prof. neufert dafür in frage kommen könnte oder aber prof.

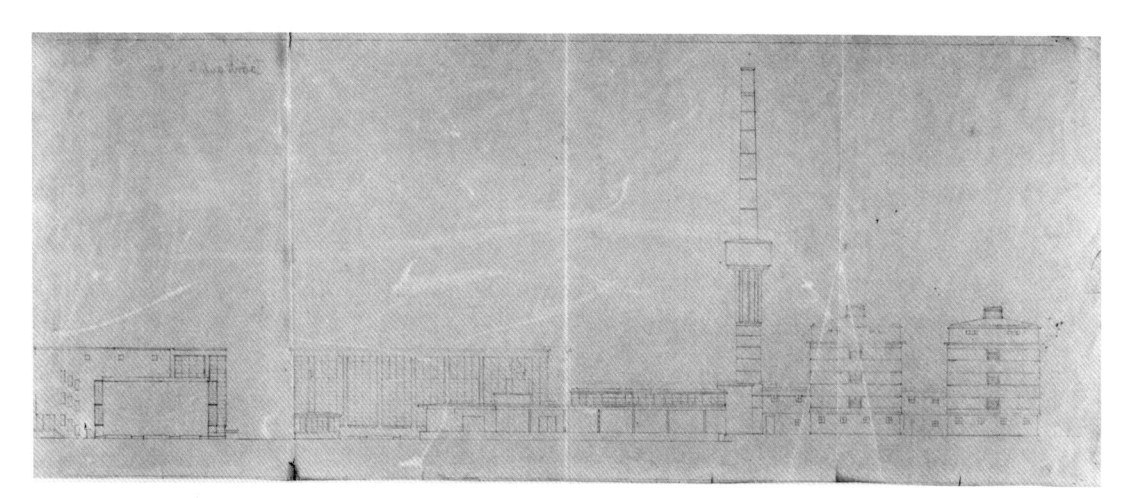

Neubau der Stanzmesserabteilung
3. Planung
1924/25
Bahnseite
Langseiten
Bahn- und Straßenseite

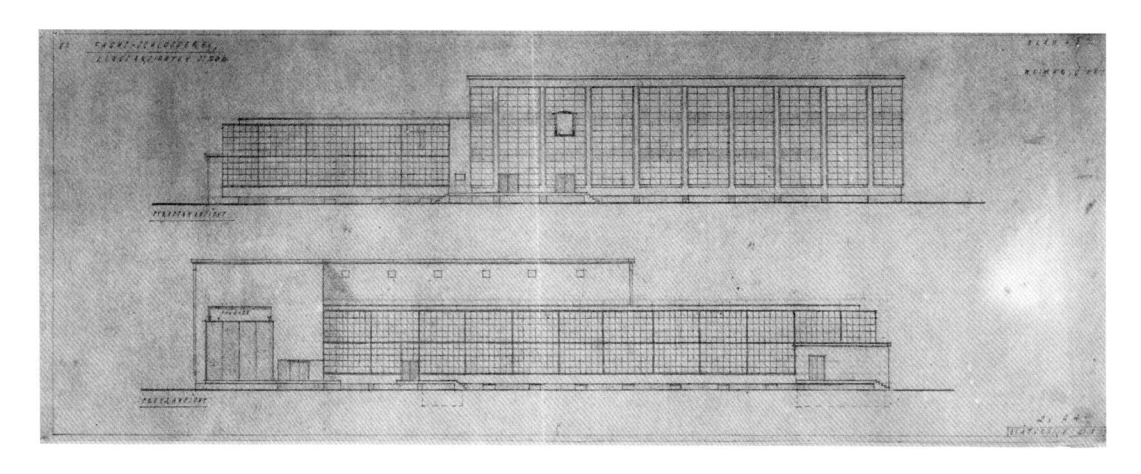

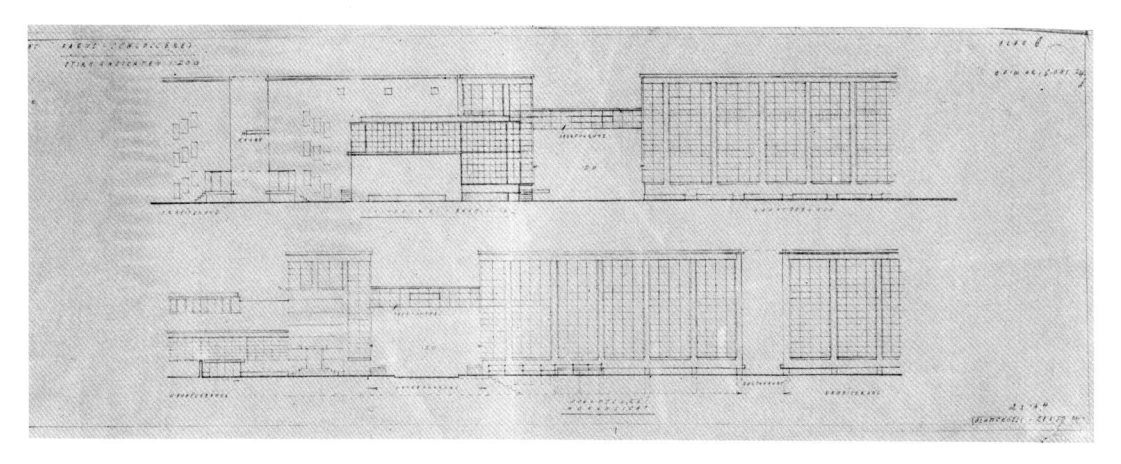

scharoun (...), der sich dieser aufgabe sicher mit grossem takt unterziehen würde.«⁵²

Offenbar verfolgt Benscheidt auch dieses Projekt nicht weiter, sondern begnügt sich mit der bestehenden Situation. Vielmehr beauftragt er Neufert mit dem Neubau der Sägerei. Das in der Grundfläche um 200 % vergrößerte Gebäude wird 1938 ausgeführt. Schließlich baut Neufert noch eine der Garagen von 1912 zu einer Trafostation um. Damit hat das Fagus-Werk seinen endgültigen, in den folgenden Jahrzehnten im Baubestand nicht mehr veränderten Zustand erreicht.

Fagus und Bauhaus 87

Zubehör für die
Ideal-Schreibmaschine
Actiengesellschaft vorm.
Seidel & Naumann, Dresden

Reklame

Der Bau als Reklame

Das stärkste Werbekapital des Fagus-Werks ist seine Architektur. Benscheidt sen. plant bereits bei der Gründung des Unternehmens, »daß ich allein jährlich M. 20–25 000,– für Reklame ausgeben werde, und daß mein Fabrikbau auch eine Reklame werden solle. Tatsächlich hat er ja sehr dazu beigetragen, das Fagus-Werk nicht allein in der Schuhindustrie, sondern, ich möchte sagen, in der ganzen Welt bekannt zu machen.«[1]

Die Architektur des Fagus-Werks ist Teil der Geschäftsphilosophie: sie verkörpert Modernität, Exaktheit und sozialen Fortschritt – Qualitäten, die Rückschlüsse auf die Produkte zulassen. Nahezu alle den Bau betreffenden Ausgaben lassen sich daher dem Werbekonto zuschreiben. Aus diesem Grund sind auch die in den Bilanzen jährlich aufgeführten Summen für Reklame, die keinerlei Auskunft über die Art der Verwendung geben, wenig aufschlußreich.

Wie weit Benscheidts Auffassung von Reklame reicht, illustriert folgende Geschichte. Anfang der 1930er Jahre läßt er ein an der Bahnstrecke gelegenes, nur noch als Geräteschuppen benutztes Stellwerk abreißen, um schon aus der Ferne einen unverstellten Blick auf seine Fabrik zu erzielen. Die hierfür von der Reichsbahn in Rechnung gestellte Summe von 6000 Mark begreift er als eine werbetechnische Investition.[2] Sowohl vor als auch nach der Beseitigung werden Fotos der

links:
Schreibmaschinentisch der Sekretärin mit Briefpapier von Johannes Molzahn
Werksfoto um 1927

Das Fagus-Werk aus der Sicht des Bahnreisenden vor und nach dem Abriß des Stellwerks
Werksfotos 1930er Jahre

Reklame 89

Situation aus der Sicht des Reisenden gemacht, um die Bedeutung der Maßnahme zu dokumentieren. Auch hierin manifestiert sich Benscheidts bereits dargelegtes Verständnis der Bahnseite als Hauptansicht seiner Fabrik.

Natürlich fallen auch die Kosten der Fotos dem Reklamekonto zu. Ebenso die Ausgaben für Veröffentlichungen über das Fagus-Werk. Dreimal erscheinen ausführliche Berichte über die Fabrik in Zeitschriften, von denen Benscheidt sen. jeweils eine hohe Zahl an Sonderdrucken abnimmt: 1913 im *Industriebau* (1500 Stück), 1925 in *Westermanns Monatsheften* (5000 Stück) und 1930 in der *Schuhfabrikanten-Zeitung* (3000 Stück).[3] Zumindest beim letztgenannten Aufsatz belegt die erhaltene Korrespondenz, daß es sich um eine bestellte Publikation handelt, die mit nahezu zwei Jahren Vorlauf entsteht. Außerdem liegt der Bürstenabzug zur Korrektur in Alfeld vor und wird mit Genehmigung der Fabrikherren zum Druck freigegeben. Diese an Kunden verschenkten Publikationen bezeichnet der Seniorchef als »eine sehr gute und vornehme Reklame für das Fagus-Werk.«[4]

Die Propaganda-Abteilung

Über die Architektur hinaus äußern sich Anspruch und Modernität eines Unternehmens in der Gestalt seiner Geschäftsdrucksachen und Annoncen. Sie bilden in der Regel den ersten Eindruck, den ein potentieller Kunde gewinnt. Im Gegensatz zu großen Unternehmen verfügt das Fagus-Werk nicht über ein eigenständiges Reklamebüro mit einem Stab von Grafikern und Textern. Das liegt nicht nur an seinem mittelständischen Charakter, sondern auch am sehr engen Markt. Vor allem aber sind Schuhleisten ein Zwischenprodukt, das für den normalen Konsumenten nicht in Erscheinung tritt. Werbemaßnahmen müssen daher zielgerichtet innerhalb der Branche erfolgen. Hierfür bieten sich eine überraschend hohe Anzahl von Fachzeitschriften an, die sich im weitesten Sinne mit allen Angelegenheiten der Herstellung von Schuhen beschäftigen.[5]

Im Fagus-Werk ist Werbung Chefsache. Benscheidt jr. widmet sich diesem Ressort mit ausgeprägtem Interesse. Im Lauf der Jahre erweist er sich als so gut informiert, daß er zum Mentor seiner Grafiker wird. Leider existieren nur wenige Unterlagen der Propaganda-Abteilung, insbesonders für die Zeit vor 1914 sind die Lücken beträchtlich. Erhalten haben sich aber diverse Reklame-Dossiers, die der Juniorchef mit Ausschnitten vorwiegend aus amerikanischen Fachzeitschriften füllt. Offenbar kommt er anläßlich seines Amerika-Aufenthalts 1910/11 mit den dortigen, stark auf psychologische Wirkung abzielenden Werbemethoden in Berührung. Wenngleich sich heute nur einige wenige Bücher über Reklame im Fagus-Archiv finden, geht aus der Korrespondenz hervor, daß Benscheidt jr. seinen Werbegestaltern Publikationen empfiehlt und auch zuschickt. Hierzu gehört u.a. *The Psychology of Advertising* von Walter Dill Scott (Boston 1902). Konkrete amerikanische Einflüsse sind aber genauso schwierig festzumachen wie bei der Betriebsorganisation des Fagus-Werks.

Von Anfang an arbeitet das Fagus-Werk mit professionellen Grafikern zusammen. Vermittelt durch Gropius und Meyer werden junge Werbekünstler engagiert, die zum Zeitpunkt ihrer Tätigkeit noch wenig bekannt sind, aber durch die Arbeit für Fagus von sich reden machen werden. Benscheidt jr. beschäftigt niemals mehrere Grafiker gleichzeitig, sondern immer nur einen, dem er sämtliche Aufgaben überträgt. Hierzu gehört die Gestaltung aller für den Geschäftsbedarf anfallenden Drucksachen wie Briefbögen, Rechnungen, Formulare oder Werbeprospekte, aber auch Entwürfe für Annoncen. Mitte der 1920er Jahre unternimmt Benscheidt jr. kleinere Experimente, indem er verschiedene Künstler mit Einzelaufträgen versieht.

Nach Gründung der Fagus GmbH am 28.3.1911 läßt Benscheidt sen. zuerst Briefpapier und Preislisten erstellen, deren Herstellung augenscheinlich ohne Mitwirkung eines Grafikers, sondern durch eine Druckerei nach konventionellen Vorbildern mit vorhandenen Schriften aus dem Setzkasten erfolgt. Die Inbetriebnahme des Fagus-Werks gibt er dann Ende 1911 durch eine Annonce öffentlich bekannt. Der Seniorchef nutzt dazu »ein Preisausschreiben für wirkungsvolle Inserate« der Zeitschrift *Schuh und Leder*, dessen Ergebnis in der Weihnachtsnummer 1911 veröffentlicht wird. An Gropius ergeht die Bitte, ihm bekannte Grafiker um Entwürfe zu bitten. Wie Benscheidt betont, möchte er »gar keine Anhalte und Vorschriften geben, um den Künstler in keiner Weise zu beeinflussen.«[6] Offenbar empfehlen Gropius und Meyer für diese Aufgabe Max Hertwig.[7]

Max Hertwig
(1881–1975)

Der aus dem niederschlesischen Töpferort Bunzlau stammende Hertwig absolviert eine Lehre als Drucker, bevor er von 1902 bis 1906 die Kunstgewerbeschule in Düsseldorf besucht. Dort erhält er in der Fachklasse für Flächenkunst bei Fritz Helmuth Ehmcke die ihn künstlerisch maßgeblich prägende Ausbildung. Anschließend arbeitet Hertwig als selbständiger Maler und Grafiker in Hannover. Ab 1908 bis mindestens 1910 ist er im Büro von Peter Behrens in Neubabelsberg tätig. An der Reimann-Schule in Berlin leitet Hertwig von 1913 bis 1933 die Fachklasse für Freie und Gebrauchsgrafik, die Spezialklasse für Schrift sowie die Klasse für Ornament und dekoratives Entwerfen, zugleich ist er stellvertretender Direktor.

Hertwig gehört zur ersten Generation, die in Deutschland als Werbegrafiker an einer Hochschule ausgebildet wird. An der Düsseldorfer Kunstgewerbeschule lernt er Adolf Meyer kennen und freundet sich mit ihm während der gemeinsamen Zeit im Atelier von Behrens näher an. Das Büro Gropius rekrutiert zwischen 1910 und 1914 nicht nur Mitarbeiter aus diesem Umkreis, sondern vermittelt ihnen auch einzelne Aufträge.[8] Mit Hertwig engagiert das Fagus-Werk einen Künstler, der im Sinne von Ehmcke und Behrens die vom *Werkbund* propagierte Gebrauchsgrafik fortführt. Ihr Stellenwert als verkaufsfördernder Motor gediegener Qualitätswaren kann nicht hoch genug eingeschätzt werden.

Erst nachdem im Lauf des Jahres 1912 der Betrieb in Schwung kommt, findet Benscheidt jr. Zeit für eine intensive Beschäftigung mit der Firmenwerbung. An Hertwig

Fagus-Werbung auf dem Titel einer Fachzeitschrift Entwurf Max Hertwig, 1913

Reklame 91

Fagus-Annonce
Entwurf Max Hertwig,
1912

ergeht der Auftrag, die Drucksachen einer einheitlichen Gestaltung zu unterziehen. Zu seinen ersten Aufgaben gehört der Entwurf der Fabrikmarke. Es muß als typisch für den bevorzugt kalligraphisch arbeitenden Hertwig bezeichnet werden, daß er das Wort »Fagus« als einen handgeschriebenen, nach rechts geneigten Schriftzug mit charakteristisch langen Abstrichen vorschlägt. Diesen entwickelt er über mehrere Zwischenstufen aus den ersten gesetzten Vorlagen. Schwungvoll wird der obere Querstrich des Buchstabens »F« bis auf die Höhe des kleinen »g« ausgezogen und von dessen Bogen unter dem Wort fortgesetzt. So ergibt sich ein dynamischer Schriftzug, der – einer Unterschrift nicht unähnlich – sowohl individuell als auch seriös wirken soll.

Benscheidt jr. schaltet den Fagus-Schriftzug in Weiß auf schwarzem Hintergrund ohne jeden weiteren Kommentar. In dieser Negativform wirkt das quasi ausgesparte Wort sehr viel intensiver, weil es den Betrachter nachgerade anspringt. Bevorzugt plaziert der Juniorchef das Warenzeichen auf der als Annoncenblatt dienenden Titelseite von Fachzeitschriften. Hier sticht es in der auffälligen Kreisform deutlich unter den unübersichtlichen und kleinteilig gestalteten Anzeigen der Konkurrenz hervor. Innerhalb des jeweiligen Heftes taucht der Schriftzug als Erinnerung erneut auf. Am Ende – gelegentlich auch schon auf der Innenseite des Titelblatts – klärt eine größere Annonce mit der Darstellung der Fabrik den zuerst aufmerksam, dann neugierig gemachten Leser darüber auf, wofür das Wort Fagus steht.

Plagiat der Fagus-Annonce

Diese beiden 1912 entstandenen Hertwig-Annoncen wird Benscheidt jr. noch bis in die späten 20er Jahre benutzen, da sie, vor allem in der kombinierten Schaltung, sehr gut funktionieren. Das zeigt sich auch daran, daß die Konkurrenz sie bald nachahmt. So plagiiert die Schuhleistenfabrik Gustav Berger in Erndtebrück nicht nur mit der Bezeichnung »Pegos-Werke«, sondern auch durch eine allzu deutlich Hertwig nachempfundene Anzeige die Strategie des Fagus-Werks. Hierauf reagiert der Juniorchef mit Gelassenheit: »Dieser Konkurrent macht uns schon seit einigen Jahren die Freude, unsere Annoncen zu kopieren. (...) Das Wort ›Pegos‹ ist auch dem Worte ›Fagus‹ nachgebildet; man sagt, ›Pegos‹ sei der griechische Name für Buche.«[9]

Im Gegensatz zur kleinteiligen Darstellung der Pegos-Fabrik, die durch Staffelung, Licht-, Schatten- und Tiefenwirkung eine unübersichtliche Anhäufung von Gebäuden formt, reduziert Hertwig die Bahnansicht des Fagus-Werks auf Umrisse und markante architektonische Gliederungselemente. Entstanden auf der Grundlage einer Strichzeichnung aus dem Büro Gropius strafft er die Bauten zu einer kompakteren Anlage und überträgt sie in eine abstrahierende, nur flächenhaft Dimension suggerierende Wiedergabe. Als grafisch umgesetzte Silhouette prägt sich die Bahnseite, besonders aber das mittig plazierte Hauptgebäude stark ein. Die bildmäßige architektonische Komposition erleichtert Hertwig diese Aufgabe. In der aktualisierten Version, bei der er nach dem Krieg die baulichen Erweiterungen einbringt, büßt die Darstellung an Prägnanz ein, weil sie sich in der kleinteiligen Hervorhebung der Scheiben am Hauptgebäude verliert.

Diese Ansicht von der Bahn scheinen Benscheidts nahezu ausschließlich für Annoncen zu verwenden. Lediglich in einem Fall – bei der nach 1919 entstandenen »Musterleisten-Aufstellung« – läßt sie sich als Briefkopf nachweisen. Damit weicht das Fagus-Werk von der weit verbreiteten Vorstellung ab, daß die Darstellung der Fabrik auf dem Geschäftspapier eine besonders effektive Werbung sei.[10] Dies mag erstaunen, da der Seniorchef ja gerade dem Bau stärkstes Reklamepotential zuschreibt. Offenbar will man aber wie im Produktionsbereich und der Architektur auch bei den Geschäftsdrucksachen einen deutlich erkennbar anderen Weg einschlagen, um sich von der Konkurrenz zu unterscheiden.

Beim Briefpapier beschränkt sich Hertwig ganz auf die gestalterischen Mittel von Schrift und Farbe. In den Entwürfen für Fagus sucht er stets durch Zentrieren oder gleichgewichtige Anordnung der Zeilen einen symmetrischen Mittelaufbau. Präzis differierende Abstufungen setzen inhaltliche Gewichtungen: so hebt sich der grüne Schriftzug »Fagus« deutlich durch Größe und Farbe von den kleineren, schwarz gedruckten Worten ab, die wiederum durch fette, magere oder kursive Auszeichnung, Groß- und Kleinschrift ihrer Bedeutung gemäß unterschieden werden. Weder Rahmen noch Ornamente verunklären die klare, ganz auf Sachlichkeit bedachte Aussage. Bei den Rechnungsbögen mit ihren vielen Einzelangaben führt diese Differenzierung allerdings zu einem unruhigen Gesamtbild, wozu auch die durchgängig benutzte gezeichnete Schrift beiträgt. Vor allem die bereits erwähnte »Musterleisten-Aufstellung« ist gänzlich über-

links:
Briefbogen
Entwurf Max Hertwig,
um 1913

rechts:
Musterleisten-Aufstellung
Entwurf Max Hertwig,
1919

Reklame 93

links:
Prospekt Preisliste
Entwurf Max Hertwig,
um 1913/14

rechts:
Prospekt Schaftmodelle
Entwurf Max Hertwig,
1919

deckt mit Worten und Informationen. Hier gewinnt man den Eindruck, als ob der Bogen bereits ausgefüllt sei.

Nur einige wenige der von Hertwig um 1913/14 gestalteten Prospekte haben sich im Fagus-Archiv erhalten. Sie zeigen eine Vorliebe für das quadratische Format und intensive Farbkombinationen. Durch geometrische Unterteilungen der Grundform gliedert Hertwig den Umschlag in rahmenbegrenzte Flächen, in die er streng voneinander getrennt Schrift und Ornament setzt, was zusätzlich durch unterschiedliche Farben unterstrichen wird. Markant hebt sich die helle, zentriert angeordnete gezeichnete Schrift vom dunklem Grund ab, während in den Ornamentfeldern ein gedecktes Violett oder Braun in Verbindung mit Schwarz dominiert.

Nach dem 1. Weltkrieg ändert Hertwig den Firmenschriftzug gemäß der neuen Bezeichnung in »Fagus-Werk« ab, wobei er in den dick ausgezogenen Horizontalstrich des Buchstabens »g« den Namen »Karl Benscheidt« einsetzt. Ohne wesentliche Änderungen werden nach dem Vorbild der alten Geschäftsdrucksachen nun neue mit diesem Schriftzug gedruckt. Lediglich in der Wahl der Farben manifestiert sich ein Wandel: anstelle von Grün entscheidet man sich beim Briefpapier jetzt für einen Schriftzug in leuchtendem Orange. Bei den um die Jahreswende 1919/20 entstandenen Prospekten geht Hertwig neue Wege: ein schlankes Hochformat tritt an die Stelle des Quadrats, expressionistische Zacken lösen ruhige Grundformen ab und ein starkes Türkis setzt sich gegen die früher benutzten intensiven, aber untereinander harmonierenden Farbtöne durch.

Nur wenige Monate später läßt Benscheidt jr. durch den Münchener Grafiker Süss offenbar einen Konkurrenzentwurf zu Hertwigs neuem Prospekt erstellen. Die Wiederaufnahme des quadratischen Formats und eines ähnlichen Rahmens lassen vermuten, daß der Juniorchef eine Angleichung an die alten Vorkriegsarbeiten wünscht. Aber auch der Vorschlag von Süss scheint ihm nicht zuzusagen. Vielmehr beendet er die Zusammenarbeit mit Hertwig und orientiert sich neu.

**Johannes Molzahn
(1892–1965)**

Bereits als Jugendlicher besucht Johannes Molzahn die Großherzogliche Zeichenschule in Weimar und absolviert in den Jahren 1906–09 eine Lehre als Fotograf. Durch die Begegnung mit Oskar Schlemmer, Johannes Itten und Willi Baumeister wendet sich Molzahn ab 1912 der Malerei zu. 1920 verläßt er Weimar und siedelt nach Soest über. An der Magdeburger Kunstgewerbeschule leitet er ab 1923 die Klasse für Werbegrafik und folgt 1928 dem Ruf als Professor an die Staatliche Akademie für Kunst in Breslau. Nach seiner Entlassung 1933 siedelt Molzahn nach Berlin über und emigriert 1938 in die USA. 1954 kehrt er nach Deutschland zurück.

Benscheidt jr. lernt Molzahn, der in Weimar dem Bauhaus nahe steht, wahrscheinlich durch Gropius und Meyer kennen. Aus der Zusammenarbeit für Fagus entwickelt sich eine Freundschaft, die über die Kriegsjahre hinweg andauert. Molzahn macht den Juniorchef mit Ernst Fuhrmann, dem kulturphilosophischen Schriftsteller und Leiter des Auriga-Verlags, und möglicherweise auch mit dem Fotografen Albert Renger-Patzsch bekannt. Früh erwirbt Benscheidt jr. Gemälde von Molzahn und unterstützt ihn in den schwierigen Berliner Jahren finanziell.

Als sich Benscheidt jr. im März 1922 zu sondierenden Gesprächen mit Molzahn trifft, kann dieser im Bereich der Werbegrafik nur wenige Probearbeiten vorlegen. Erst durch seine Tätigkeit für das Fagus-Werk beginnt für ihn eine intensive Beschäftigung auf diesem Gebiet. Wie der aus dem Nachlaß des Juniorchefs stammende Briefwechsel belegt, wird der Fabrikant im Laufe der Zeit zum Mentor für Molzahn.[11] Durch ihn lernt er die Bedingungen industrieller Produktion kennen und gründet hierauf sein Credo: »Aufbau der Propagandamittel nach den gleichen Grundsätzen (...), die für den gesamten Industrie- und Wirtschaftsvorgang Geltung haben: Mit dem geringsten Aufwand energetischer und materieller Mittel größte Wirkung zu erreichen.«[12]

Bereits in den ersten Briefen ist Molzahn voller Enthusiasmus für eine aus den Bedingungen der Industrie entwickelte Werbung. Benscheidt jr. gegenüber erläutert er: »Ich denke an eine Reklame – amerikanischer als man sie in Amerika träumt. Ich will Reklame noch zu dem machen, was sie sein sollte & was sie bis heute noch lange nicht ist. Ich denke an die rationellste Reklame der Welt.«[13] Diese Amerika-Begeisterung findet nach einem Besuch des Fagus-Werks im März 1922 zusätzliche Nahrung. Beeindruckt von Vater und Sohn Benscheidt berichtet er von der Einbindung seiner Person in deren Pläne: »(...) sie wollen hier das Fundament für die deutsche Schuh-Industrie legen, also für diese die Initiation liefern.«[14]

Zu einer der ersten Aufgaben von Molzahn gehört der Entwurf für eine neue

Briefbogen
Entwurf
Johannes Molzahn,
1922

Maßtabelle
Entwurf
Johannes Molzahn,
1922

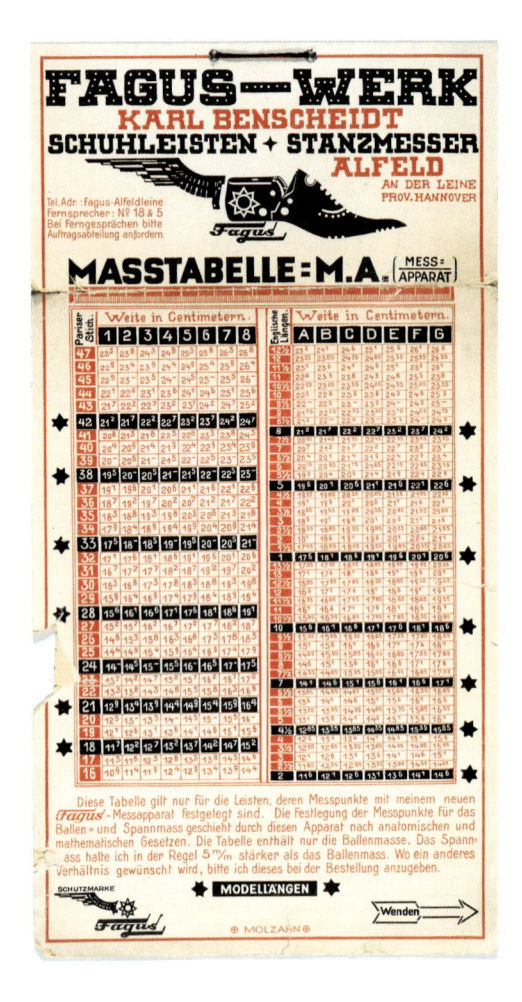

Besuchskarte Kopp
Entwurf
Johannes Molzahn,
1924

Schutzmarke. Sie soll ergänzend zu dem von Hertwig entworfenen Fagus-Schriftzug benutzt werden, weil dieser in Kundenkreisen gut eingeführt und bekannt ist. Molzahn schlägt die Zeichnung eines mit Flügeln und achteckigem Stern versehenen Leistens vor, dessen Spitze – sozusagen in Leserichtung – nach rechts zeigt. Diese Fabrikmarke dient als »einprägsames Medialelement zwischen Industrie und Verbraucher«[15] und wird in allen bis 1924 entworfenen Drucksachen angewandt. Sie findet sich auch in einer Maßtabelle vom Juni 1922, die mit ihrer Überfülle an Information, unterschiedlichen Schrifttypen und -größen, Zeichen und Darstellungen – auf der Rückseite ist außerdem noch eine Vogelperspektive des Werks – und bunter Farbigkeit eine typische frühe Arbeit von Molzahn bildet.

Vergleichbar dicht gestaltet erweist sich auch der erste für Fagus entworfene Briefbogen vom November 1922. Das aus Kreisen und teilweise sehr dünnen Strichen zusammengesetzte, mittig plazierte Wort »Fagus« bereitet bei der Umsetzung ins Klischee einige Schwierigkeiten. Markant hebt es sich in seiner ockergelben Farbe von der lichtblauen Schutzmarken-Banderole ab, die lediglich in zarter Strichtechnik angedeutet ist. Diese verläuft auf Höhe des Sichtfensters im Briefumschlag und dient als Grund für die darüber per Schreibmaschine zu tippende Anschrift. Den unteren Abschluß des Blattes bildet eine banderolenähnliche Fabrikmarken-Kombination aus Hertwig-Schriftzug und Molzahn-Zeichen, wiederum in Ockergelb gedruckt. Dieses Gelb bezeichnet Molzahn als »absolute INDUSTRIE-Farbe«[16].

In solchen Äußerungen, aber auch in der eingangs zitierten Technikeuphorie macht sich bei Molzahn ein Verständnis von der Industrie bemerkbar, das auch hinsichtlich seiner Arbeit mehr mit Maschinenromantik als mit rationaler Vorgehensweise zu tun hat. In diesem Zusammenhang macht sich bei Benscheidt jr. zunehmend Unzufriedenheit bemerkbar.

So läßt er Molzahn im Sommer 1923 wissen, »daß nach meiner Meinung die von Ihnen entworfenen Sachen in letzter Zeit nicht mehr sachlich genug sind. Nach meiner Meinung müssen wir zu einer ruhigeren, würdigeren, sachlicheren Form zurückkehren. (...) Ich habe nun die Absicht, zur Bauhauswoche nach Weimar zu fahren. Bitte teilen Sie mir mit, ob ich Sie dort sehen werde, was mir deshalb lieb wäre, weil ich Herrn Gropius gern zu einigen Punkten unserer Unterhaltung zugezogen hätte.«[17]

Bereits im Mai 1922 hat sich Benscheidt jr. mit Gropius in Verbindung gesetzt, um mit ihm über eine von Molzahn entworfene, heute nicht mehr nachweisbare Reklametafel Rücksprache zu halten, die vor dem Werk aufgestellt werden sollte. Damals formulierte der Juniorchef unmißverständlich gegenüber seinem Grafiker: »Gropius ist für mich in allen Fragen des Geschmacks die Autorität, ganz besonders dann, wenn es sich um etwas handelt, was mit unseren Bauten in Verbindung steht.«[18] Im Januar 1923 äußern sich auf Benscheidts Bitte sowohl Gropius als auch Meyer zu Molzahns Vorschlag für die Fagus-Besuchskarte.

Diese über ein Jahr lang der ständigen Korrektur unterzogene Besuchskarte stellt dann den Wendepunkt in der von Molzahn gestalteten Geschäftsgrafik für Fagus dar. Im Juni 1924 endlich zum Druck freigegeben, vereinigt sie die bekannten Elemente des Hertwigschen Schriftzuges und der Fabrikmarken-Banderole mit der als Blindprägung ausgeführten sachlichen Groteskschrift. Die in Großbuchstaben zu rechteckigen Blöcken zusammengefaßte Schriftanordnung wirkt sich auch auf die Gestaltung der Firmenstempel aus und wird mit den markanten Punkten vor den Zeilen zum festen Bestandteil der nachfolgenden Arbeiten.

Erstmals manifestiert sie sich im Rechnungsformular, das im Mai 1924 gedruckt wird. Molzahn stuft die Schriftgrößen ihrer Bedeutung nach ab und kennzeichnet die Zeilen durch Punkte. Bereits die Vorentwürfe wecken bei Benscheidt jr. Begeisterung: »besser als alles andere, was wir bisher gemacht haben.«[19] Noch bemängelt er die übermäßige Verwendung von Rot: »Die rote Farbe ist sehr gefährlich, weil sie das Auge zu

links:
Rechnungs-Auszug
Entwurf
Johannes Molzahn,
1924

rechts:
Briefbogen
Entwurf
Johannes Molzahn,
1924

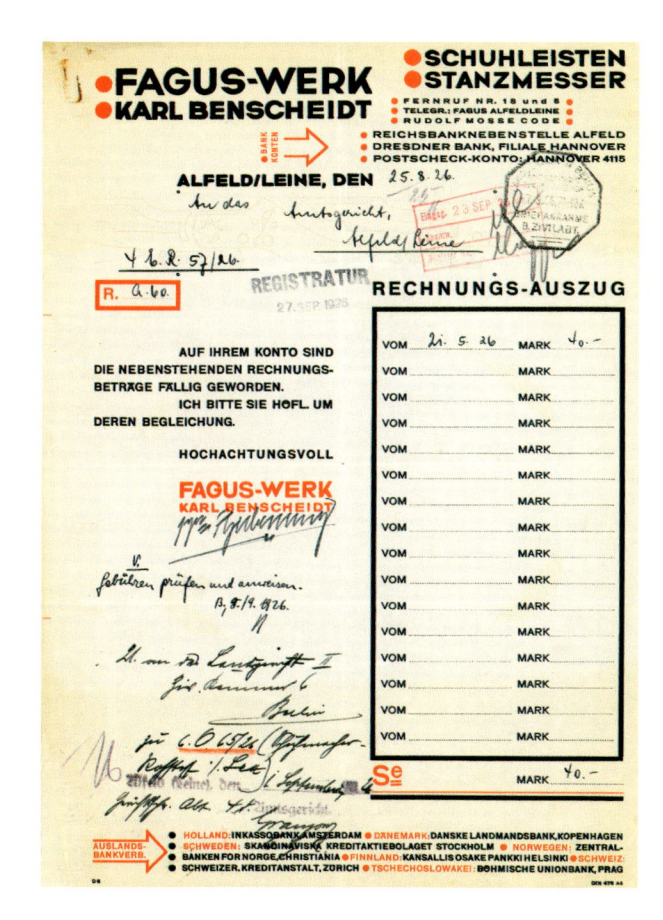

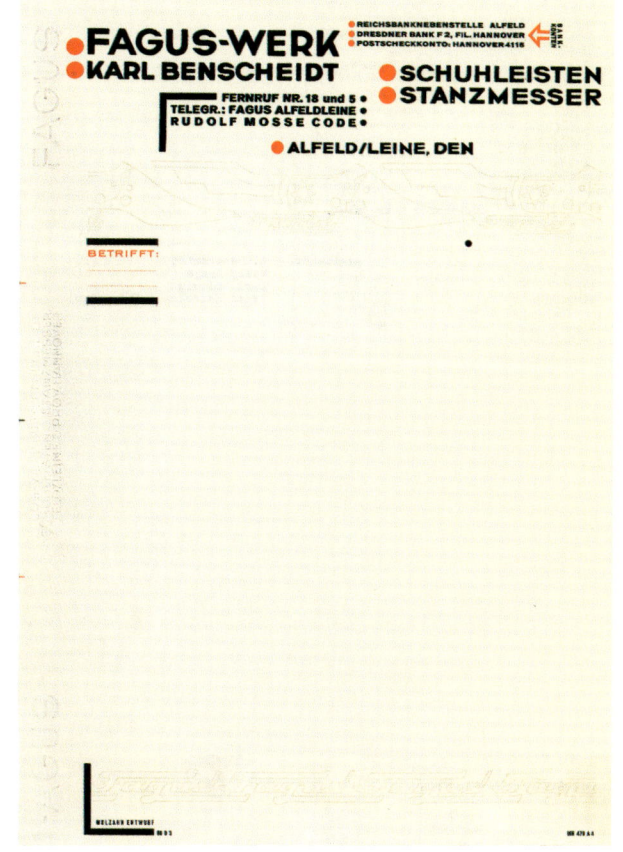

Reklame 97

links:
Annonce für den
russischen Markt
Entwurf
Johannes Molzahn,
1922

rechts:
Arbeiten von
Johannes Molzahn
für das Fagus-Werk,
1924–1926
Foto Johannes Molzahn,
1928

sehr ermüdet. Ich fürchte, daß die Leute, die den ganzen Tag Rechnungen ausschreiben müssen, dabei zu sehr ermüden werden und schließlich Fehler machen werden.«[20] Molzahn nimmt darauf Rücksicht, indem er lediglich untergeordnete Bestandteile wie Pfeile oder Punkte in Rot hervorhebt.

Erweist sich der Rechnungsbogen noch als etwas unübersichtlich, so gelingt das neue Briefpapier vom Juli 1924 bedeutend überzeugender. Versetzt gegeneinander angeordnet, aber in stimmiger Gewichtung zueinander gesetzt, strukturieren die Schriftblöcke den Briefkopf in asymmetrischer Anordnung. Wie beim ersten Briefbogen von 1922 benutzt Molzahn auch hier die Schuhleisten-Banderole – nun in zartem Grau – auf Höhe des Briefumschlagfensters und als untere Abschlußleiste außerdem den Hertwigschen Fagus-Schriftzug in der Form eines Endlosbandes. Am linken Rand findet sich die Blindprägung wieder, die erstmals bei der Besuchskarte vorkam. Als neues Element bringt Molzahn winkelförmige Haken ein, die nicht bloß kompositorisch, sondern auch praktisch funktionieren: sie dienen als Orientierungshilfe beim Einstellen des Randab-

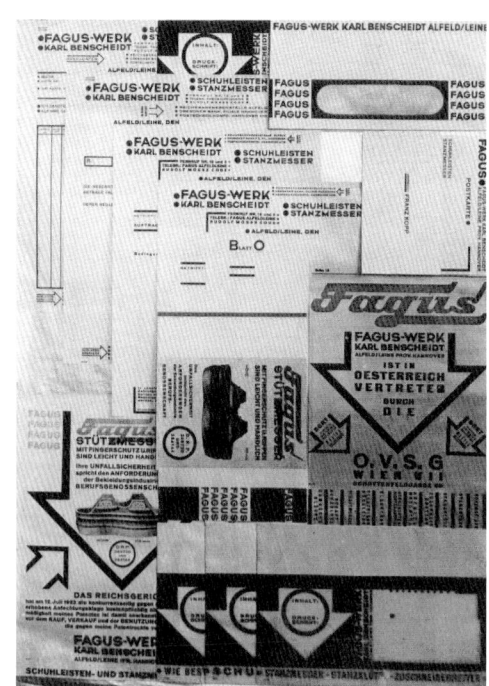

stands an der Schreibmaschine. In die am unteren Rand plazierte pflegt Molzahn seinen Namenszug zu setzen.

Im Laufe der Zeit wird dieser Entwurf mehrfachen Vereinfachungen unterzogen, er bleibt aber in den hauptsächlichen Bestandteilen bis in die 1970er Jahre in Benutzung. Relativ rasch gibt Benscheidt jr. die Blindprägung auf, auch die Banderolen fallen weg. Wie sich aus der Korrespondenz mit Molzahn erweist, sind diese Reduzierungen sowohl ästhetischer wie auch finanzieller Natur. Das gleiche trifft auch auf den Rotdruck zu, auf den Benscheidt jr. zwischenzeitlich meint, verzichten zu können. Insgesamt liefert Molzahn bis Ende 1928 über 60 verschiedene Arbeiten für Fagus. Hierzu gehören auch Auslands-Annoncen (UdSSR, Finnland, Österreich), die dem bewährten Verfahren von weißer Schrift auf schwarzem Grund folgen. Allerdings scheinen sich aber nach 1925 Molzahns Aufgaben hauptsächlich auf die Modifizierung von Neuauflagen seiner früheren Entwürfe zu beziehen. Zur gleichen Zeit vergibt Benscheidt jr. – sicherlich durch Gropius' Einflußnahme bewirkt – Aufträge an das Bauhaus.

98   Johannes Molzahn (1892–1965)

Herbert Bayer
(1900–1985)

Seit der Übersiedlung des Bauhauses von Weimar nach Dessau im Jahr 1925 leitet Bayer die Druckereiwerkstatt samt der neu eingerichteten Reklameabteilung. Zuvor – zwischen 1919 und 1920 – absolvierte er eine Lehre in einem Kunstgewerbeatelier in Linz und arbeitete danach im Büro des Darmstädter Architekten Margold. Ab dem Winter 1921/22 ist er Student am Weimarer Bauhaus. Nach der Dessauer Zeit folgen von 1928 bis 1938 überaus erfolgreiche Jahre als selbständiger Grafiker, bevor Bayer nach Amerika übersiedelt.

Die früheste erhaltene Arbeit ist die Besuchsanzeige für den Fagus-Vertreter Albert Fesing, die vor August 1925 entstanden sein muß.[21] Da das einzig erhaltene Exemplar aus dem Besitz von Bayer stammt, wird man in ihm wohl auch den Entwerfer vermuten dürfen. Die enge Anlehnung an eine 1923 von Molzahn für das Fagus-Werk gestaltete Postkarte ist zweifelsohne auf die stets dezidierten Vorgaben von Benscheidt jr. zurückzuführen. So muß Bayer offensichtlich von Molzahn nicht nur die Type, sondern auch den Schriftblock, der dem Fagus-Stempel entspricht, den schwarzen Winkel und Punkt sowie den Hertwigschen Fagus-Schriftzug übernehmen. Hervorhebungen durch rot gedruckte Wörter dürfen keineswegs zwingend auf Molzahn zurückgeführt werden, doch sprechen auch sie dafür, daß die Unternehmensleitung eine einheitliche Gestaltung im Sinne der bereits vorhandenen Drucksachen wünscht.

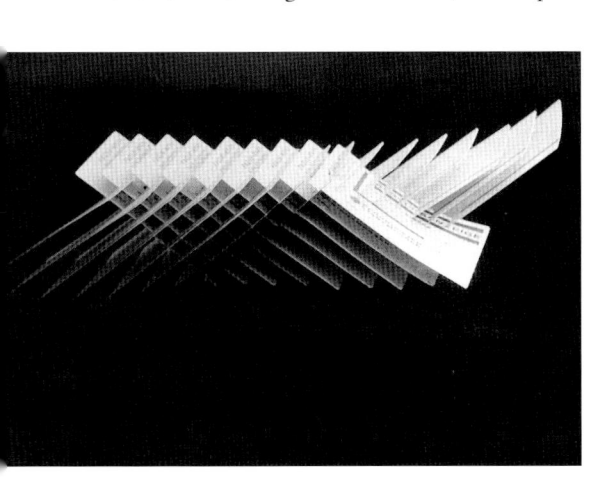

Die auf dem kleinen Format beengt wirkende Fülle an Information und unterschiedlichen Schriftgrößen vermag nicht zu überzeugen. Aus dem Blickwinkel des Auftraggebers tritt sicherlich der Name »Fagus« nicht genügend hervor. Offenbar zeigt sich Benscheidt jr. unzufrieden mit dem Ergebnis, denn im Vorkurs Albers wird eine größere Anzahl der Besuchsanzeigen für Übungen zweckentfremdet. Da die Karte nicht am Bauhaus gedruckt ist[22], kann es sich kaum um überschüssige Restexemplare aus der Werkstatt handeln. Vielmehr muß wohl von einer kreativen Verwertung der zurückgegangenen Auflage ausgegangen werden.

Unter Verwendung der gleichen, leicht variierten Grotesktype gestaltet Bayer dann Annoncen für das Fagus-Werk unter ausschließlicher Verwendung von Großbuchstaben. Im querrechteckigen Format dominiert nun die fette obere Schriftzeile »FAGUS« in Schwarz auf Weiß oder umgekehrt, darunter folgen weitere, in einer kleineren Größe gesetzte Schriftzüge, z.T. wiederum durch Winkel und Punkte gegliedert. Im Fagus-Archiv haben sich hierzu vier kombinierbare Druckmatern erhalten. Mit der frühest bekannten Schaltung einer dieser Annoncen auf

Besuchskarte Fesing
Entwurf Herbert Bayer (?),
1925

Materialübung unter
Verwendung der
Besuchskarte Fesing
Bauhaus Dessau,
Vorkurs Josef Albers

Reklame 99

dem Titelblatt der Fachzeitschrift *Die Schuh-Post* vom 10. Oktober 1925 ist ein Anhaltspunkt zur Datierung gegeben.[23] Bayer übernimmt damit eine Aufgabe, die Molzahn Anfang 1925 begonnen hat.[24]

Nach demselben Schema wie die Annoncen – fetter Schriftzug »FAGUS«, darunter kleiner die Bezeichnung des jeweiligen Produkts – entwirft Bayer ab 1925 mehrere vierseitige Klapp-Prospekte im Format DIN A 5 quer, deren gemeinsames Kennzeichen ein vertikaler roter Balken an der rechten Kante der Titelseite ist. Wie bereits bei der Besuchsanzeige für Albert Fesing beobachtet, benutzt Bayer für die Innen- und Rückseite die von Molzahn bekannten Gestaltungsmittel, allerdings versteht er sie als »Steigerung der optischen Intensität«[25] einzusetzen, indem er durch Freiflächen, Farben und Zeichen – Winkel, Pfeil, Punkt, Fragezeichen, Balken – eine dem Text entsprechende dramatische Wirkung erzeugt.

Aus dem Besitz von Bayer stammt ein noch korrekturbedürftiges Exemplar des 1925 entworfenen Prospekts »Schaftmodelle«.[26] Da der Druckvermerk »bauhausdruck.bayer« in der ab Mitte September 1925 eingeführten Kleinschreibung verfaßt ist, kann die Datierung auf »Herbst 1925« präzisiert werden.[27] Im Fagus-Archiv hat sich dieser Prospekt in großer Zahl erhalten, wobei es sich allerdings um einen bis auf die Weglassung des Druckvermerks identischen Nachdruck durch die Alfelder Druckerei Stegen handelt.

Das gleiche kann für den weitaus einfacher gestalteten Prospekt »Stanzmesser« ausgeführt werden. Er liegt in zwei Exemplaren aus dem Besitz von Bayer vor, wobei das eine die überarbeitete Version (mit verbessertem Satz und Stand) darstellt.[28] Möglicherweise handelt es sich um eine im Reklameunterricht unter Bayer entstandene Arbeit. Unter Weglassung des Vermerks »BAUHAUSDRUCK« wird sie später neu gesetzt und von der Alfelder Druckerei Stegen hergestellt. Auch eine weitere Variante – nun mit gänzlich anderem Text auf den Seiten 2 bis 4 – liegt vor und dürfte wenig später zu datieren sein.

Schließlich existiert wiederum aus dem Besitz von Bayer ein Exemplar des nur einseitig bedruckten Musterblatts »Stützmesser« mit dem Vermerk »BAYER BAUHAUS«, das handschriftlich ins Jahr 1926 datiert ist.[29] Bayer arbeitet nun mit einem Foto, das horizontal und vertikal – anstelle eines Winkels – durch Schrift eingefaßt wird. Auch von dieser Musterkarte gibt es eine weitere Version, die neu gesetzt und jetzt als »Sicherheitsmesser« betitelt ist. Das Foto wird gegen eine Aufnahme von Renger-Patzsch aus der 1928 entstandenen Fagus-Serie ausgetauscht, die den Gegenstand aus einem höheren Blickpunkt wiedergibt.[30] Den Nachdruck besorgt auch in diesem Fall die Alfelder Druckerei Stegen.

Vorrätig sind außerdem die ohne Bayer, aber in Anlehnung an seine Entwürfe gestalteten Prospekte »Hirnholz-Stanzklötze und Zuschneidebretter« und »Miller Aufblock-

Titel einer Fachzeitschrift
Entwurf Herbert Bayer,
1925

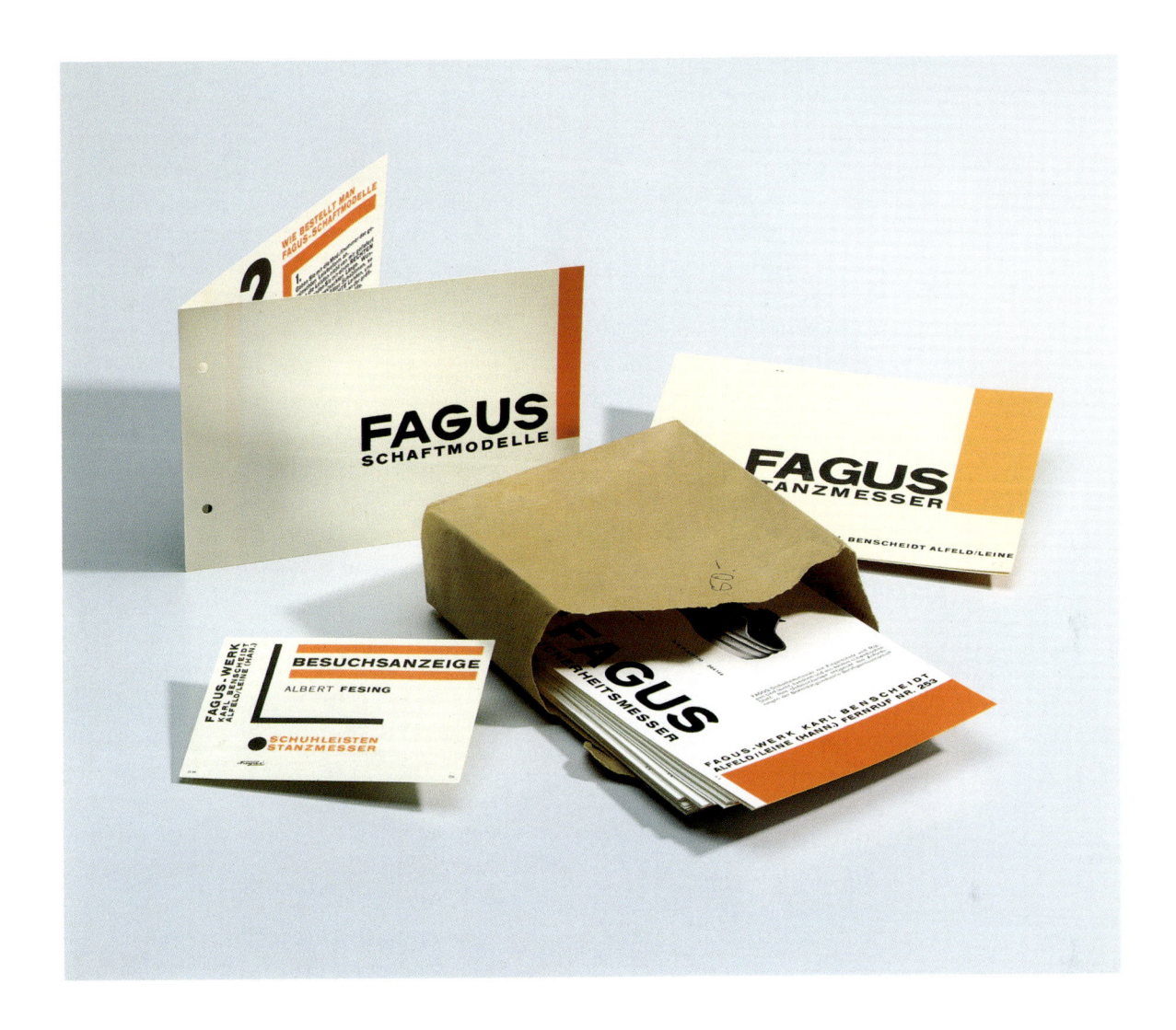

Maschinen«, die beide wohl bis 1930 entstanden. Obgleich die Prospekte und das Musterblatt durch gemeinsame Merkmale eindeutig zusammengehören, so wundert man sich doch über die unterschiedliche Ausführung. Insbesondere der Schriftzug »FAGUS« auf der Titelseite zeigt bei den drei von Bayer bzw. aus dem Bauhaus stammenden Entwürfen jeweils andere Buchstabenvarianten. Möglicherweise resultiert hieraus der Unmut des Juniorchefs und die wohl schon 1926 erfolgte Aufgabe der Zusammenarbeit.[31] Wie groß der Einfluß von Benscheidt jr. auf die Gestaltung dieser Prospekte ist, läßt sich aufgrund der fehlenden Korrespondenz nicht nachvollziehen. Es ist aber sicher davon auszugehen, daß der Juniorchef die Texte und damit das werbestrategische Konzept vorgab, da eine Fülle von Formulierungen für Werbeschriften und Annoncen in seiner Handschrift ihn als Verfasser von Werbetexten für Fagus spätestens seit Mitte der 1920er Jahre belegen.[32]

Auch die Idee für die Klapp-Prospekte geht auf das Fagus-Werk und Molzahn zurück. Im Dezember 1924 schlägt der Organisationsingenieur einen nach acht Produktgruppen untergliederten Katalog aus Einzelprospekten vor, die dem achtteiligen Farbenkreis von Ostwald folgend an der rechten Blattkante je einen anderen Farbstreifen aufweisen sollen. Auch das DIN A 5 Format sowie die Lochung am linken Rand sind vorgegeben.[33] Anfang 1925 arbeitet Molzahn einen

Fagus-Prospekte
Entwurf
Herbert Bayer u. a.,
1926

Vorschlag für den Prospekt »Stützmesser« aus. Weder der Entwurf ist erhalten, noch läßt sich aus den Unterlagen klären, ob er jemals in Druck ging.

Insgesamt drängt sich der Eindruck auf, daß die in Zusammenarbeit von Molzahn und Benscheidt jr. entstandenen Arbeiten für das Bauhaus zum Vorbild erklärt werden, um ein in sich geschlossenes grafisches Erscheinungsbild zu gewährleisten. In vielen Dingen erweist sich der Juniorchef als weitblickender, z.B. was die Benutzung des DIN Papierformats bereits seit Februar 1924 anbelangt. Andererseits wirken Gropius und Meyer seit 1922 als Korrektiv und bringen Änderungsvorschläge ein, die die Richtung der Fagus-Grafik beeinflussen. Nicht zu unterschätzen dürfte auch der Einfluß von Laszlo Moholy-Nagy sein, mit dem Benscheidt jr. ausweislich seines Adreßbuchs verkehrt. Letztendlich lassen sich die Anteile der vielen Beteiligten aber nicht trennen. Möglicherweise liegt auch hierin der Grund für die Unterschiedlichkeit in der Ausführung.

Annonce für den französischen Markt
Entwurf
Theo van Doesburg,
1925

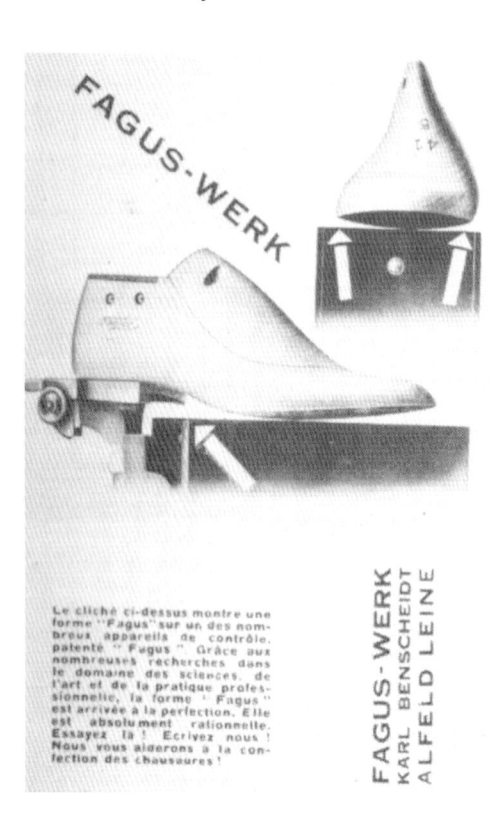

Theo van Doesburg (1883–1931)

Im Januar 1925 besucht Karl Benscheidt jr. einen Vortrag des holländischen Künstlers Theo van Doesburg in Hannover. Als dieser dem Publikum das Fagus-Werk als »Musterbeispiel guten Bauens«[34] vorstellt, fordert der Juniorchef ihn spontan zur Besichtigung der Fabrik auf. In Begleitung von Schwitters kommt van Doesburg dann am 28.1.1925 nach Alfeld. Die beiden Künstler erhalten eine umfassende Führung und werden anschließend zum Essen eingeladen. Hierbei ergibt sich offenbar der Auftrag an van Doesburg, eine Annonce für das Fagus-Werk zu entwerfen, die in französischen und belgischen Fachzeitschriften geschaltet werden soll.

Aus dem Nachlaß van Doesburgs haben sich Andrucke der Annonce erhalten.[35] Unter Verwendung zweier Fotos, die einen im Absatz-Normer eingespannten Fagus-Leisten zeigen, verweist van Doesburg lediglich durch einmontierte weiße Pfeile auf die fußgerecht geformten Besonderheiten. Die auffällige Plazierung der Schrift – ein diagonaler Schriftzug »Fagus-Werk«, der hochkant gestellte Molzahn-Schriftblock (Fagus-Stempel) wie auch der kompakt gesetzte Erläuterungstext – belebt die asymmetrische Komposition. In Deutschland ist die Annonce offenbar nur im Grafiker-Fachblatt *Offset* veröffentlicht worden, wobei man auf den unteren Textbereich verzichtet hat. Dieser preist die durch Wissenschaft, Kunst und praktische Erfahrung zur Perfektion gelangte Form des Fagus-Leistens an. Argumentation und Ausdrucksweise lassen vermuten, daß es sich um einen ins Französische übersetzten Text des Juniorchefs handelt. Wie Benscheidt jr. Anfang 1929 van Doesburg wissen läßt, vermochte es das Fagus-Werk nicht, seine Produkte auf dem französischen Markt einzuführen. Es hat daher nach einiger Zeit auf die weitere Schaltung der Annonce verzichtet.[36]

Karl Benscheidt jr. als Werbegrafiker

Mit Beginn der Rezession und der wirtschaftlichen Krisenjahre ab 1926 übernimmt der Juniorchef weitgehend in Eigenregie die Anfertigung und Gestaltung der Druckerzeugnisse. Einerseits arbeitet er mit den unveränderten Entwürfen von Hertwig (Annonce von 1912 bzw. 1919) und modifizierten Arbeiten von Molzahn (sämtliche Geschäftspapiere) weiter, andererseits setzt er ihre Vorschläge variierend fort. Zu letzteren gehören auch die an Bayer orientierten Klapp-Prospekte. Besonders gerne benutzt er die von Molzahn entwickelten Bestandteile von Textblock (Fagus-Stempel), Haken, Pfeilen und Punkten, aber auch der Hertwigsche Fagus-Schriftzug findet immer wieder Verwendung.

Sie dienen Benscheidt – wie er bereits 1922 in der Korrespondenz mit Molzahn als Ziel formulierte – als »Universalklischees«, die nach seinen Wünschen neu kombiniert und mit zusätzlichen Textblöcken versehen werden können. In der Folge konzentriert er sich sogar weitgehend auf Satz. Der Grafiker ist damit nahezu überflüssig geworden. Zugleich überträgt der Juniorchef ab 1924 sämtliche technischen Aufgaben wie die Abwicklung von Annoncen oder die Korrespondenz auf den Organisationsingenieur, der die Propaganda-Abteilung in die gesamtbetriebliche Rationalisierung einbezieht.

Seit etwa 1928 machen sich vermehrt Annoncen mit argumentierendem Inhalt bemerkbar, die Benscheidt jr. in der Form von Wechselanzeigen erscheinen läßt. Eine große Anzahl an Textentwürfen haben sich in den Reklamedossiers erhalten. Manche Kampagnen läßt der Juniorchef von Werbefachleuten auf ihre Wirksamkeit hin begutachten. Dabei wird er auf die zu stark auf rationalen Gedankengängen aufbauenden Texte aufmerksam gemacht. Ab Anfang der 1930er Jahre integriert Benscheidt jr. auch Fotografien in seine Entwürfe. Stets achtet er darauf, Annoncen an auffallenden Stellen, bevorzugt Titelblätter, und in großen Formaten zu veröffentlichen. Überhaupt muß betont werden, daß bei der Fagus-Reklame die Entwurfstätigkeit der Grafiker nur einen Teil der Strategie darstellt, die andere ist die wirksame Plazierung.

Blättert man heute Fachzeitschriften der Zeit durch, so fallen Fagus-Annoncen angenehm durch den Verzicht auf marktschreierische Versprechungen und ihr zeitgemäßes

Plagiat des Fagus-Briefbogens von Johannes Molzahn

grafisches Erscheinungsbild auf. Benscheidt jr. hat auf diesem Gebiet in der Schuhindustrie Pionierarbeit geleistet, was sich an Adaptionen von Elementen oder direkten Kopien ablesen läßt: wie bereits beim Schriftzug und der Annonce von Hertwig beobachtet, findet auch der Briefbogen von Molzahn bald Nachahmer. Außer einem polnischen Handelsvertreter, der eng mit dem Fagus-Werk zusammenarbeitet, plagiiert eine westfälische Schuhfabrik den Entwurf. Und wieder fallen die Pegos-Werke auf; nun kopieren sie den Brandstempel. Nichts könnte die Vorreiterrolle des Fagus-Werks auch auf diesem Gebiet nachdrücklicher bestätigen.

Reklame 103

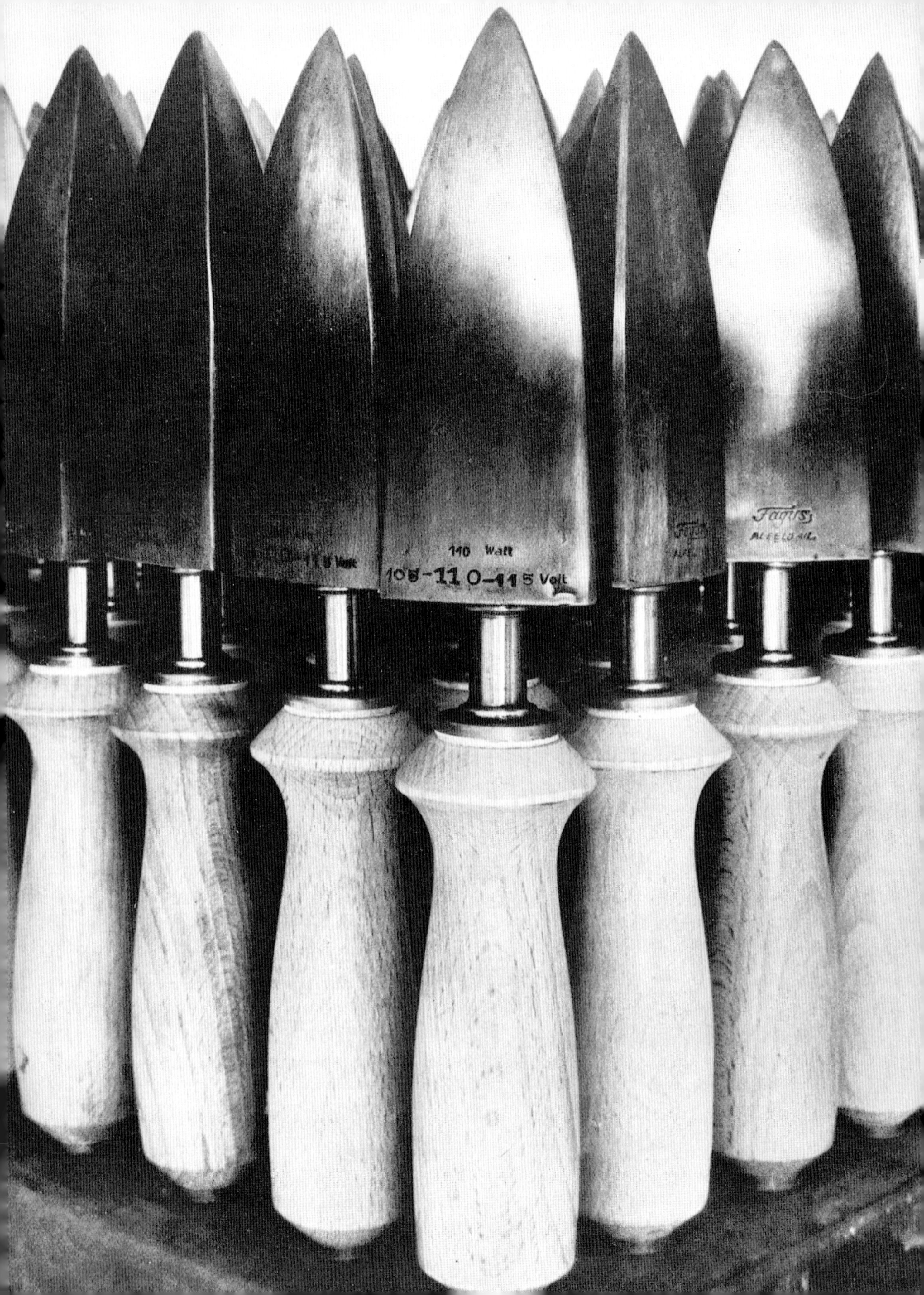
110 Watt
105-110-115 Volt

Das Fagus-Werk im Bild

Fotografie als Reklame und Dokumentation

Von Anfang an nimmt die Fotografie im Fagus-Werk eine doppelte Aufgabe wahr: sie ist sowohl ein Mittel der Reklame als auch der Dokumentation. Das große Interesse der Benscheidts zeigt sich nicht bloß an der Quantität, sondern vor allem an der herausragenden Qualität der im Firmenarchiv erhaltenen Bilder, die vorrangig von professionellen Fotografen stammen. Während diese in erster Linie für die Herstellung von Architekturaufnahmen zuständig sind, kümmert sich seit den 1920er Jahren ein werkseigener, namentlich nicht bekannter Fotograf um den internen Bedarf. Zu seinen Aufgabengebieten gehört die Dokumentation der Produkte und des Betriebs. Mit der Fertigung der Genauigkeitsdrehbank und der Verstärkung der Produktpalette im Bereich des Maschinenbaus erschließt sich für den Fotografen seit Ende der 1920er Jahre ein neues Betätigungsfeld: Angeboten des Fagus-Werks werden immer Bilder der betreffenden Apparate beigeklebt. Die Qualität dieser Aufnahmen ist der von Berufsfotografen häufig gleichwertig. Wie bereits bei den Reklamedrucksachen beobachtet, orientiert man sich auch hier zuweilen an den Arbeiten der zuvor beauftragten Profis.

Im Mittelpunkt steht dabei Albert Renger-Patzsch, den Benscheidt jr. möglicherweise durch den Ankauf von Einzelaufnahmen, sicher aber durch Empfehlung fördert.[1] Aus einer solchen wird wohl auch die 1926 einsetzende Tätigkeit für Dr. Weinert hervorgegangen sein. Wenngleich man den Juniorchef nicht unbedingt als einen Sammler von Fotografien bezeichnen kann, so scheint die 1928 durch Renger-Patzsch angefertigte Serie über das Fagus-Werk nicht ausschließlich durch ein geschäftliches Interesse der Unternehmensleitung motiviert zu sein. Ganz offensichtlich ist man sich des künstlerischen Werts dieser Aufnahmen bewußt. Für eine Hochschätzung der Arbeit von Renger-Patzsch spricht weiterhin, daß die Bilder aus dem Nachlaß von Dr. Weinert aufbewahrt werden und daß der Fotograf im Herbst 1952 eine zweite Serie über das Fagus-Werk anfertigt.

Das Foto-Archiv des Unternehmens umfaßt neben offiziellen, internen und künstlerisch anspruchsvollen Aufnahmen aber auch einfache Schnappschüsse des Werks von Freunden und Bekannten der Benscheidts. Darunter befinden sich auch zwei kleinformatige Fotos, die El Lissitzky anläßlich eines Besuchs in Alfeld im September 1926 anfertigte. Obwohl es sich um eher flüchtige Amateuraufnahmen des Werkeingangs und der

links:
Fagus-Schuhbügeleisen
Foto Albert Renger-Patzsch
April 1928
(Fagus-Serie Nr. 44)

Maschinenhaus
oben:
Foto El Lissitzky 1926
unten:
Werksfoto
späte 1920er Jahre

Kraftmaschine handelt, bewahrt sie der Juniorchef nicht nur auf, sondern veranlaßt auch den Werksfotografen, dasselbe Objekt im Bild festzuhalten. Während El Lissitzky durch einen steil nach oben gerichteten Blick bemüht ist, auch das regelmäßige Muster der kassettierten Decke in die Bildwirkung einzubeziehen, wählt der Werksfotograf einen tiefen und nahe an die Maschine herangerückten Standort.

Wie die ältesten Aufnahmen im Fagus-Archiv belegen, schätzt Benscheidt sen. bereits als Geschäftsführer der Behrensschen Schuhleistenfabrik die Fotografie als Mittel der Dokumentation: ein Satz z.T. auf Karton aufgezogener Bilder des Fabrikneubaus von 1897 in repräsentativem Großformat sowie der später erfolgten Erweiterungen bilden quasi den Nachweis über seine erste Tätigkeit als Baubetreuer und Betriebsorganisator eines Fabrikneubaus. Hierbei handelt es sich um Gesamtansichten des Komplexes und Ablichtungen einzelner Gebäude, die meist aus größerer Entfernung aufgenommen sind. Die beauftragten Fotografen wählen vorwiegend einen Winkel von 45°, um den Bau in einer Ansicht über Eck festzuhalten. Frontal- und Detailaufnahmen interessieren nicht, vielmehr zählt die Bestandsaufnahme des Ganzen: durch die wiedergegebene Übersichtlichkeit und Größe des Komplexes soll die wirtschaftliche Stärke und Solidität des Unternehmens zum Ausdruck gebracht werden.

Zeigen die Abbildungen der Behrensschen Fabrik ausschließlich den ausgeführten Zustand, so wird das Fagus-Werk bereits während der Bauarbeiten aufgenommen. Damit folgen die Fabrikherren zwar einem geläufigen Vorgehen, das die Entstehung eines Gebäudes von der Fundamentierung bis zur Fertigstellung fotografisch zu dokumentieren trachtet, allerdings ist es vorwiegend bei öffentlichen Gebäuden, konstruktiv interessanten Ingenieurbauten oder Großanlagen der Industrie zu beobachten. Einerseits hält Benscheidt sen. mit diesen Aufnahmen seine amerikanischen Teilhaber über den Fortschritt der Bauarbeiten auf dem laufenden, andererseits manifestiert sich darin auch das Selbstbewußtsein, einen außergewöhnlichen Bau zu errichten.

Bilder der fertiggestellten Fabrik werden erstmals Anfang 1913 in einem Bericht der von Architekten, Ingenieuren und Fabrikanten gelesenen Zeitschrift *Der Industriebau* veröffentlicht.[2] Bezeichnenderweise erscheint diese eingehende Besprechung des Fagus-Werks nicht in einem Fachorgan der Schuhindustrie.[3] Zwar kennt Benscheidt den *Industriebau* schon, bevor er Gropius begegnet, doch scheint die Initiative zur Veröffentlichung vom Architekten auszugehen. Denn

106 Fotografie als Reklame und Dokumentation

Gropius hat bereits in zwei Heften des Jahrgangs 1912 theoretische Ausführungen zum Thema Industriearchitektur plazieren können,[4] so daß der Bericht über das Fagus-Werk als die praktische Umsetzung seiner zuvor formulierten Ideen verstanden werden muß. Aber auch Benscheidts Interessen kommen darin nicht zu kurz: die ausführliche Schilderung und Illustrierung des Produktionsablaufs ist nicht nur für diese Zeitschrift ungewöhnlich, auch das Fagus-Werk wird in einer vergleichbar umfassenden Darstellung nicht mehr behandelt werden.[5]

Offenbar kümmert sich Gropius sogar um die Wahl des Fotografen, der die Bilder für diese Veröffentlichung anfertigt. Durch seine Tätigkeit für den *Deutschen Werkbund* und das Deutsche Museum für Kunst in Handel und Gewerbe ist er sich schon früh über die Bedeutung der Präsentation von Architektur in guten Fotos bewußt. Gropius beginnt in dieser Zeit mit dem Aufbau eines wohlsortierten Fotoarchivs der eigenen Werke. Während seiner langen beruflichen Tätigkeit wird er es sorgfältig weiterführen und mit ausgesuchten Aufnahmen die Berichterstattung über sich und seine Bauten mit Erfolg zu beeinflussen suchen. Auch Benscheidt braucht man von der Notwendigkeit guter Bilder als Reklamemittel nicht zu überzeugen. Ihm kann die Aufmerksamkeit, die der junge, noch unbekannte Architekt auf sich zu lenken sucht, nur recht sein. Engagiert wird der Hannoveraner Fotograf Edmund Lill, der bis in die Mitte der 1920er Jahre hinein Aufnahmen für das Fagus-Werk anfertigt. Der Beauftragung geht bereits eine Tätigkeit für Gropius und Meyer voraus: er lichtet 1911 die von ihnen entworfene Einrichtung der Wohnung Herzfeld in Hannover ab.[6]

Schuhleistenfabrik
C. Behrens
Foto E. P. Freche

Das Fagus-Werk im Bild 107

Edmund Lill
(1874–1958)

Wie Edmund Lill in seinen Lebenserinnerungen[7] schildert, war es der angenehme Geruch des Kolophoniums, der ihn bereits als Kind zu der Entscheidung veranlaßte, den Beruf des Fotografen zu erlernen. Nicht nur sein Onkel, auch drei seiner Geschwister arbeiten schon in diesem Metier. Die Ausbildung Lills zum Fotografen folgt dem zu seiner Zeit üblichen Weg der Praxis durch eine Vielzahl von Ateliers. Mit 16 Jahren schließt er die Lehrzeit bei der Kinderfotografin Katarina Cuillier in Frankfurt/Main ab und arbeitet fortan als Kopierer in diversen deutschen Städten. Es folgt der langsame Aufstieg zum ersten Kopierer, dann aus dem Labor ins Atelier zum zweiten Operateur und schließlich zum Geschäftsführer im Stuttgarter Betrieb des Bruders Hubert Lill (1863–1934).[8] Durch die Übernahme des Ateliers Tiedemann in Hannover macht sich Edmund Lill schließlich 1908 selbständig. Neben Portraits wendet er sich nun verstärkt der Sach- und Architekturfotografie zu. Nach dem inflationsbedingten Verlust seines gesamten Vermögens entschließt sich Lill 1927 zur Angliederung eines Fotobedarfladens, den er im neu errichteten Bahlsen-Haus eröffnet. Nicht nur die Wahl eines Ladenlokals in diesem Bau, sondern auch die Gestaltung einer Reklamedrucksache für Lill durch Friedrich Vordemberge-Gildewart zeugen von seiner Aufgeschlossenheit für die Hannoveraner Moderne. Obwohl sich Lill als »Spezialist für Architektur und Industrieaufnahmen«[9] bezeichnet, hat er sich diesem Zweig jedoch nie ausschließlich gewidmet.

Zwischen 1912 und 1925 fertigt Edmund Lill ca. 100 Fotos für das Fagus-Werk an. Nur die wenigsten Aufnahmen sind mit einem Stempel versehen, können jedoch anhand der rückseitig vermerkten fünfstelligen Plattennummer identifiziert werden. In Kombination mit den Baudaten läßt sich der Zeit-

Ostansicht
vom Bahndamm
Foto Edmund Lill
1912

lich mit den 1912 angefertigten Aufnahmen für die Publikation in der Zeitschrift *Der Industriebau*.[12] Abweichend vom späteren Vorgehen handelt es sich dabei um eine umfassende Darstellung der Fabrik, die sowohl den Bau selbst, als auch die einzelnen Produktionsschritte wiedergibt. Die nachfolgenden Fotos von Lill werden nur noch Außenaufnahmen oder vom Büro Gropius eingerichtete Repräsentationsräume zeigen.

Da die Fertigstellung der 1913/14 begonnenen Erweiterungsbauten des Fagus-Werks durch den 1. Weltkrieg verzögert wird, ergeht erst wieder im Mai 1922 ein Auftrag an Lill. Nun widmet er sich ausschließlich der neuen straßenseitigen Front der Anlage. Die gestochen scharfen Bilder zeigen deutlich, daß zu diesem Zeitpunkt der Erweiterungsteil des Hauptgebäudes noch nicht eingerichtet ist: im unverputzten Treppenhaus steht ein Holzgerüst und als Eingang zum Vestibül erkennt man eine Brettertür mit der Hinweistafel »Das Betreten ist streng verboten«.

Kessel- und Maschinenhaus
Foto Edmund Lill
November 1922

punkt der Aufnahmen jahrgenau ermitteln.[10] Vom Fotografen angefertigte Abzüge (vintage prints) haben sich außer im Fagus-Archiv auch in den Nachlässen von Walter Gropius und Adolf Meyer erhalten.[11]

Vater und Sohn Benscheidt beauftragen Lill stets nach Fertigstellung eines Bauabschnitts oder eines Einzelgebäudes. Seine Arbeit für das Fagus-Werk beginnt wahrschein-

Gesamtansicht von Süden
Foto Edmund Lill
Mai 1922

Das Fagus-Werk im Bild   109

Nach Ausführung des Häuschens für die Gleiswaage folgen im November 1922 Fotos der bahnseitigen Ansicht des Fagus-Werks. Besonders ausführlich dokumentiert ist das Kessel- und Maschinenhaus. Weder bei diesem, noch bei den anderen Konvoluten läßt sich eine stringente Abfolge der Aufnahmen erkennen. Es handelt sich nicht um Serien, die eine schrittweise vollzogene Annäherung an das Gebäude zeigen. Vielmehr kennzeichnet der ständige Wechsel von mitunter weit auseinanderliegenden Standorten die Fotos als autonome Einzelaufnahmen – ein in der Architekturfotografie ebenso übliches Vorgehen wie die Anreise von Adolf Meyer, um Lill die Standorte vorzugeben.[13]

In der ersten Jahreshälfte 1923 schließen sich Fotos der eben fertiggestellten Interieurs im Hauptgebäude an. Das Konvolut umfaßt Aufnahmen des Vestibüls im Erdgeschoß, des Treppenhauses sowie des Flurs und der Büroetage im Erweiterungstrakt. Im Bild festgehalten wird auch die Küche im Haus Benscheidt jr., das Gropius und Meyer über mehrere Jahre hinweg in einem etappenweisen Vorgehen umbauen.

Haupttreppenhaus
Foto Edmund Lill
1. Jahreshälfte 1923

Bereits im September 1923 folgen dann die Innenaufnahmen der Werkswohnung Am Weidenknick, die vom Bauhaus eingerichtet wurde, sowie Fotos der Stadt Alfeld und Umgebung. Die Fotos entstehen unter der Anleitung von Ernst Neufert, der auch für den Entwurf der Möbel in der Werkswohnung verantwortlich zeichnet.

In der ersten Jahreshälfte 1924 schließen sich dann weitere Bilder von Alfeld, darunter Häuser des Bauvereins, aber nur noch vereinzelte Aufnahmen der Fabrik an. Hierzu gehört das von der Bahnseite aus über Eck festgehaltene Hauptgebäude mit einem im Vordergrund fahrenden Elektrokarren – wahrscheinlich das am häufigsten abgebildete Foto des Fagus-Werks –, von dem sich alleine in der Fotosammlung des Fagus-Archivs 57 Abzüge erhalten haben! Varianten mit einem zusätzlich ins Bild gestellten Lastwagen liegen ebenfalls mehrfach vor. Lichtdruckexemplare und Sepiaabzüge unterstreichen die Bedeutung, die das Unternehmen diesen Fotos beimißt. Verschiedentlich tragen sie rückseitig den Aufdruck »Diese Aufnahme braucht nicht zurückgesandt zu werden!« – d.h. Wiederverwendung und Verbreitung sind erwünscht. Kein anderes Foto von Lill demonstriert so deutlich die Modernität des Unternehmens, weshalb Benscheidt jr. es wiederholt in der Werbung und als Postkarte einsetzt. Vollends deutlich wird dies im Vergleich mit einer zeitgleichen (noch gezeichneten!) Annonce der Firma Behrens, die den firmeninternen Transport von Gütern per Pferdefuhrwerk zeigt.

Nachdem die Pflasterung des Hofs, die Einfriedung und das Pförtnerhaus vollendet sind, macht Lill im November 1925 zum letzten Mal Aufnahmen der straßenseitigen Fas-

Gesamtansicht Bahnseite
Foto Edmund Lill
1. Jahreshälfte 1924

Das Fagus-Werk im Bild

rechts:
Maschinenhaus
Foto Edmund Lill
1. Jahreshälfte 1923

sade. Mit der vorläufigen Fertigstellung der Fabrikanlage ist auch seine Tätigkeit für das Fagus-Werk abgeschlossen.

Edmund Lill ist stets bemüht, den baulichen Gesamtzusammenhang des Fagus-Werks wiederzugeben. Das läßt sich am weiten Abstand, gelegentlich auch an der Wahl eines erhöhten Standpunktes ablesen, von dem aus er einen ungehinderten Blick auf die ganze Anlage hat. Anfänglich hält er den Baukomplex in Totalen und Halbtotalen fest. Im Herbst 1922 folgen Aufnahmen von Einzelgebäuden. Nahezu ausnahmslos postiert sich Lill in einem Winkel von 45° zum Gebäude, auch Innenräume nimmt er über Eck auf, um so viel wie möglich auf das Bild zu bannen. Dieses Vorgehen steht in der ungebrochenen Tradition der Architekturfotografie des 19. Jahrhunderts und unterscheidet sich nicht von den Aufnahmen der Behrensschen Fabrik. Das gleiche gilt für die zusätzliche Anfertigung von Sepiaabzügen und Koppmann-Drucken besonders repräsentativer oder gelungener Aufnahmen, deren braune »Patina« Gediegenheit und eine künstlerische Note vermitteln soll. Edmund Lill darf als ein versierter Techniker und vorzüglich dokumentierender Architekturfotograf bezeichnet werden. Die besondere Tiefenschärfe und präzise Lesbarkeit der Details machen seine Aufnahmen heute vor allem für die Instandsetzungsmaßnahmen am Fagus-Werk zu einem unverzichtbaren Quellenmaterial.

Man täte Edmund Lill allerdings unrecht, wenn man in ihm ausschließlich einen exzellenten Handwerker ohne Neuerungswillen sehen wollte. Denn im Konvolut der Fagus-Fotos können ab 1922, z.B. in frontalen Aufnahmen von Interieurs, erste zeittypisch neue Sichtweisen beobachtet werden. Eine Wandlung in Lills Selbstverständnis als Fotograf macht sich erst 1925 bemerkbar, als er vom Prinzip der breitformatigen Totalen oder Halbtotalen abrückt und nun einen auffällig komponierten Ausschnitt im Hochformat wiedergibt.

Als Ausnahmefotos innerhalb des Fagus-Konvoluts müssen eine Innenaufnahme des Maschinenhauses sowie die Eckansicht des Hauptgebäudes mit dem Elektrokarren fahrenden Arbeiter im Vordergrund angesehen werden – nicht was den Blickwinkel des Fotografen anbelangt, sondern bezüglich des interpretatorischen Gehalts. Arbeiter posieren hier nicht mehr – wie noch in Aufnahmen von 1912 zu beobachten – maßstabklärend vor der Architektur, sondern gehen nun in einer für das Foto zwar gestellten, aber wie in einer Momentaufnahme festgehaltenen Situation ihrer Tätigkeit nach. Als Teil einer modernen technisierten Arbeitswelt sind sie agierende Subjekte, souveräne Beherrscher der Maschinen. Diesen Status verdanken sie der sauberen Energie des elektrischen Stroms, symbolisiert durch den Generator und den Elektrokarren: im Fagus-Werk gehört die schweißtreibende körperliche Arbeit der Vergangenheit an, vielmehr hat hier die Fabrikarbeit der Zukunft bereits begonnen – sie beschränkt sich auf das Bedienen und Überwachen der Apparaturen. Die lichtdurchflutete Architektur bildet den Handlungsrahmen einer auf Modernität und Effizienz ausgerichteten sozialreformerischen Industriekultur. In pathetischer Übersteigerung findet der Glaube an einen humanen Fortschritt in der im Gegenlicht gesehenen Rückenfigur des Maschinisten vor der steil aufragenden Glaswand des Fabriksaals Ausdruck: Weite und Helligkeit der Architektur verheißen Freiheit durch und Aufbruch in eine bessere Welt der modernen Technik.

Nicht nur zu ihrer Zeit, auch heute noch vermögen diese Aufnahmen zu faszinieren.[14] Das liegt nicht bloß daran, daß sie sich uns durch ihre häufige Verwendung bleibend ins Gedächtnis eingeprägt haben, sondern an ihrer deutlichen Botschaft. Im Gegensatz dazu setzen die Fotos von Renger-Patzsch in einem weitaus stärkeren Maß den Willen des Betrachters voraus, sich in sie einzusehen. Interpretatorisch bewegen sie sich eher auf einem intellektuellen Niveau.

Das Fagus-Werk im Bild 113

Albert Renger-Patzsch
(1897–1966)

Das Interesse von Albert Renger-Patzsch an der Fotografie wird durch seinen Vater geweckt, der sich als Amateurfotograf betätigt. Von ihm lernt er die handwerkliche Seite seines späteren Berufs. Nach dem 1. Weltkrieg studiert Renger-Patzsch einige Semester Chemie, bricht jedoch das Studium ab und führt von 1922 bis 1924 die Bildstelle des Folkwang-Archivs in Hagen. Er arbeitet dort eng mit dem Schriftsteller und Leiter des Auriga-Verlags Ernst Fuhrmann zusammen und lernt über ihn Johannes Molzahn kennen. Gemeinsam realisieren sie mehrere Buchpublikationen. Ab 1925 ist Renger-Patzsch als freiberuflicher Fotograf tätig, bis November 1929 in Bad Harzburg, danach in Essen ansässig. Hier schließt sich 1933/34 ein – politisch bedingt – nur kurzzeitiges Gastspiel als Dozent für Bildmäßige Fotografie an der Folkwang-Schule an. Spätestens seit der Veröffentlichung des Bildbandes *Die Welt ist schön* Ende des Jahres 1928 – und nicht zuletzt durch einige der darin abgedruckten Fagus-Fotos – zählt Renger-Patzsch als der maßgebliche Fotograf der Neuen Sachlichkeit. Karl Benscheidt jr. lernt ihn spätestens 1926 durch Molzahn kennen und bleibt ihm bis in die 1950er Jahre hinein freundschaftlich verbunden.

Fagus-Serie, 1928

Die genauen Umstände der Auftragserteilung an Albert Renger-Patzsch, eine Fotoserie über das Fagus-Werk anzufertigen, sind nicht überliefert. Allem Anschein nach wollte die Unternehmensleitung qualitativ hochstehende Aufnahmen für Werbezwecke erhalten. Was dabei herauskam, zählt zu den Spitzenleistungen der modernen Fotografie.

Abweichend von den Angaben in der Literatur, die die Fagus-Fotos bisher in die

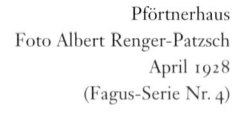

Pförtnerhaus
Foto Albert Renger-Patzsch
April 1928
(Fagus-Serie Nr. 4)

Zeit um 1926/27 datiert, wird hier von einem Aufnahmetermin im April 1928 ausgegangen.[15] Dieser spätere Zeitpunkt mag insofern überraschen, als das Unternehmen seit 1926 rote Zahlen schreibt, über vorzügliche Architekturfotos von Lill verfügt und einen Werksfotografen beschäftigt. Mit einigen der ungewöhnlichen Aufnahmen von Renger-Patzsch beabsichtigt man aber offenbar, im Ausland auf sich aufmerksam zu machen: durch Werbekampagnen in der Form von bebilderten Fortsetzungsannoncen sollen gezielt neue Märkte erobert werden.[16]

Bisher waren lediglich einige wenige Fotos losgelöst aus dem Serien- und wahrscheinlichen Verwendungszusammenhang bekannt, die allerdings zu den berühmtesten von Renger-Patzsch überhaupt zählen. Die Fagus-Serie umfaßt aber mindestens 54 Aufnahmen, die außer den Produkten und deren Ersatzteilen auch Aufnahmen des Herstellungsprozesses von Schuhleisten, die Fabrikarchitektur und sogar die Portraits der Unternehmer wiedergeben. Rückseitig notierte Nummern informieren über die Abfolge der Bilder. Das im Fagus-Archiv erhaltene Konvolut kann durch einige zusätzliche Fotos aus den Nachlässen von Gropius und Meyer ergänzt werden, so daß zur Zeit insgesamt 42 Motive bekannt sind.[17] Darüber hinaus existieren zwei unnumerierte Fotos, wobei das eine, einen Stapel Rohleisten in Nahansicht abbildend, zweifelsfrei zur Serie von 1928 gehört. Das andere zeigt einen Buchenwald und wurde in der Festschrift zum 25jährigen Bestehen des Fagus-Werks veröffentlicht.[18] Sicher scheint ferner die Zurechnung einer 1929 veröffentlichten, im Fagus-Archiv aber nicht vorhandenen Aufnahme, die Arbeiter beim Umschichten von Baumstämmen auf dem Lagerplatz des Werks zeigt.[19] An Formaten liegt überwiegend ein größeres, für Renger-Patzsch übliches (ca. 23 x 17 cm) vor, außerdem auch einige als Kontaktabzüge zu wertende Kleinfotos (11 x 8 cm).

Am Anfang steht die Architektur. Die Serie beginnt mit dem Eingang zum Werksareal (Nr. 1, s. S. [2]), wobei der Schriftzug »FAGUS-WERK KARL BENSCHEIDT« zugleich als Titel dient: er benennt das Thema der Bildfolge sowie den Fabrikinhaber. Das Schriftband »SCHUHLEISTEN- UND STANZMESSERFABRIK« am Dachgeschoß des Lagerhauses informiert über die Produktpalette, die in mehreren Aufnahmen noch folgen wird. Mit den Portraits des Senior- und Juniorchefs als Schlußpunkte konkretisiert sich auch die unterste Schriftzeile im Bild: der eingangs angekündigte Inhalt wird eingelöst, der Kreis schließt sich.

In einem klar nachvollziehbaren Weg schreitet Renger-Patzsch über das Werksgelände: auf die Eingangssituation folgt das Pförtnerhaus (Nr. 3 und 4), sodann Aufnahmen des Hauptgebäudes, zuerst im Zusammenhang mit der straßenseitigen Fassade, dann aus der Nähe die stützenlose Ecke – bis zum Ausschnitt – und wieder aus größerem Abstand eine Gesamtansicht (Nr. 7–9). Danach betritt Renger-Patzsch durch das Hauptportal das Gebäude. Das nächste Bild zeigt einen senkrechten Blick herab vom Treppenpodest entlang der geschoßübergreifenden Glashaut (Nr. 10). Nur die leicht angeschnittene Schuhspitze des Fotografen gibt am linken unteren Bildrand den unaufdringlichen, aber notwendigen Hinweis zur Orientierung.

Blick hinab vom Treppenhaus
Foto Albert Renger-Patzsch
April 1928
(Fagus-Serie Nr. 10)

Im 2. Obergeschoß angekommen, hält Renger-Patzsch eine Gruppe von Lehrlingen im Bild fest, die die guten Lichtverhältnisse des dreiseitig verglasten Vestibüls zur Anfertigung von Zeichnungen nutzt (Nr. 12). Diese Aufnahme bildet innerhalb der Fagus-Serie eine Ausnahme, da sie zu den wenigen zählt, in denen Menschen im Zusammenhang mit dem Werk wiedergegeben werden. Man darf annehmen, daß Benscheidt jr., der sich mit großem Engagement um die innerbetriebliche Ausbildung kümmert, dieses Foto anregt, um die modernen Lehrmethoden in Verbindung mit der vielfältigen Nutzbarkeit der Architektur zu thematisieren. Das nächste Bild zeigt uns – quasi mit den Augen eines Lehrlings gesehen – den Blick durch die stützenlose Westecke, gerahmt und unterteilt durch das Sprossenwerk der Fenster (Nr. 13).

Renger-Patzsch betritt dann den Büroflur des Hauptgebäudes, den er im bahnseitigen Trakt im Foto festhält (Nr. 14). Trotz zweiseitiger natürlicher Beleuchtung wirkt der Korridor düster und endlos. Danach verläßt der Fotograf das Hauptgebäude, um die Nordostfront im Bild festzuhalten (Nr. 15). In einem nahezu parallel zur Fassade gerichteten Blick zurück entlang der Südostseite fertigt er jene Aufnahme (Nr. 16) an, die die Rezeption und Interpretation des Fagus-Werks am nachhaltigsten geprägt hat.

Der weitere Weg entlang der Nordostseite führt Renger-Patzsch am Kessel- und Maschinenhaus vorbei zum Lagergebäude (Nr. 18). Als besonders effektvoll komponiert erweist sich der Blick aus dem verschatteten Spänebunker heraus auf das Kesselhaus und das dahinter sich erhebende Hauptgebäude, wobei das auskragende Betondach den

Kesselhaus und
Hauptgebäude
Foto Albert Renger-Patzsch
April 1928
(Fagus-Serie Nr. 17)

schmalen Streifen Himmel gänzlich schwarz abdeckt (Nr. 17). Damit enden die Architekturaufnahmen.

Wie die Uhr am Hauptgebäude beweist, entspricht die Abfolge der ersten Bilder bis Nr. 9 nicht dem tatsächlichen Vorgehen von Renger-Patzsch. Vielmehr wird erst durch die Numerierung der Gang eines Besuchers durch das Werk nachträglich konstruiert. Um so mehr erstaunt es, daß dieses Ordnungsmuster bei den anschließenden Fotos fehlt. Ohne jede erkennbare Stringenz reiht sich ab Nr. 19 Aufnahmengruppe an Aufnahmengruppe. Einige Fotos sind zweifelsohne als autonome Einzelbilder zu werten, andere müssen jedoch im Zusammenhang mit einer Verwendung in der Werbung gesehen werden. Manche erfüllen beide Kategorien.

Hierzu gehören die Produkte. Sowohl die Fotos der Schuhbügeleisen Form B (Nr. 43 und 44), der Doppelsteckdose für elektrische Schuhbügeleisen (Nr. 45), der Miller Zwillings-Aufblockmaschine für die Stiefelproduktion (Nr. 36) als auch des Fagus-Sicherheitstanzmessers (Nr. 41) könnten für die oben erwähnte Werbekampagne der Wechselannoncen vorgesehen sein. Jeweils begleitet durch einen anpreisenden Text bilden sie zwar Einzeldarstellungen, die aber gesammelt einen Katalog der Fagus-Erzeugnisse ergeben. Anhand der im Reklamedossier des Juniorchefs erhaltenen Entwürfe für die Annoncen und der Produktpalette des Werks ließen sich auch einige der fehlenden Fotos in der Serie rekonstruieren: Schuhbügeleisen Form E, Oberledermesser, Schaftmodelle, Sohlen. Darüber hinaus muß von einer geplanten Mehrfachnutzung einiger Abbildungen ausgegangen werden, z.B. für einen Ersatzteilkatalog für Schuhbügeleisen (Nr. 44 und 47) und die dazu passende Doppelsteckdose (Nr. 45 und 48). Dabei entspricht die übersichtliche Ausbreitung der Einzelbestandteile einem im Katalogbereich üblichen Vorgehen zur fehlerfreien Identifikation.[20]

Bereits 1919 läßt sich in den Unterlagen des Fagus-Werks der Vorschlag zu einer Kundenwerbung finden, die in der Form einer bildlichen Sequenz den Entstehungsprozeß eines Schuhleistens zeigen soll.[21] Auch das könnte man anhand der Fotos von Renger-Patzsch in den wichtigsten Schritten nachvollziehen (s. S. 18/19): der Buchenwald (o. Nr.), die Buchenstämme auf dem Hof des Fagus-Werks (Nr. 27), ihr Umschichten zur Bearbeitung (Nr. 28), das Zersägen des Holzes zu fußgroßen Keilstücken (Nr. 29), das Stapellager der Rohleisten (Nr. 22 und o. Nr.), die Formgebung in der Drehbank (Nr. 31), die eigenhändige Qualitätskontrolle durch den Juniorchef (Nr. 38 und 39) und schließlich der Versand (Nr. 23).

Alle diese Einsatzmöglichkeiten bleiben jedoch rein hypothetischer Natur, denn nachweisen läßt sich die Verwendung eines Pro-

Fagus-Doppelsteckdose und ihre Einzelteile
Fotos Albert Renger-Patzsch
April 1928
(Fagus-Serie Nr. 45 und 48)

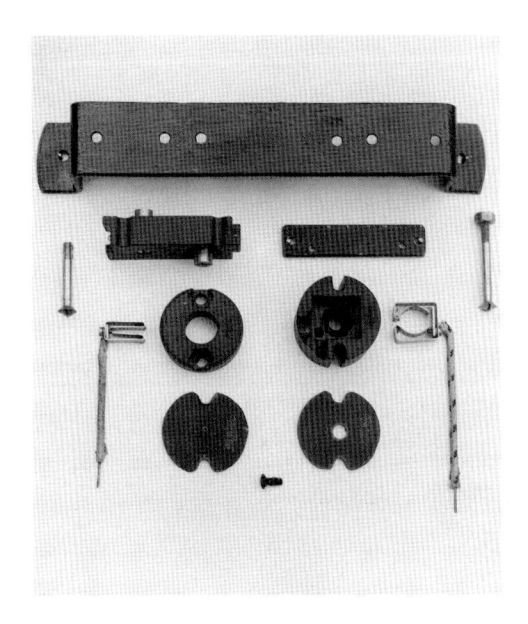

duktfotos aus der Fagus-Serie bislang nur in einem einzigen Fall: bei der frühestens im Sommer 1928 erfolgten Neuauflage des 1926 von Herbert Bayer gestalteten Werbeblatts für Sicherheitsmesser. Hier wird das ältere Klischee durch Bild Nr. 41 ersetzt. Möglicherweise zerschlugen sich mit der Weltwirtschaftskrise alle großen Reklamepläne.

Die zögerliche Verwendung der Fagus-Fotos muß aber auch als eine Kritik an der Brauchbarkeit dieser Aufnahmen verstanden werden. So schickt die Unternehmensleitung für einen Anfang Januar 1930 erscheinenden Bericht über das Fagus-Werk in der *Schuhfabrikanten-Zeitung* eine Vielzahl von Bildern ein, darunter befinden sich aber nur einige wenige Aufnahmen von Renger-Patzsch.[22] Ausdrücklich läßt Benscheidt sen. die Redaktion wissen, daß ihm das zuerst eingeschickte »Lichtbild Fagus 34« – es handelt sich um den Absatznormer – »hierfür nicht zusagt.«[23] Vielmehr wird es gegen eine werksintern gemachte Aufnahme ausgetauscht, die vor allem den Firmennamen zur Geltung bringt. Weitaus krasser ist der Mangel an Information beim kunstvoll komponierten Bild Nr. 32, das zum Verkauf des dargestellten Meßpunkt-Markierapparats kaum taugt. Hier arbeitet das Unternehmen von Anfang an lieber mit einer vom Werksfotografen hergestellten, technisch untadeligen, aber konventionellen Aufnahme. Sie funktioniert deshalb besser, weil die Inszenierung des Gegenstands zurückgedrängt wird zugunsten einer rein dokumentarischen Sicht, die keine künstlerischen Ambitionen hat.

Ähnliches läßt sich auch im Umgang mit den Architekturfotos von Renger-Patzsch feststellen. Ganz offensichtlich bevorzugen Vater und Sohn Benscheidt die übersichtlichen Lill-Fotos. Nichtsdestotrotz erhalten die Aufnahmen von Renger-Patzsch dank der Propagierung durch Gropius und seinen näheren Umkreis nicht nur eine wirkliche Verbreitung, sondern tragen sogar zu einer veränderten Sehweise und Neubeurteilung der Architektur des Fagus-Werks bei.

118 Albert Renger-Patzsch

Neusachliche Fotografie und Architekturinterpretation

Wie Renger-Patzsch in späteren Jahren selbst darlegt, geht seiner Arbeit als Architekturfotograf eine intensive Beschäftigung mit dem Bauwerk voraus. Vorbereitende Gespräche mit dem Architekten lehnt er aber ebenso kategorisch ab wie die Vorgabe von Standorten. Damit will er sich ein Maß an Unbefangenheit sichern, das ihn vor einer werbenden Tätigkeit im Sinne des Architekten bewahrt.[24] Nichtsdestotrotz ist dies mit den Fagus-Fotos eingetreten.

Jede Einstellung ist sorgfältig gewählt, jedes Bild präzise durchkomponiert: Renger-Patzsch plaziert den Gegenstand gerne bildfüllend bis knapp an den Papierrand reichend, so daß ein gewisses Moment der Begrenzung und des Eingespanntseins entsteht. Darüber hinaus findet mindestens an einer Bildseite eine Überschneidung statt. Zusammen mit dem nahen Betrachterstandpunkt erzeugt das eine konfrontierende Unmittelbarkeit, die deutlich auf Abstand hält. Renger-Patzsch verknüpft Umriß und Binnenzeichnung der Bauten zu subtilen Linienbezügen, was bei der grafischen Oberflächenstruktur der Architektur von Gropius und Meyer – und speziell der Rasterfassade des Alfelder Hauptgebäudes – nachgerade auf der Hand liegt. So wird die geometrische Ordnung und Strenge der Bauten thematisiert, indem sie als kompositorisches Gerüst des Bildes Verwendung findet.

Stets wählt Renger-Patzsch den Blickpunkt des Besuchers. Aufnahmen von erhöhtem Standpunkt oder aus weiter Entfernung kommen nicht vor. Daher liegen auch nur wenige Gesamtansichten vor, die – bedingt durch das dichte Herantreten an den Gebäudekomplex – eine Staffelung und optische Verkürzung der Bauten bewirken. Renger-Patzsch intensiviert diese Wirkung noch durch das Hochformat. Im Vergleich zu Lill wird deutlich, daß er weder den Abstand zur Architektur wahrt noch eine dokumentierende Neutralität anstrebt, sondern die nahansichtige Betonung architektonischer Charakteristika sucht.

Besonders anschaulich wird dies im Ausschnitt der straßenseitigen Fassade des Hauptgebäudes (Nr. 8a, s. S. 30). Durch den fragmentarischen Blick erreicht der Fotograf die Konzentration auf das Wesentliche. Er unterstreicht die asymmetrische Gestaltung des Baus, setzt die stützenlose Glasecke in den Mittelpunkt und zeigt die schwerelos wirkende Treppe. Zugleich werden wir auf die Sauberkeit der Details aufmerksam gemacht – das Foto fordert regelrecht dazu auf, die Steinlagen abzählend in ein Verhältnis zu den Stahlsprossen zu setzen.

Als weiteres Kriterium kann die Betonung von Dimension und spezifischer Raumeigenschaft konstatiert werden. So unterstreicht Renger-Patzsch das Gefühl von Unsicherheit, das den Besucher im Haupttreppenhaus beschleicht, durch einen schwindelerregenden senkrechten Blick hinunter (Nr. 10); der lange Flur wirkt noch länger durch die Fixierung auf seine Tiefenerstreckung, die geradewegs in die Dunkelheit führt (Nr. 14).

Das maßgebliche darstellerische Mittel besteht jedoch in der Staffelung. Renger-Patzsch wendet sie auch besonders gern für die Wiedergabe von Maschinen und Produkten an, indem er gleichartige Gegenstände in lange Reihen anordnet und diagonal ins Bild stellt. Diese massenhafte Präsentation von Waren identischer Form und Qualität illustriert das Prinzip industrieller Herstellung und die Präzision der Maschinenarbeit. Bei dem berühmten Bild der Schuhbügeleisen (Nr. 44, s. S. 104) kombiniert er die Staffelung mit einer nachgerade distanzlosen Nähe, wodurch die Gegenstände ins Monumentale gesteigert werden. Bei aller militärisch wirkenden Gleichheit erhalten sie durch kleine Abweichungen der Aufstellung ein Eigenleben, das in der subtilen Herausarbeitung der Materialqualität und Oberflächenstruktur Unterstützung findet.

links:
Meßpunkt-Markierapparat
oben:
Foto Albert Renger-Patzsch
April 1928
(Fagus-Serie Nr. 32)
unten:
Werksfoto, um 1929

rechts:
Hauptgebäude Südostfront
Foto Albert Renger-Patzsch
April 1928
(Fagus-Serie Nr. 16)

Von ähnlich faszinierender Ambivalenz erweist sich auch das Architekturfoto Nr. 16. Zusammengesetzt aus aneinandergereihten gleichen Elementen muß das Hauptgebäude als eine industriellen Produktionsprinzipien folgende Architektur verstanden werden, was vor allem in der großflächigen Verwendung der Materialien Glas und Eisen zum Ausdruck kommt. Eine immaterielle Leichtigkeit beherrscht den Eindruck. Lediglich die beiden gemauerten Pfeiler rechts und links der stützenfreien Ecke verweisen auf die eigentliche Konstruktion. Durch den nahen Standpunkt des Fotografen erscheinen die nachfolgenden Stützen nur noch als vertikale Schatten, so daß die Illusion einer durchlaufenden Vorhangwand hervorgerufen wird.

Renger-Patzsch eröffnet mit der Fagus-Serie eine neue Sicht auf die Architektur des Fagus-Werks, indem er das bereits über 15 Jahre alte, aus der Vorkriegszeit datierende Hauptgebäude als dem Neuen Bauen zugehörig interpretiert. Zumindest das Foto Nr. 16 scheint die Kenntnis des im Dezember 1926 fertiggestellten Dessauer Bauhaus-Gebäudes vorauszusetzen – möglicherweise sogar vermittelt durch die Aufnahmen von Lucia Moholy.

Benutzt man Aufnahmen Renger-Patzschs zur Illustration des Fagus-Werks, reproduziert man ein durch die ästhetische Brille der späten 1920er Jahre gesehenes Bild einer Architektur, das außerdem durch die Beschränkung auf das Hauptgebäude auch ein fragmentarisches ist.

Neusachliche Fotografie ist keineswegs gleichzusetzen mit dokumentierender Neutralität oder gar Objektivität, sondern beinhaltet vielmehr eine ästhetisch motivierte Stellungnahme zum Gegenstand. Im Gegensatz zu Lill, der in seinen »Ausnahmebildern« mittels Staffage und räumlichem Kontext die Fabrikwelt inszenierend überhöht, weckt Renger-Patzsch durch die reine Beschränkung auf den Gegenstand und unter Anwendung künstlerischer Mittel der Komposition ein Pathos der Maschinenästhetik.

Das macht nicht zuletzt die überragende Qualität der Fagus-Fotos aus.

Rasch erkennt Gropius nicht nur die starke Wirkung, sondern auch die interpretatorische Tragweite vor allem von Foto Nr. 16 – es avanciert nachgerade zu seinem Lieblingsbild, das er ab 1929 fast ausschließlich verwendet: als Abbildung in eigenen und über ihn erscheinenden Veröffentlichungen, als Dia in Vorträgen, als Großfoto in Ausstellungen und als begleitendes Pressefoto.

Die ausschließliche Thematisierung der Modernität durch die Fotos von Renger-Patzsch produziert eine Sichtweise von Gropius, die nicht nur die Architekturkritik, sondern auch er selbst sich zu eigen macht. Ausgeblendet wird alles, was nicht in dieses Bild paßt: es gibt keine Aufnahmen, die den Bezug zur Architektur von Peter Behrens verdeutlichen; das antikisierende Vestibül des Hauptgebäudes, durch das Renger-Patzsch hindurchgeschritten sein muß, wird ebensowenig als bildwürdig empfunden wie die offenbar für untergeordnet angesehenen, produktionstechnisch notwendigen Bauten – um nur die auffälligsten Auslassungen aufzuzählen.

Hier beginnt die in die Architekturgeschichte eingegangene fragmentarische Sicht auf das Fagus-Werk, präziser: auf die retrospektiv als modern präsentierbaren Bestandteile des Hauptgebäudes. Schon 1931 steht fest, daß das »Faguswerk (...) in der Geschichte der neuen Architektur der erste Bau [ist], der die neue Gestaltung klar zum Ausdruck bringt: Formgewinnung im engsten Anschluß an Funktion und Konstruktion, Verzicht auf jede dekorative Zufügung, auf jede ästhetisch bestimmte Willkür in Grundriß und Aufbau.«[25]

Vor allem die Renger-Fotos Nr. 8a und Nr. 16 unterstützen das bis heute herrschende Mißverständnis, daß die kühnen stützenlosen Ecken und der großflächige Gebrauch von Glas eine innovative Skelettkonstruktion voraussetzen und daß in Alfeld ein – wenn nicht überhaupt der erste – *curtain wall* realisiert worden sei.

Das Fagus-Werk im Bild

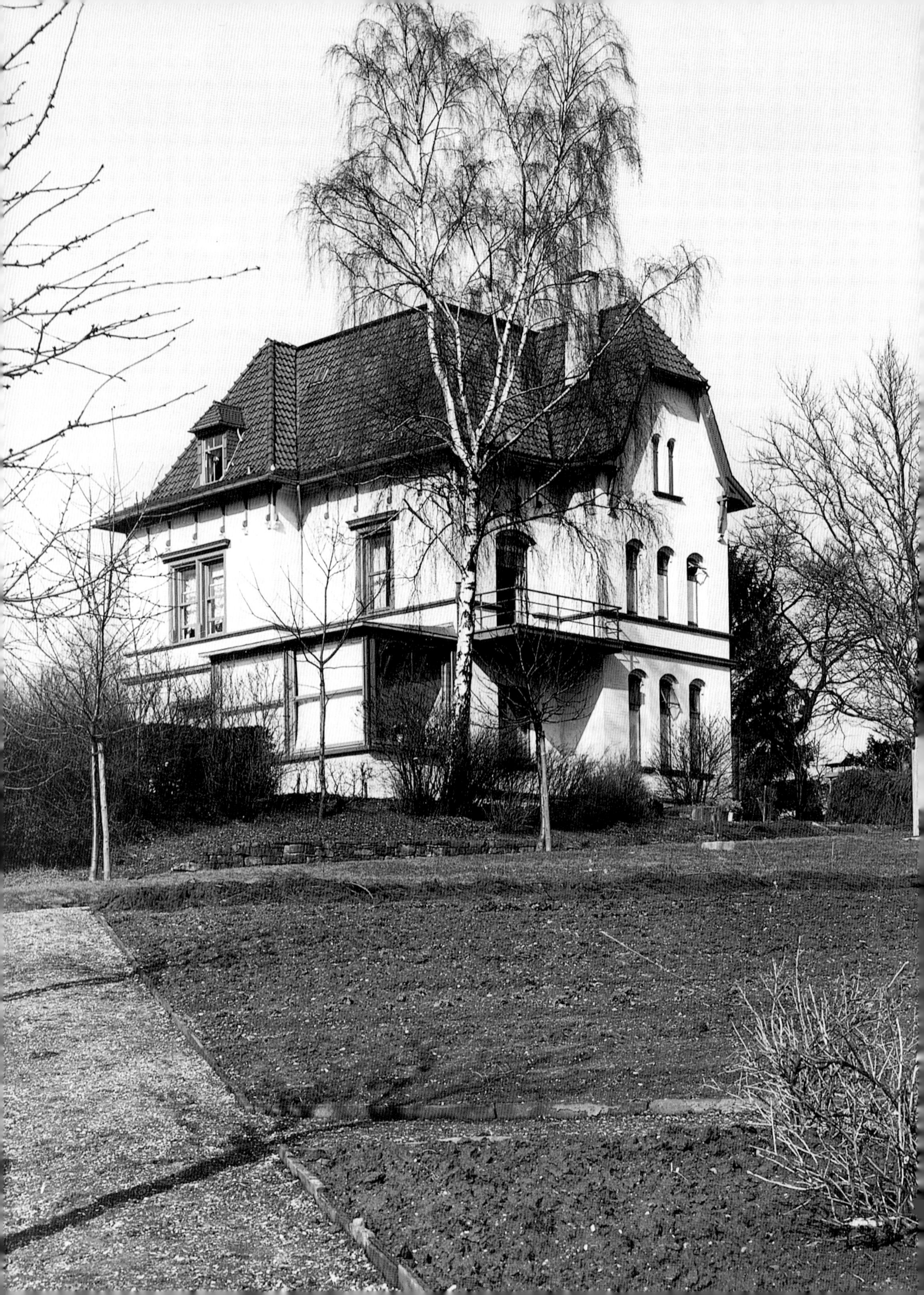

Vom Grabstein zur Villa

**Grabstein
1911/12**

Walter Gropius und Adolf Meyer sind nicht nur die Architekten des Fagus-Werks, sondern auch privat für die Familie Benscheidt tätig. Hierbei handelt es sich durchwegs um repräsentative Aufgaben, die ihre gesellschaftliche Position und moderne Haltung in der Öffentlichkeit demonstrieren. Die früheste diesbezügliche Arbeit stellt das Familiengrab von 1911/12 auf dem Alfelder Neuen Friedhof dar. In der Beauftragung der Firmenarchitekten mit dem Entwurf des Grabmals folgen Benscheidts den Gepflogenheiten vermögender Unternehmer.

Am 1. Juli 1911 stirbt Fritz Benscheidt, das jüngste Kind von Carl Benscheidt. Gropius und Meyer fertigen den Entwurf für den Grabstein wohl im Laufe der zweiten Jahreshälfte 1911 an.[1] Für die breitgestreckte Parzelle des Familiengrabes sehen sie mittig eine senkrecht stehende Steinplatte vor, die zwei beidseitig plazierten Pylonen vorgeblendet ist. Die schlichte Platte weist in einem Kreis das Relief eines brennenden Öllämpchens auf, darunter den eingemeißelten Schriftzug »BENSCHEIDT«. Namen und Daten der Verstorbenen werden an den niedrigen Mauerzungen angebracht, die beidseitig der Pylonen armartig ausgreifen, an der Parzellengrenze rechtwinklig umknicken und im Sockelbereich in Voluten auslaufen.

Als überraschend muß der nahe Bezug des Grabsteins zur zeitgleichen Architektur von Gropius und Meyer bezeichnet werden. Besonders die geböschten Pylonen erinnern an die am Hauptgebäude des Fagus-Werks zu beobachtenden Treppentürme – im Vorprojekt vom April 1911 sogar bis in die Detailausbildung des Dachabschlusses vergleichbar. Die Übertragung dieser Großform, deren geschlossener Umriß und hochaufstrebende Schräge gebieterische Monumentalität evoziert, auf ein etwa 160 cm hohes Grabmal erklärt sich aus ihrer Bedeutung als Pathosformel. Wie generell im Werk von

links:
Villa Hollborn
nach dem Umbau
Wohnhaus
Carl Benscheidt sen.
Werksfoto 1930er Jahre

Familiengrab Benscheidt

Gropius und Meyer zu beobachten, entbehren ihre Arbeiten aber jeder übersteigerten Inszenierung oder dimensionslosen Größe. Vielmehr behauptet sich das zurückhaltend schlichte Grabmal dank stimmiger Proportionen in einer ernsten und würdevollen Selbstverständlichkeit.

**Umbau und Einrichtung
Haus Benscheidt jr. 1923–1926**

Zum nachgerade klassischen Auftrag eines Fabrikherrn gehört seine Villa samt Ausstattung. Für Karl Benscheidt jr., der mit seiner Familie das Elternhaus der Ehefrau bewohnt, kommt jedoch ein Neubau nicht in Frage. Vielmehr läßt er das in den Jahren 1898/99 für den Schwiegervater, Musikdirektor Robert Linnarz, in der Alfelder Kaiser-Wilhelm-Str. 13 errichtete Haus in verschiedenen Bauetappen zwischen 1923 und 1926 raumweise durch das Büro Gropius neu ausgestalten.

Begonnen wird 1923 mit der Küche, die außer einem neuen Fußbodenbelag auch eine türhohe Verkachelung der Wände erhält.[2] Offenbar inflationsbedingt beschränken sich die Architekten auf minimale Eingriffe: Türrahmen und -blätter erfahren eine vereinfachende Überarbeitung; die alten Beschläge werden beibehalten und erst später gegen »Gropius-Klinken« ausgetauscht. Die Einrichtung besteht aus weiß lackierten Möbeln, deren Sitz- und Arbeitsflächen holzsichtig belassen sind. Schwarz setzen sich die zurückweichenden Sockelpartien und kugelförmigen Griffe ab. Ein auffallendes Detail bilden die über Eck gestellten Vorderbeine der Stühle. Wahrscheinlich werden diese Möbel nach Plänen aus Weimar in Alfeld hergestellt.

Sowohl das Buffet als auch das Hängeregal weisen typische Merkmale von Möbeln auf, die Gropius und Meyer vor dem 1. Weltkrieg für großbürgerliche Speise- und Herrenzimmer entwarfen. Hierzu gehörten der architektonische Charakter der Standmöbel sowie die abgerundeten (hier: abgeschrägten) Ecken und ausgreifenden Regalbretter. Eine blockhafte Schwere zeichnet, wie bereits bei der von Neufert entworfenen Einrichtung für die Werkswohnung Am Weidenknick beobachtet, die einzelnen Stücke aus.[3]

Nach der Küche folgt möglicherweise schon im Dezember 1923 die farbige Ausge-

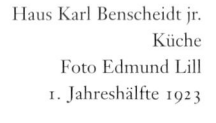

Haus Karl Benscheidt jr.
Küche
Foto Edmund Lill
1. Jahreshälfte 1923

Haus Karl Benscheidt jr. Skizze mit Farbangaben für das Eßzimmer, ca. 1923

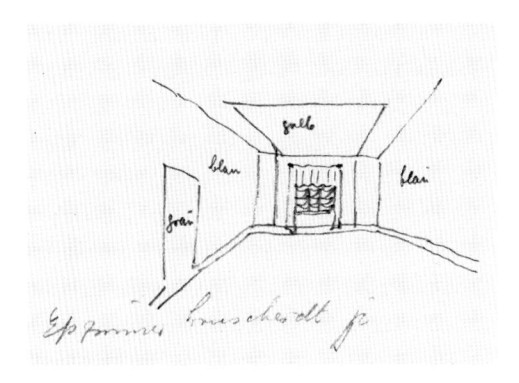

staltung von Speisezimmer und Salon durch die Werkstatt für Wandmalerei des Bauhauses.[4] Möbel scheinen Gropius und Meyer nicht für diese Räume entworfen zu haben. Aus dem Nachlaß von Gropius stammt aber ein als »Esszimmer C. Benscheidt jr.« bezeichnetes Blatt, das neben aufgeklebten Farbmustern und Stoffstücken auch eine kleine Innenraumperspektive aufweist. Der unsignierte und undatierte Entwurf sieht blaue Wände vor, wobei ein das Fenster umgebendes Feld und der Deckenspiegel sich lichtreflektierend in Gelb abheben. Türen und Fußleisten sollen grau gestrichen werden. Als Untergardine wird eine dünne, naturweiße Gaze, als Obergardine ein Stoff in einem kräftigen Ziegelrotton gewählt.

Aus Mai und Juni 1924 datieren die Zeichnungen zum Umbau des Eingangsbereichs samt Treppenaufgang und auskragendem flachen Vordach, außerdem des Windfangs, Treppenhauses, Flurs und Toilette sowie des Herrenzimmers. Das Baugesuch wird auf der Grundlage dieser Pläne allerdings erst über ein Jahr später, nämlich Ende August 1925, der Behörde unterbreitet. Im Innenbereich des Windfangs wählt man Solnhofer Platten als Bodenbelag und Schwarzglas als Wandverkleidung bis in 130 cm Höhe. Große Spiegelglasflächen in den Haustüren und Mattglastüren zum Salon und Speisezimmer gewährleisten einen lichtdurchfluteten Flur, der zudem mit einer Anzahl kubischer Beleuchtungskörper aus Mattglas in dünnem Nickelrahmen – manche in Wand und Decken eingelassen – ausgestattet ist. Zweckmäßige Einbauschränke mit Schiebetüren betonen den modernen Charakter.

Bereits kurz vor Weihnachten 1925 sind die Bauarbeiten zwar fertiggestellt, aber für die Möbel des Herrenzimmers liegen erst Skizzen vor. Im Laufe des Jahres 1926 werden der über 550 cm breite, eine gesamte Wand des Raums einnehmende schwarze Bücherschrank, vier Clubsessel auf Kugelfüßen mit einem niedrigen Tisch, ein rechteckiger, schwarz gestrichener Tisch und eine aus zwei übereinander angebrachten Glasplatten bestehende Deckenlampe geliefert. Insbesondere der Bücherschrank und die Ledersessel weisen in ihren schweren, aber zurückhaltenden Formen unmittelbar auf Möbel zurück,

Haus Karl Benscheidt jr. Flur im Erdgeschoß 1980er Jahre

Vom Grabstein zur Villa 125

die Gropius und Meyer vor dem 1. Weltkrieg entwarfen.

Weitaus moderner ist dagegen der schlichte, schwarz gestrichene Radioschrank für das Musikzimmer (Salon). Das heute im Besitz der Kunstsammlungen Weimar befindliche Stück wird wie der Bücherschrank im Herrenzimmer und die eingebauten Garderobenschränke im Flur durch den Dessauer Schreiner G. Lautenbach ausgeführt.[5] Zu den interessanteren Möbelstücken des Hauses Benscheidt zählt ferner die Ausstattung des Gästezimmers im Obergeschoß. Außer einem weiß gestrichenen kubischen Nachttisch und einer Waschkommode – beide ebenfalls von den Kunstsammlungen Weimar erworben – hat sich ferner eine Sitzgruppe, bestehend aus vier gepolsterten Stühlen und einem quadratischen Tisch, erhalten. Anhand stilistischer Merkmale können diese im Museum des Fagus-Werks ausgestellten Möbel um 1923/24 datiert werden.[6]

Das Haus Benscheidt sen. darf als die umfangreichste Ausstattung bezeichnet werden, die Gropius, z.T. noch in Zusammenarbeit mit Meyer, während der Bauhauszeit ausführte.

Haus Karl Benscheidt jr.
Sitzgruppe aus
dem Gästezimmer

Villenprojekte für Benscheidt sen. 1925/26

Auch der in einer Mietwohnung in der Nähe des Werkes lebende Benscheidt sen. trägt sich seit mehreren Jahren mit dem Gedanken an den Bau eines eigenen Hauses. Im Fagus-Archiv hat sich ein als »Verändertes Projekt zum Neubau eines Landhauses. Faguswerk Karl Benscheidt« bezeichneter Entwurf vom 1. Juli 1923 erhalten, der eine herkömmliche, der Zeit vor dem 1. Weltkrieg verhaftete Architektur zeigt. Die Tatsache, daß die Zeichnung durch einen Angestellten des Fagus-Werks angefertigt ist, legt die Vermutung nahe, daß Benscheidt sen. die kostensparende Umarbeitung eines Plans aus fremder Hand anstrebt, der auf seine Bedürfnisse zugeschnitten wird.

Wahrscheinlich verhindert die Inflation dieses Projekt. Aber die Tatsache, daß Benscheidt sen. ausgerechnet bei seinem eigenen Haus von Gropius und Meyer abrückt, die seit 1921 besonders durch Einfamilienhäuser auf sich aufmerksam machen, überrascht. Als Erklärung für Benscheidts Haltung ist sicher die in Briefen geäußerte Unzufriedenheit mit der Art und Weise der Projekt- und Baubetreuung und die Kritik an den hohen Honoraren zu werten. Seit der Bauhauszeit führt Gropius weder die Korrespondenz, noch kommt er besonders oft nach Alfeld. Auch der in seiner Doppelfunktion als Atelierleiter und Lehrer für Architektur am Bauhaus überlastete Adolf Meyer tritt selten in Erscheinung. Gropius schaltet sich nur bei Schwierigkeiten schlichtend ein und schreibt die Honorarrechnungen. Entscheidungen werden telefonisch gefällt.

Die Auseinandersetzungen kulminieren im Jahr 1924. Auf Benscheidts Vorhaltungen über das langwierige, oft umständliche und daher verteuernde Vorgehen des Büros, antwortet ihm Gropius, daß »es ganz selbstverständlich« sei, »daß eine Art der Durcharbeitung, die einen neuen pioniermäßigen Weg auf dem Gebiet des Bauens beschritten hat,

Landhausprojekt für Carl Benscheidt sen., 1923

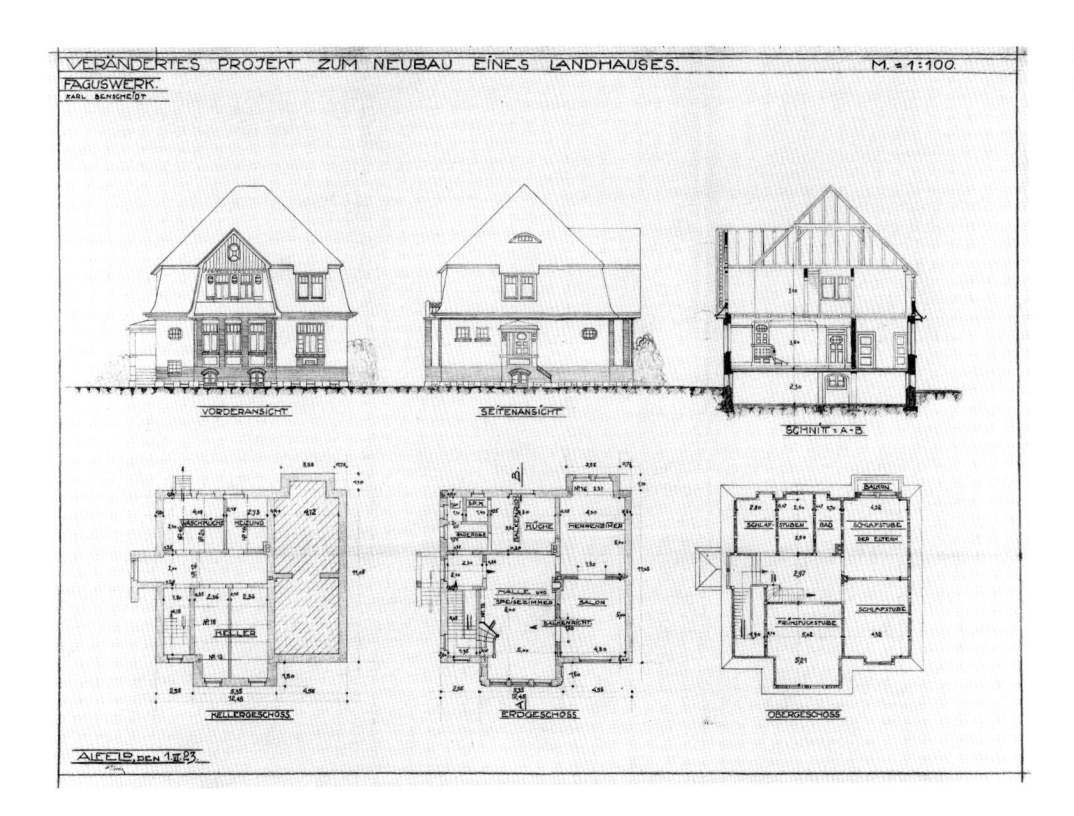

andere Vorarbeiten und andere Versuche verlangt, als der übliche alte Stiefel, der sich nur nach Schnelligkeit und Billigkeit richtet. Ich glaube, Sie können auch mit dem Werk, was wir Ihnen aufgebaut haben, zufrieden sein, da es geradezu im In- und Ausland als vorbildliche Fabrik Epoche gemacht hat. Das zu erreichen war nur möglich auf einem Wege der intensivsten Bearbeitung wie ich sie mit meinen Herren Ihrem Objekt habe angedeihen lassen. Das Bessere ist des Guten Feind und die guten Einfälle kann man sich nicht auf einen bestimmten Posttag bestellen.«[7]

Festzuhalten bleibt, daß Benscheidt sen. jedoch seit 1922 auch mit dem Einbecker Architekten Rudolph zusammenarbeitet. Dieser zeichnet nicht nur für den Entwurf des Wohnhauses für Angestellte des Fagus-Werks Am Weidenknick verantwortlich, sondern übernimmt auch den Umbau verschiedener Immobilien zu Wohnungen für die Arbeiterschaft. Diese Entscheidung dürfte für Gropius besonders schmerzhaft gewesen sein, denn er hat bereits 1911 versucht, Benscheidt sen. für den Bau einer Arbeitersiedlung nach dem Vorbild seiner 1909 entworfenen Wohnanlage für Gut Janikow zu gewinnen. Der Bauherr scheint aber einen vor Ort greifbaren Architekten zu wünschen, der sich persönlich um das Projekt kümmert, effizient arbeitet und bezahlbare Forderungen stellt.

Als Ergebnis dieser Auseinandersetzung muß man seitens des Büros von Gropius die 1923 erfolgte Übertragung der örtlichen Bauleitung an Ernst Neufert und dessen Übersiedlung nach Alfeld ansehen. Zwecks besseren gegenseitigen Verständnisses klärt er vor Ort die Ausgangslage ab, meldet diese nach Weimar, gegebenenfalls ergänzt durch erste Entwurfsskizzen. Das Büro Gropius arbeitet dann die endgültigen Pläne aus, deren Umsetzung Neufert in Alfeld überwacht.

Im Gegensatz zu seinem Sohn, der sich voll und ganz der Moderne verschrieben hat, scheint der Seniorchef die aufreibende und teure Zusammenarbeit mit Gropius und Meyer vorrangig als einen der Fabrik zugute kommenden Reklamewert anzusehen. Wenn Benscheidt sen. dennoch in den 1920er Jahren auch private Aufträge an das Büro Gro-

Vom Grabstein zur Villa

pius vergibt, so spricht dies dafür, daß er auch persönlich den avantgardistischen Bestrebungen gegenüber durchaus aufgeschlossen ist. Ein neo-biedermeierliches Landhaus, wie es der namentlich unbekannte Architekt 1923 in Vorschlag bringt, hätte auf dem ab 1925 avisierten Grundstück in unmittelbarer Nähe zum Fagus-Werk nicht bestehen können. Alleine schon aus Gründen der Einheitlichkeit gibt es keine Alternative zu Gropius und Meyer, auch wenn es aufreibender und aufwendiger ist, mit ihnen zu bauen. Vielleicht muß die Beauftragung eines anderen Architekten für das eigene Haus auch als ein kostengünstiges Gegenmodell verstanden werden, das der Bauherr als Argument und Druckmittel in die Diskussion einbringt.

Zunächst aber werden alle Pläne für ein Haus vertagt. Vielmehr beauftragt Benscheidt sen. im Jahr 1924 das Gropiussche Büro mit dem Entwurf für die Möblierung seines Wohnzimmers. Mit den übersandten – leider nicht erhaltenen – Skizzen scheint er offenbar nicht zufrieden, sondern wünscht die Anfertigung neuer Vorschläge. Zur Ausführung kommen dann lediglich ein Ledersofa, ein Ledersessel und ein runder Eichentisch. Spätestens im Frühherbst 1925 sind die Stücke fertiggestellt.[8] Von der Metallwerkstatt des Bauhauses bestellt Benscheidt sen. ferner drei Tischlampen, wobei es sich wohl um die sogenannte »Bauhauslampe« von Karl Jucker und Wilhelm Wagenfeld handeln dürfte.[9] Für das Herrenzimmer kommen aus der Weberei des Bauhauses außerdem eine Tischdecke und ein Kissen.

Seit Anfang des Jahres 1925 plant Carl Benscheidt sen., sich auf einem Grundstück in unmittelbarer Nähe zum Fagus-Werk eine Villa durch das Büro Gropius bauen zu las-

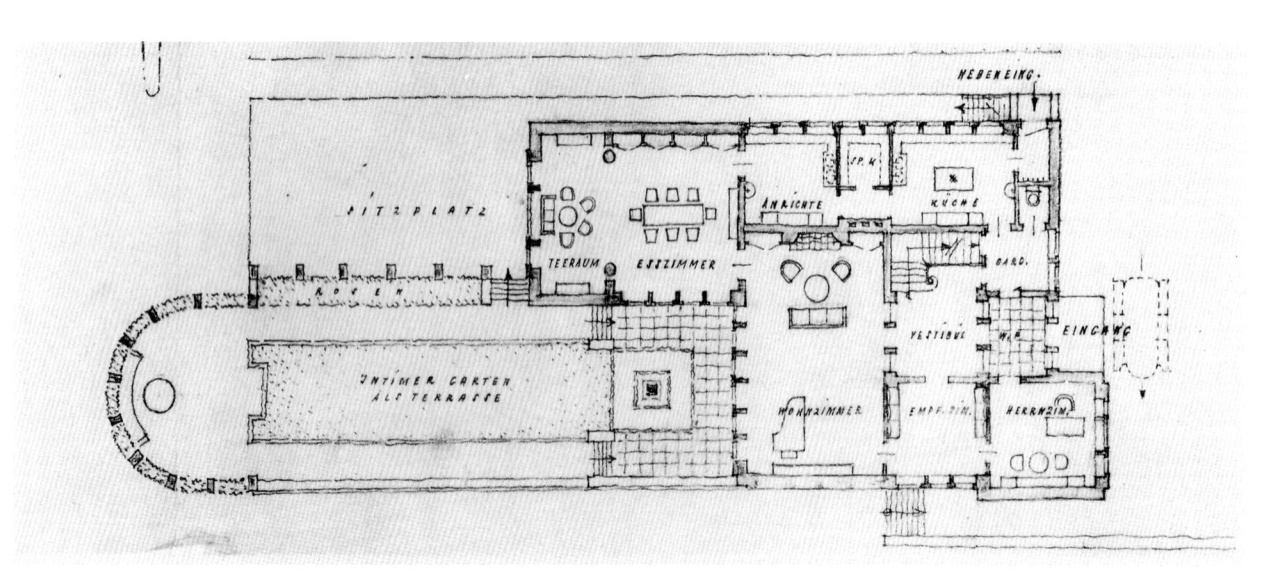

Haus Carl Benscheidt sen.
Entwurf Carl Fieger, 1925

128   Villenprojekte für Benscheid sen. 1925/26

Haus Carl Benscheidt sen.
Blick vom Bauplatz
auf das Fagus-Werk
Foto Edmund Lill
September 1923

sen. Im Februar und März 1925 sind Adolf Meyer, Ernst Neufert und Karl Fieger mit dem Projekt beschäftigt.[10] Möglicherweise gibt ein Entwurf mit Grundrißvariante aus dem Nachlaß von Karl Fieger diesen Planungsstand wieder. Es bleibt allerdings ungeklärt, ob die von Fieger signierten Zeichnungen einen Entwurf des Büros oder einen eigenen Vorschlag Fiegers darstellen. Letzteres scheint wahrscheinlicher.[11]

Vorgesehen ist ein zweigeschossiger Flachdachbau über L-förmiger Grundfläche. Herzstück des Hauses bildet der großzügige Wohnbereich, bestehend aus Musikzimmer, Eßzimmer und Teeraum, die gemeinsam einen ebenerdig angelegten kleinen Hof samt Skulptur zweiseitig umschließen. Die äußere Gestaltung weckt Erinnerungen an den 1921 entstandenen Entwurf von J. J. P. Oud für das Haus Kallenbach in Berlin. Insbesondere die nahezu geschoßhohen Fenster, die nur durch schmale Pfosten getrennt sind und durch ein fortlaufendes Betonkragdach horizontal zusammengefaßt werden, sowie die Gruppierung um einen kleinen Hof finden sich dort wieder.

Anfang April 1925 benachrichtigt Benscheidt sen. das Büro Gropius, daß er nun sein Wohnhaus auf dem gegenüber dem Fagus-Werk gelegenen Wahrberg errichten lassen möchte. Hier besitzt er ein weitläufiges Areal, das aus einer in den Berg reichenden Kiesgrube samt einer am Hang darüber befindlichen Obstplantage besteht. Hier oben soll das Haus, mit Blick aufs Fagus-Werk, errichtet werden – eine geradezu klassische Örtlichkeit für eine Fabrikantenvilla. Die neu anzulegende Straße, die den Berg in einer Serpentine erschließt, läßt die geschätzte Gesamtbausumme auf den sehr hohen Betrag von 150000 Mark steigen. Aus der teilweise erhaltenen Korrespondenz geht hervor, daß das Büro Gropius für diese Planungsstufe drei Varianten entwickelt, die sich jedoch nicht in zeichnerischer Form belegen lassen. Allerdings existieren aus dem Juni 1925 verschiedene Lagepläne für die Straßenerschließung, die zumindest den Hausumriß samt Gartenanlage in drei Fassungen wiedergeben.

Die interessanteste Variante zeigt ein Querrechteck als Hauptkörper, aus dem ein rechtwinklig positionierter und höher ausge-

Vom Grabstein zur Villa   129

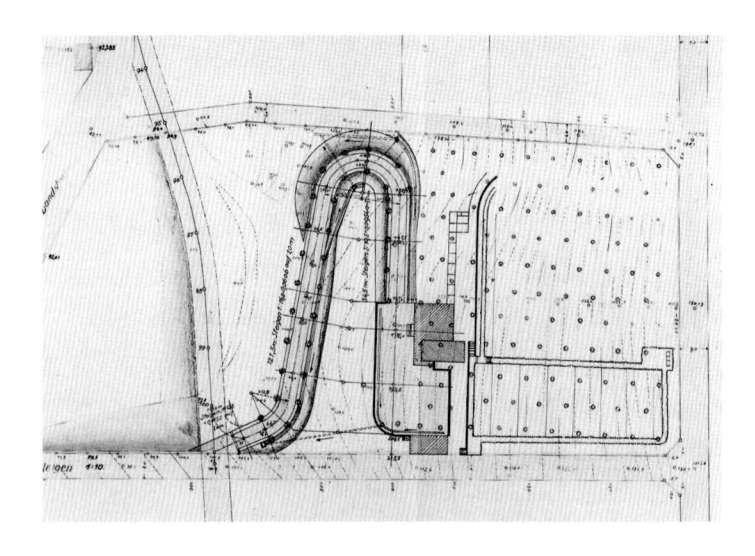

Haus Carl Benscheidt sen. Lageplanvariante, Juni 1925

bildeter Quader herausragt und rückseitig ausgreift. Sicherlich kann man davon ausgehen, daß das Haus ein flaches und zumindest zum Teil begehbares Dach erhalten soll. Vom Prinzip her zeigt der Umriß Ähnlichkeiten mit Gropius' eigenem Dessauer Haus, das zu dieser Zeit in Planung begriffen ist. Die beiden anderen Varianten des Benscheidtschen Hauses weisen ein einfaches Rechteck, beziehungsweise eine quadratische Grundfläche auf. Letzteres ist Teil einer nachgerade fortifikatorisch wirkenden Anlage auf einem künstlichen Plateau. Über der Kiesgrube situiert, hätte diese Wiederholung des Bergeinschnitts zweifelsohne eine imposante Kulisse für das Haus geboten.

Benscheidt ist wiederholt unzufrieden über die Arbeitsweise von Gropius, der Änderungen am Grundriß vornimmt, ohne Rücksprache zu halten und ohne auf Wünsche einzugehen. Zudem sieht er im großen zeichnerischen Aufwand, der mit den Varianten des Vorprojektes betrieben wird, einen kostentreibenden Faktor. Gropius antwortet hierauf: »(...) sie schreiben, daß es keinen zweck hätte, ansichten von der außenseite des hauses zu malen, bevor wir uns nicht endgültig über die grundrisse klar seien. es wäre ein unverantwortliches vorgehen des architekten, einen grundriß ohne aufriß zu entwerfen. ein haus ist doch ein organismus, der grundriß nur die projektion dieses gesamt-körpers. deshalb ist die vorarbeit eine so verwickelte, weil jeder grundriß dreidimensional gedacht werden muß.«[12]

Im November 1925 liegt seitens des Büros von Gropius der Entwurf fertig vor und bedarf nur einer letzten Abstimmung mit Benscheidt. Hierfür bittet ihn Gropius, zusammen mit seiner Frau nach Dessau zu reisen, damit er ihnen dort die im Rohbau befindlichen Meisterhäuser und das Haus des Bauhaus-Direktors – sozusagen als Vorgeschmack auf das eigene – ausführlich zeigen kann. Da Benscheidt jedoch zum Vorsitzenden einer Gläubigergruppe ernannt wird, findet er keine Zeit für den Besuch. Zugleich meldet er erste Zweifel daran, daß er bei der momentan stagnierenden Wirtschaftslage wird bauen können.

Man trifft sich Anfang Dezember 1925 in Alfeld, verschiedene kleinere Änderungen werden besprochen. Erste Preisangebote von Firmen treffen ein, aus denen hervorgeht, daß der Bau in Sichtmauerwerk ausgeführt werden sollte – vermutlich in den gleichen ledergelben Verblendern wie das Fagus-Werk, um den optischen Bezug zur gegenüberliegenden Fabrik herzustellen.[13]

Im Juni 1926 berichtet Benscheidt, daß er momentan nicht liquide sei, aber bald hofft, über größere Summen zu verfügen. Deshalb muß das Projekt bescheidener ausfallen. Die Gesamtbausumme der Villa wird jetzt auf immer noch stattliche 120000 Mark reduziert. Anläßlich der Eröffnung des Dessauer Bauhaus-Gebäudes am 6. Dezember 1926, an der Benscheidt sen. teilnimmt, kommt es wohl zu weiteren Vereinbarungen. Zu Weihnachten erhält er dann ausgearbeitete Pläne in drei Varianten für sein Haus zugeschickt. Die Feiertage nutzen Benscheidts, um die – heute nicht mehr erhaltenen – Zeichnungen gründlich zu studieren. Sie bemängeln, daß Gropius sich wiederum nicht an besprochene Punkte gehalten hat, sondern neue Vorschläge unterbreitet. Ende Februar 1927 bittet Benscheidt sen. dann Gropius darum, ihn aus der vertraglichen Verpflichtung zu entlassen, da die finanziellen Verhältnisse den Bau eines Hauses nicht mehr gestatten. Pläne für die Villa Benscheidt sen. werden von beiden Seiten nicht mehr verfolgt.

Umbau der Villa Hollborn 1927/28

Noch im selben Jahr entscheidet sich Carl Benscheidt sen., die seit etwa 1922 in seinem Besitz befindliche, an Mitarbeiter des Fagus-Werks vermietete Villa Hollborn als Wohnsitz umbauen zu lassen. Der Auftrag geht allerdings nicht an das Büro Gropius, sondern an Ernst Neufert. Offenbar ist Benscheidt derart unzufrieden mit dem unkooperativen Verhalten von Gropius, daß er lieber dessen ehemaligen Atelierleiter engagiert. Der junge Professor der Staatlichen Bauhochschule Weimar ist begierig auf Aufträge und seine dem Bauherrn wohl bekannte pragmatische Effizienz verspricht schnelle Entscheidungen, einen reibungslosen Ablauf und eine fristgerechte Fertigstellung.

Die aus dem späten 19. Jahrhundert datierende Villa liegt inmitten eines von außen uneinsehbaren Grundstücks in größerer Entfernung vom Fagus-Werk. Außer einem aus Treppe und Windfang bestehenden Vorbau am Hauseingang, einer rückwärtigen Glasveranda mit Zugang zum Garten, der Anfügung eines Balkons und neuen Fenstern nimmt Neufert keine Veränderungen am Außenbau vor. Diese fallen architektonisch so zurückhaltend aus, daß sie den Charakter des Hauses kaum verändern. Leider gibt die dürftige Quellenlage bezüglich der inneren Ausgestaltung nicht mehr Informationen preis als neue Edelholztüren und Einbauschränke. In weniger als einem Jahr Bauzeit ist das Haus Ende 1928 bezugsfertig. Auch die von Neufert für das Eßzimmer, das Schlafzimmer und Fremdenzimmer entworfenen und durch einen Tischler in Münder bei Hannover angefertigten Möbel werden fristgerecht angeliefert.[14]

Villa Hollborn nach dem Umbau Wohnhaus Carl Benscheidt sen. Gartenseite Werksfoto 1930er Jahre

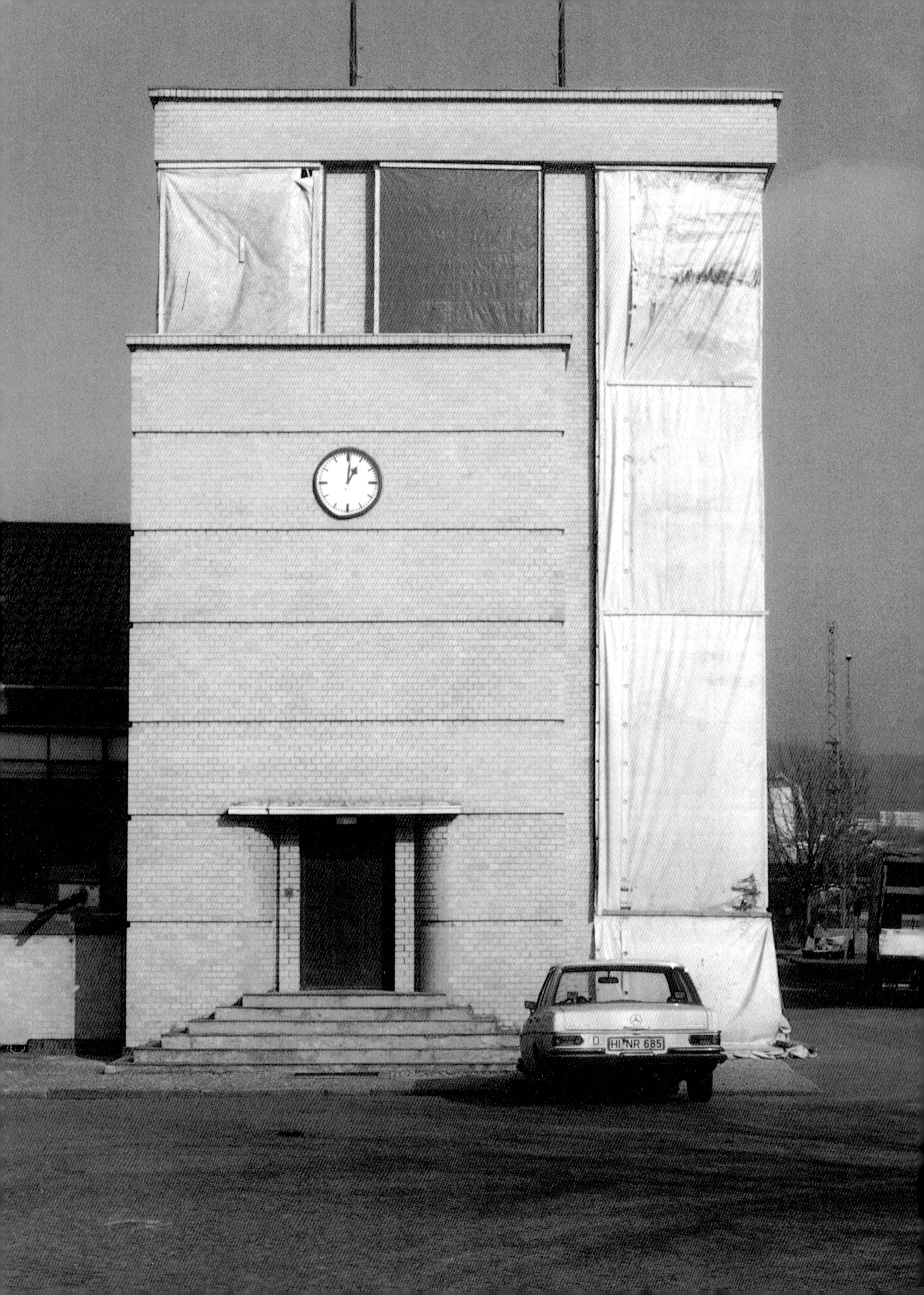
D
HI NR 685

Das Fagus-Werk als Pflegefall

von Jürgen Götz

Konstruktion und Bauerhaltungsmaßnahmen im Überblick

Das Fagus-Werk war nie ein Gebäudekomplex, dessen Unterhaltung einfach war. Das beredteste Zeugnis dafür ist das Unterkonto »Bauerhaltung« im sogenannten Kontenbuch des Büros Gropius, das Mitte der zwanziger Jahre relativ hohe Beträge für diese Tätigkeit ausweist: Selbst die erst eineinhalb Jahrzehnte alte Anlage bedurfte offenbar aufwendiger, vom Architekten betreuter Pflege. Bei der Wertschätzung, die Benscheidt senior und junior ihrem Werk entgegenbrachten, verwundert die Sorgfalt, mit der die Bauten unterhalten wurden, nicht. 1939–45 war dieser Standard zwar vorübergehend nicht zu halten, Gebäude und Maschinenpark kamen aber unbeschädigt durch den Krieg. Der Erhaltungszustand der Gesamtanlage war so gut, daß man sie 1946 unter Denkmalschutz stellte: angeblich, um einer Demontage zuvorzukommen. Es war wohl die erste Unterschutzstellung eines Gebäudes der frühen Moderne in Deutschland, wenn vielleicht auch keine im Sinne des damaligen Denkmalschutzes. Im Bewußtsein der historischen Bedeutung des Baus, der durch das schmale Bändchen von Nikolaus Pevsner *Pioneers of the Modern Movement* international bekannt geworden war, unterzog Karl Benscheidt das Werk deshalb in den Nachkriegsjahren einer gründlichen Renovation. Als Walter Gropius es 1951 auf seiner zweiten Deutschlandreise nach 1945 besuchte, fand er es in gutem Zustand vor.

Das Wirtschaftswunder der fünfziger Jahre machte die Finanzierung solcher Arbeiten möglich. Als sich zehn Jahre später das Blatt wendete, gingen die Summen dafür zurück, notwendige Baumaßnahmen wurden aufgeschoben. Besonders in den 70er Jahren wurde jedoch klar, daß in einigen Bereichen mit grundlegenden Arbeiten nicht länger gewartet werden könnte. Die Schäden waren jedoch äußerlich nicht so recht sichtbar, wenn man einmal von den auffälligen Roststellen an den Stahltafeln der Fenster absah. Für den Besucher bot das Werk immer noch einen relativ respektablen Anblick; die Schäden an den Dächern, die Mauerwerksrisse an den Brüstungen und die Putzschäden am Lagerhaus nahm er kaum wahr.

Schon für den damals stets willkommenen und zunehmend architekturgeschichtlich geschulten Besucher des Werkes waren die großen Fenster das herausragende Gestaltungsmerkmal. An dieser Sicht auf den Gebäudekomplex war die Kunstgeschichte nicht ganz unschuldig. Die von ihr betriebene Reduktion der Gesamtanlage auf das Hauptgebäude – und hier noch besonders auf die Verglasung – haben dazu geführt, daß sich in der Öffentlichkeit die Restau-

links:
Hauptgebäude
während der
Renovierung
1990

rierung des Werkes als eine seiner Fenster darstellte. Hierbei wurden jedoch Zusammenhänge vernachlässigt, die im folgenden nachgezeichnet werden sollen.

Ästhetisch sind die einzelnen Gebäudeteile des Fagus-Werks, das Hauptgebäude, der Arbeitssaal, die Trockenanlagen sowie Lagerhaus und Sägerei, als selbständige Einheiten ausgebildet, bautechnisch jedoch sind sie untereinander verbunden. So trägt die Rückwand des Hauptgebäudes nicht nur die Träger für die Deckenbalken der Geschoßfußböden, sondern auf der anderen Seite liegen zusätzlich auf Konsolen die Balken des Holzsprengwerks vom Arbeitssaal auf. Diese Konsolen werden aus verlängerten, durchgesteckten Deckenunterzügen des Hauptgebäudes gebildet. Dasselbe Auflager findet sich auf der Seite des Trockenhauses. Daraus ergeben sich statische Stabilitätsprobleme in Form kinematischer Ketten, die mathematisch-statisch nicht stabil gelöst sind; es wurde lediglich ein teilstabiler Zustand erreicht. Durch einzelne Wandscheiben wurde eine statische Aussteifung hergestellt, die aber nicht ausreichend ist. Diese Ausbildung von teilkinematischen Ketten führt zu vielen Bauschäden, besonders bedingt durch die viel zu starken Verformungen des Gebäudes.

Das Hauptgebäude hat einen stabilen Keller mit flachen Kappen aus unbewehrtem Stampfbeton, der allerdings mit dem konstruktiv sehr ungünstigen Leinekies ausgeführt wurde und deshalb für große Einzellasten nicht hochbelastbar ist. Darüber ist das Hauptgebäude als reiner Mauerwerksbau mit elastisch aufgelagerten Stahl-Holzdecken ausgeführt. Diese Decken sind auf der Unterseite mit einer Schalung versehen und auf der üblichen Rohrlage verputzt. Die Fußböden bilden Dielen auf Lagerhölzern, die keinen Einschub zwischen den Deckenbalken erhielten. Die Decken im Hauptgebäude sind somit generell nicht als Scheibe ausgebildet, können also keine ausreichende versteifende Funktion übernehmen, was kaum von Belang wäre, gäbe es die in den Zeichnungen aufgeführte, abschließende versteifende Betondachdecke über dem zweiten Obergeschoß. Aber diese wurde in beiden Bauabschnitten nicht eingebaut. Über der Decke des zweiten Obergeschosses befindet sich deshalb ein großer Hohlraum, der nicht winddicht war und somit zu erheblicher Kondensatbildung neigte, die besonders im Bereich des Haupttreppenhauses mit seinen zwei auskragenden Ecken große Schäden an der Dachkonstruktion angerichtet hat. Die im Laufe der Jahre brüchig gewordene Dachhaut und eine undicht gewordene innenliegende Dachentwässerung taten ein übriges.

Die Attika des Hauptgebäudes ist fugenlos und ohne eine damals für dieses Konstruktionsglied noch weitgehend unbekannte Wärmedämmung ausgebildet. Sie ist mit 46,5 m an der

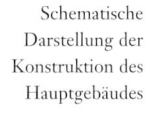

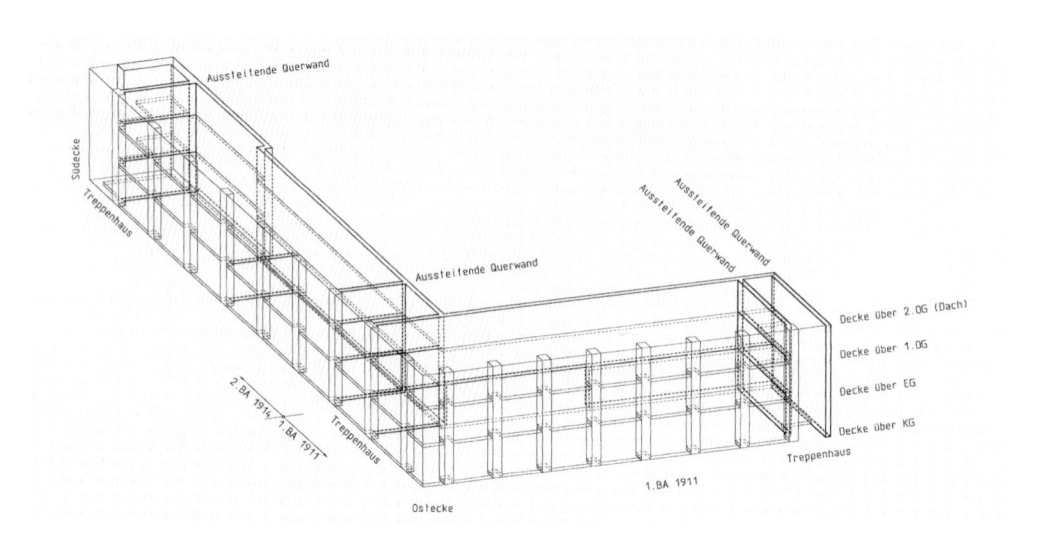

Schematische Darstellung der Konstruktion des Hauptgebäudes

Südostseite viel zu lang. Die daraus resultierenden erhebliche Längenänderungen der innen liegenden Stahlträger führten zu Rißbildung und Fugenauswaschungen, die Regenwasser eindringen ließen. Dies verursachte eine starke Aufrostung der Träger, was den Prozeß weiter voranschreiten ließ.

Die Fundamente der Pfeiler des Hauptgebäudes werden bei weitem überbeansprucht. Das führte zu Nachverdichtungen des Baugrundes und in der Folge zu zahlreichen Rissen im Brüstungsmauerwerk. Der hohe Grundwasserstand in der Nähe der Leine fördert darüber hinaus die Übertragung der Erschütterungen, die vom Verkehr auf der wichtigsten Nord-Süd-Strecke der Bahn ausgehen. Bis in die sechziger Jahre hinein waren die Schienenstöße nicht verschweißt: die davon und von den zahlreichen Weichen im Bahnhofsbereich Alfeld ausgehenden Erschütterungen übertrugen sich direkt auf das Gebäude. Ihre Verschweißung 1961–64, der insgesamt nachlassende Bahnverkehr sowie der Neubau der Alfeld umfahrenden ICE-Strecke weiter östlich haben diese Entwicklung glücklicherweise zur Ruhe kommen lassen.

Verglichen mit dem Hauptgebäude sind alle anderen Gebäude bautechnisch wesentlich einfacher gestaltet. Dies gilt zum Beispiel für das Trockenhaus, einem einfachen Mauerwerksbau mit Zwischendecke und Flachdach, dem Hauptarbeitssaal, dessen hölzerner Dachstuhl als gereihte Sprengwerke mit Oberlichtern auf gußeisernen Stützen ruht. In der Bautechnik konventionell ist auch die Schmiede, ebenfalls ein reiner Mauerwerksbau mit Sprengwerksdachkonstruktion, und der Kohle- und Spänebunker, bei dem ein Mauerwerksbau um eine Betonkonstruktion mit massivem Flachdach zur Aufnahme des Brennmaterials ergänzt wurde. Einen Sonderfall bildet das Kessel- und Maschinenhaus, das eine Mischbauweise aus stählerner Ständerkonstruktion und Mauerwerksbau darstellt und im Maschinenhaus in großflächige Fenster aufgelöst wurde. Das volumenmäßig größte Gebäude des Fagus-Werks, das Lagerhaus, ist eine verhältnismäßig aufwendige, mehrgeschossige Fachwerkkonstruktion auf gemauertem Sockel, in dem die Rohleisten zum Trocknen teilweise mehrere Jahre lagerten. Seine Konstruktion wurde so ausgebildet, daß sie sowohl das hohe Gewicht von Millionen darin lagernden Leisten – in der Summe fast 15 Meter hoch gestapelt – aufnehmen als auch bei totalem Lichtabschluß die Luftzirkulation in den fünf inneren Geschossen zum Abtransport der Holzfeuchte gewährleisten konnte. Die Außenhaut des Lagerhauses bildet ein dicker Rauhputz mit Leinekieseln, der mit horizontalen Nuten strukturiert ist.

Die Fenster des Hauptgebäudes sind das Markenzeichen des Fagus-Werks: ihnen ist in der Literatur seit den späten zwanziger Jahren besondere Aufmerksamkeit zuteil geworden. Die Fenster selbst sind Stahlkonstruktionen, bestehend aus einem aus L-Profilen zusammengesetzten Laibungsrahmen mit einer Binnengliederung aus unterschiedlich ausgebildeten Horizontal- und Vertikalsprossen, wobei die Vertikalsprosse in der Außenansicht immer die schmälere ist, die horizontal eingesetzte die breitere. Diese Rahmen waren jeweils nur geschoßhoch und an allen vier Seiten mit dem Bau verschraubt; eine über drei Geschosse gehende Fensterbahn bestand aus drei unterschiedlichen Teilen. Im seitlichen Bereich mit ihren geböschten Pfeilern schließen 3 mm dicke Stahlplatten den Keil zwischen Fensterkonstruktion und Mauerwerk. Die Scheiben bestanden aus 4–5 mm starkem Bauglas, die in einen dicken Kittfalz eingelegt wurden. Der konstruktive Aufbau fiel in beiden Bauabschnitten sehr unterschiedlich aus. Die Fenster für den ersten Bauabschnitt bestehen aus handelsüblichen T- und Doppel T-Profilen aus Stahl, die miteinander vernietet oder verschraubt sind. Dabei sind die aus Doppel T-Profilen bestehenden Vertikalsprossen mit dem Rahmen vernietet, die Horizontalsprossen aus einfachen T-Profilen durch den Steg der Vertikalsprosse nur durchgesteckt, aber mit Hilfe der zusätzlich angeschraubten Befestigungselemente für die schachbrettartig versetzt eingefügten

Kippflügel für die Lüftung bzw. für die Bleche im Brüstungs- und Deckenbereich mit diesen fest verbunden. Das ergab eine zwar gestalterisch nicht sehr differenzierte, aber insgesamt relativ stabile Konstruktion.

Während die Fenster des ersten Bauabschnittes durch eine Berliner Stahlbaufirma hergestellt worden sind, die im Industriebau tätig war, stammen die des zweiten Bauabschnittes von einer Spezialfirma für derartige Verglasungen. Die Düsseldorfer Firma Fenestra ließ jahrzehntelang spezielle Profile für sich auswalzen, aus denen sie ihre Fenster zusammenbaute, die in den Profilen wesentlich schlanker ausfielen und deshalb in den 20er Jahren besonders beliebt waren. Bei mehreren Bauten Mies van der Rohes aus dieser Zeit kann man sie noch heute bewundern. Am Fagus-Werk wurden die Horizontalsprossen aus zwei ineinander geschobenen U-Profilen ausgebildet, bei denen die optisch durch eine beidseitige Hohlkehle besonders schmal wirkenden senkrechten Sprossen in einen Schlitz gesteckt und danach gestaucht wurden. Der Raumlüftung dienten vier mittig eingesetzte Wendeflügel. Diese im Gegensatz zum ersten Bauabschnitt entscheidend veränderte Konstruktion wirkte zwar in ihrer Unterscheidung zwischen breiteren Horizontal- und schmäleren Vertikalsprossen und den stimmig in den Gesamtaufbau eingefügten Wendeflügeln sehr elegant, sie erwies sich jedoch als weniger stabil. Beide Konstruktionen sind statisch unterdimensioniert; dies trifft insbesondere für die freie Südecke zu.

Hauptarbeitssaal, Kessel- und Maschinenhaus, aber auch die kleine Gleiswaage haben gußeiserne Fenster, die von der ganz in der Nähe des Fagus-Werks angesiedelten Firma Wesselmann aus handelsüblichen Eisenprofilen zusammengenietet und -geschraubt wurden. Diese trotz ihrer Größe vergleichsweise einfachen Fenster haben sich über Jahrzehnte gut bewährt, da Gußeisen weniger korrosionsanfällig ist als Stahl.

Die Konstruktionen der großen Fensterbahnen bereiteten dagegen schon früh Probleme. Auf vor 1919 aufgenommenen Fotos kann man ersten Rostansatz erkennen; ein 1923 aufgebrachter Anstrich erwies sich als unbrauchbar und mußte im Jahr darauf erneuert werden. Ernste Schwierigkeiten stellten sich 1931 ein, als Karl Benscheidt dem Büro Gropius folgendes berichten mußte: »Es machen sich jetzt an den großen schmiedeeisernen Fenstern meines Hauptgebäudes starke Rostanfressungen bemerkbar. Vor allen Dingen zeigt sich der Rost zwischen den einzelnen Profilen, wo dieselben zusammengenietet sind. Am schlimmsten ist dieses im neuen Treppenhaus, an welchem sich die Uhr befindet.

Ich wollte jetzt die Fenster in diesem Treppenhaus von innen streichen lassen und dabei stellt sich heraus, dass die Rostanfressungen teilweise schon so weit vorgeschritten sind, dass einzelne Fenster auseinander genietet werden müßten, wenn man den Rost entfernen will. Einige Blechtafeln müssen ausgewechselt werde, dieselben schon durchgerostet sind.

Ich habe mich inzwischen mit der Firma Fenestra-Crittal (...) in Verbindung gesetzt und erhalte jetzt ein Schreiben von derselben (...). Ich bin ganz erstaunt darüber, dass die Firma es für zweckmäßig hält, nach einer so langen Zeit die Fenster durch neue zu ersetzen. Ich halte 15 Jahre nicht für eine lange Zeit. M.E. müßten die Fenster mindestens eine doppelte Lebensdauer haben.«

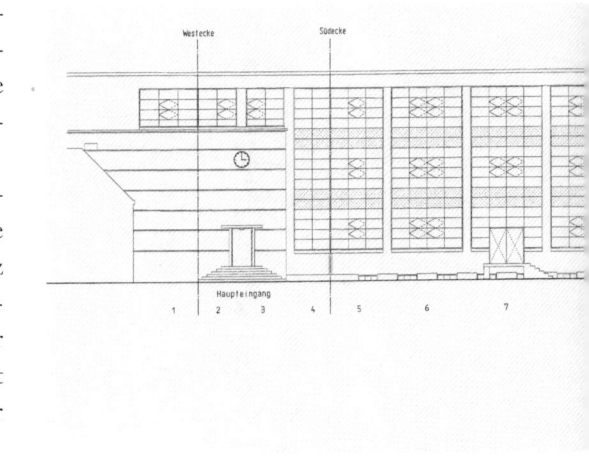

Gropius intervenierte daraufhin beim Düsseldorfer Lieferanten, mit welchem Ergebnis ist leider nicht belegt. Bemerkenswert ist, daß schon zu dieser Zeit die später markant zutage tretenden Schadensbilder aufgeführt werden, der Kosten- und Zeitaufwand ihrer Beseitigung benannt wird und der Hersteller klar auf die begrenzte Lebensdauer der Fenster verweist.

Nach allem, was wir heute wissen, sind an beiden Fassadensystemen des Hauptgebäudes in den folgenden Jahren nicht nur Entrostungen und Neuanstriche in der beschriebenen Weise durchgeführt worden, sondern auch einzelne Sprossen, ja sogar ganze Fassadenteile ausgewechselt worden. Im einzelnen ergaben sich folgende Schadensbilder:

- Die ältere Fensterkonstruktion der Firma Hirsch erwies sich insgesamt als recht solide, war jedoch auch bei bester Pflege an den Kreuzungspunkten von Horizontal- und Vertikalsprossen rostanfällig. Besonderen Bedingungen ausgesetzt waren die Fensterteile im Bereich der Geschoßdecken, wo sie nicht nur mit dem zwischen den Pfeilern eingesetzten auskragenden Massivdeckenteil, sondern auch untereinander mit Bolzen verbunden waren. Hier müssen die Teile heftig gegeneinander gearbeitet haben, so daß Spalten entstanden, die einen überdurchschnittlichen Rostansatz bis hin zur völligen Durchrostung der stärkeren Rahmenprofile ermöglicht haben. Dabei wurde häufig auch die rahmende U-Profile der zwischen den Pfeilern auskragenden Stampfbetonplatte stark in Mitleidenschaft gezogen.

- Die Konstruktion der Firma Fenestra ist schwächer dimensioniert und durch ihren Einbau an der Südost- bzw. Südwestseite des Hauptgebäudes dem Wind, der Sonne und dem Schlagregen besonders ausgesetzt, was ihre Lebensdauer negativ beeinflußt haben dürfte. Zudem wirkt sich bei ihr die Zugigkeit des Gebäudes unvorteilhaft aus: Durch den hohen Saugdruck der Späneabsaugvorrichtungen entstand im Arbeitssaal ein Unterdruck, der sich beim Öffnen der Tür zum Hauptgebäude auf dieses übertrug und – wie alte Mitarbeiter unabhängig voneinander berichteten – die Fassade nach innen bog; flog aufgrund des starken Zuges eine Tür krachend ins Schloß, bog sich die Fassade deutlich sichtbar nach außen. Dadurch entstand eine erhebliche Reibung an den Stauchstellen der Vertikalsprossen, die den dort vorhandenen Rostschutzanstrich abrieb, das Eintreten von Wasser ermöglichte und zusammen mit dem häufig auftretenden Schwitzwasser einem erheblichem Rostansatz auch im Inneren der nicht belüfteten Profile bis hin zur völligen Durchrostung Vorschub leistete. Vor der Erneuerung hat in einigen Fällen nur noch der reichlich verwendete Kitt die Fenster zusammengehalten. Im Bereich der eingebauten Wendeflügel setzte sich ebenfalls mit der Zeit so viel Rost fest, daß die Flügel zum Teil nicht mehr geöffnet oder ge-

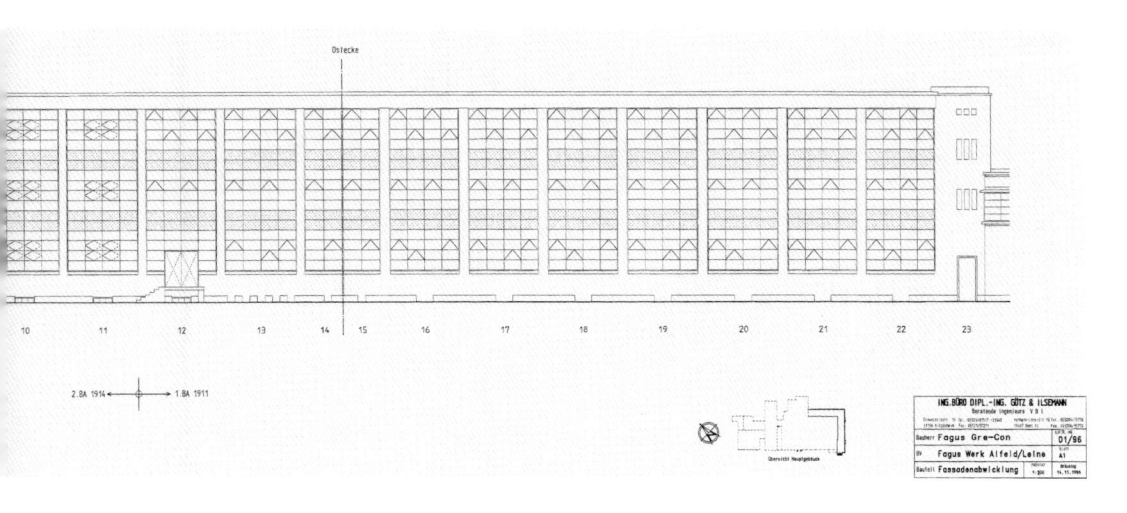

Abwicklung der Fassaden des Hauptgebäudes

schlossen werden konnten. Dies wiederum verstärkte die am Bau bereits vorhandenen erheblichen Zugerscheinungen.
- Dieser starke Zug mag zusammen mit dem Winddruck, der auf den Fenstern lastet, und einem Absacken der auskragenden Massivdeckenteile dafür zuständig sein, daß viele Fassadenelemente sich, einem Kartoffelsack ähnlich, zur Mitte hin nach vorne durchgebogen haben; dies ist in unteren Bereich besonders auffällig und kann sich bis zum Rahmenprofil fortsetzen. Diese Verformungen zeigen, welche starken Kräften auf die Fensterelemente gewirkt haben.
- Besondere Probleme verursachten die Verglasungen der Treppenhäuser, denn hier standen keine Geschoßdecken zur Verfügung, an denen die einzelnen Felder hätten angeschraubt werden können, so daß eine über drei Stockwerke gehende Verglasung entsteht, die allerdings die Verblechungen auf Höhe der Brüstungen und Geschoßdecken fortführt. Im Treppenhaus des ersten Bauabschnitts hat man versucht, durch hintergeschraubte Stahlprofile die Vertikalsprossen zu verstärken, was sich bis heute als effektive Maßnahme erwiesen hat. Anders sieht die Situation im Bereich des Haupttreppenhauses aus, denn hier mußte die Verglasung stützenlos um die Südecke herumgeführt werden. Diese Ecke ist durch ihre Ausrichtung besonders der Witterung ausgesetzt. Anders als die Konstruktion im alten Treppenhaus wurden hier aber offenbar keine zusätzlichen Verstärkungen eingebaut, so daß die Teile dieses Fassadenabschnitts besonders starken Verformungen ausgesetzt war, was zu den oben erwähnten erheblichen Schäden führte. Leider ist nicht überliefert, welche Maßnahmen damals zur Wiederherstellung getroffen worden sind, doch scheinen sie die Probleme nicht beseitigt zu haben, denn ehemalige Betriebsmitglieder des Werkes berichteten von einer weitgehenden Auswechslung dieser Ecke in den fünfziger Jahren. Da die Unterlagen dazu heute fehlen, kann nicht mehr nachgewiesen werden, wie weit die Überarbeitung ging, doch sind heute die ursprünglich eingebauten Drehflügel auf Höhe der Podeste nicht mehr vorhanden.
- Ein vergleichbarer Austausch der Fassadenteile ist auch für das Maschinenhaus nachweisbar. Bei der kürzlichen Renovierung mußte im Vergleich mit alten Fotos festgestellt werden, daß die heute dort vorzufindende Stahlfassade nicht mehr die ursprüngliche ist. Auch hier ist während des 1. Weltkriegs eine eiserne Fassade eingebaut worden – dies legen jedenfalls die Fotos wie auch die Anschlüsse an die großen gußeisernen Fenster des Kesselhauses nahe. Wann dieser sich aus dem Befund ergebene Austausch vorgenommen wurde, der auch – heute noch für jedermann sichtbar – den Eckpfosten umfaßte, läßt sich mangels Unterlagen nicht mehr feststellen; auch alte Werksmitglieder haben daran keinerlei Erinnerung.
- Wie sehr durch Bauunterhaltungsmaßnahmen bereits in den ursprünglichen Bestand der Fensterkonstruktionen eingegriffen worden war, zeigte sich beim sorgfältigen Entfernen des gesamten Farbanstriches des obersten Elementes von Bahn 17 für Ausstellungszwecke 1994: Bei der Beseitigung konnten hier nicht nur sehr unterschiedliche Stahlsorten festgestellt werden, die auf den Ersatz einzelner Teile hindeuten, sondern es wurden auch zusätzliche Vernietungen und Verschraubungen sichtbar, die der Stabilisierung im Bereich der Fensterklappen dienten. Das untere L-Profil des Rahmens wurde wahrscheinlich wegen Durchrostung zu einem nicht mehr feststellbaren Zeitpunkt gegen ein geringer dimensioniertes ausgetauscht, die Blechtafeln erneuert. Alle neuen Verbindungen wurden durch Punktschweißen hergestellt. Wie weit für diese Arbeiten die gesamte Fensterbahn herausgenommen werden mußte, welchen Umfang die Arbeiten insgesamt hatten oder ob es sich

um einen isolierten Einzelfall handelte, läßt sich mangels Unterlagen heute nicht mehr klären. Dies mag ein Beispiel dafür sein, welchen Pflegeaufwand die Fassade von Anfang an benötigte.

In den frühen achtziger Jahren hatten die sichtbaren und unsichtbaren Schäden ein solches Ausmaß angenommen, daß unmittelbarer Handlungsbedarf bestand. Zunächst stellte ein Hildesheimer Ingenieurbüro fest, die Rißbildung am Bau sei weitgehend zur Ruhe gekommen. Fundamentverstärkungen, die im Sanierungsfall zuerst vorzunehmen wären, seien nicht notwendig. Besondere Sorgen bereitete damals das Hauptgebäude. Die Instandsetzung mußte hier beginnen. Relativ unumstritten war die Sanierung des Daches, bei der auch gleichzeitig die fehlende aussteifende Dachscheibe oberhalb des zweiten Obergeschosses eingebaut wurde, um das Hauptgebäude in seiner baulichen Substanz zu stabilisieren. Ohne diese Maßnahme würde sich eine Wiederherstellung der Fensterelemente als sinnlos erweisen, da sich auf Grund der allseitigen Verschraubung der Elemente jede Verformung des Gebäudes unmittelbar auf sie übertrug, was zu einer jährlichen Glasbruchrate von ca. 40 Scheiben führte.

Über die Instandsetzung bzw. Erneuerung der Fensterelemente entspann sich 1984/85 eine hitzige Diskussion, die sich bis heute nicht gelegt hat, denn zu sehr trafen hier die akademischen Vorstellungen einer idealtypischen Denkmalpflege an einem Baudenkmal von Weltrang auf die praktischen Notwendigkeiten zum Erhalt eines Baues und der darin stattfinden Produktion, die, was selten genug der Fall ist, auch 75 Jahre nach Errichtung immer noch dieselbe ist. Die Denkmalpflege war ursprünglich davon ausgegangen, man könne die Fenster nach einer gründlichen Aufarbeitung wieder einsetzen, mußte aber nach einer intensiven Befundaufnahme einsehen, daß viele Teile im Bestand zu angegriffen waren, um sie erneut zu verwenden. Die Frage, ob es sich bei den vorhandenen Elementen um die originalen aus der Erbauungszeit handelte, konnte damals noch nicht gestellt werden, da von keiner Seite darauf hingewiesen worden war. In jedem Fall waren die Reparaturen und Auswechslungen so unauffällig durchgeführt worden, daß ein Erkennen auf den ersten Blick nur selten möglich war.

Während diesen Untersuchungen meldeten sich die Nutzer zu Wort und forderten eine nachhaltige Verbesserung der Arbeitsbedingungen in den Büroräumen: Arbeitsplätze in Fensternähe waren wegen der Zugerscheinungen und der direkten Hitze- und Kälteeinwirkungen bei den Mitarbeitern gefürchtet. Mütze, Schal und lange Unterhosen waren an einigen Arbeitsplätzen im Winter obligatorisch und sprachen den Intentionen des Architekten über die optimale Ausstattung von Arbeitsplätzen Hohn. »Von der Würde der gemeinsamen großen Idee, die das Ganze treibt«, wie Gropius 1911 formulierte, blieb da nicht viel übrig. Für den Sommer hatte man deshalb eine Klimaanlage eingebaut; diese erwies sich aber als ungeeignet. Für den Winter war die vorher reichlich vorhandene Wärme aus den bei der Holzleistenherstellung anfallenden Holzabfällen durch Produktionsumstellung auf Kunststoffleisten nicht mehr verfügbar, die ersatzweise Verfeuerung von Öl verursachte untragbar hohe Kosten. Auch wollte man die ursprüngliche Verteilung der Nutzungen im Gebäude beibehalten, Änderungen an Produktions- und Geschäftsabläufen nur bei Bedarf vornehmen. Umnutzungsdiskussionen blieben somit ohne Ergebnis.

Diese Tatbestände zusammengenommen, implizierten die Erneuerung der Fensterelemente unter Einsatz einer Isolierverglasung. Deren konstruktive und optische Gestaltung hätte sich nach Ansicht der Denkmalpflege an folgenden Grundsätzen zu orientieren:
- Für die neue Fensterkonstruktion ist Stahl vorzusehen;
- Die unterschiedliche Konstruktionsweise der beiden Fassadenabschnitte ist aufzunehmen;

- Unumgängliche Veränderungen in der Dimensionierung der Stahlteile sind nur innen hinnehmbar;
- Es muß erkennbar bleiben, daß beiden Fassadenteilen unterschiedliche ästhetische Lösungen zugrunde liegen. Anzahl, Anordnung und Funktionsweise der Lüftungsflügel ist beizubehalten;
- Die neu einzusetzenden Scheiben müssen in Farbe und Reflexion dem früher verwendeten Bauglas so ähnlich wie möglich sein;
- Der Anstrichsaufbau der neuen Stahlprofile hat dem alten zu folgen.

Bei dem ersten, 1985 vom planenden, mit Zustimmung der Denkmalpflege berufenen Architekten Prof. Jörn Behnsen ausgearbeiteten Sanierungsvorschlag blieben die Unterschiede in der Formensprache der beiden Bauabschnitte sichtbar, die Profilmaße entsprachen nach außen den originalen, nach innen nahm die Profiltiefe aufgrund statischer und funktioneller Vorgaben wesentlich zu. Er sah auch vor, alle Fassadenelemente durch neue zu ersetzen. Die Denkmalpflege dagegen wollte auch alte Elemente erhalten. Um die bei der Bedeutung des Baus für die Architekturgeschichte in der Zwischenzeit auch öffentlich geführten Debatte durch Informationen vor Ort zu versachlichen, Meinungen auszutauschen und denkmalpflegerische Gesichtspunkte zu diskutieren, luden Eigentümer und Denkmalpflege im September 1985 Denkmalpfleger, Architekturhistoriker und Fachpresse nach Alfeld zu einem Colloquium ein. Bei dieser Veranstaltung herrschte unter den Anwesenden Einigkeit, daß unter allen Umständen auch alte Fensterelemente erhalten und wieder eingebaut werden müßten, die zu erneuernden hätten sich so weit wie möglich am Original zu orientieren. Andere Möglichkeiten der Instandsetzung, etwa der Bau einer zweiten Glaswand hinter der originalen (Prinzip Kastendoppelfenster), wurden abgelehnt, da sie das Erscheinungsbild nachhaltig verändert hätten. Um Reparaturmöglichkeiten auszuloten, wurde darüber hinaus ein Gutachten in Auftrag gegeben, welches Aussagen über die Schweißbarkeit der alten Stahlsorten machen sollte. Dies ergab, daß eine Reparatur nicht in allen Fällen möglich sei, nur unter Anwendung von Spezialverfahren sei die Ergänzung einbaufähiger Elemente durch Material aus nicht mehr verwendbaren Feldern möglich.

Die Firmenleitung wollte die Aufarbeitung alter Fensterelemente zuerst nur für die Treppenhausbereiche zugestehen; in weiteren Verhandlungen konnte erreicht werden, auch für die nicht ständig genutzten Konferenzräume in der Ostecke eine Verglasung mit alten Elementen vorzusehen. Auf diesem Kompromiß aufbauend, konnten die Felder 1–5 und 12–16 erhalten werden. Als nicht durchsetzbar erwies sich die Forderung nach Erhaltung eines Vollfeldes aus dem zweiten Bauabschnitt wegen der Büronutzung der gesamten Südostseite zwischen den Treppen, wobei der insgesamt schlechtere Zustand der Elemente dieses Abschnittes mit in die Überlegungen einbezogen werden mußte. Behnsen überarbeitete seine Vorschläge, so daß die neu eingebauten Elemente äußerlich in allen Details den alten Fenstern entsprachen; bei der konstruktiven Durchbildung wurden allerdings neue Wege beschritten – für jeden Bauabschnitt jeweils andere –, um die Vorgaben der Nutzer auch erreichen zu können.

Ab September 1986 wurden die Fensterelemente ausgebaut und durch neue ersetzt oder die am besten erhaltenen wurden überarbeitet und wieder eingebaut. Dies geschah nicht an allen Achsen gleichzeitig, sondern Zug um Zug, so daß die letzten Felder, die des Haupttreppenhauses, erst 1990 wieder an ihren Platz zurückkehren. Für die Isolierverglasung konnte eine Glassorte gefunden werden, die dem bis dahin verwendeten Bauglas so ähnlich war, daß bei einem probeweisen Einsatz von 5 Scheiben in die noch bestehende Fassade diese neuen Gläser von Experten nicht ausgemacht werden konnten. Diese Arbeiten waren aber nur ein erster Schritt im Hinblick auf eine Renovierung des Gesamtkomplexes. Bereits parallel zur Wiederherstellung der letzten Fassadenfelder wurden Arbeiten am Schornstein durchgeführt, der wieder auf seine alte Höhe aufgemauert und mit dem ursprünglichen Mündungsabschluß versehen wurde. Anschließend wurde bei vollem Produktionsbetrieb in mehreren Abschnitten der Hauptarbeitssaal einschließlich seiner gußeisernen Fensterelemente und seiner von Schwamm befallenen Sprengwerkskonstruktion saniert. Das darauf in Angriff genommene Kessel- und Maschinenhaus bereitete bei der Renovierung bautechnisch weniger Schwierigkeiten. Eine intensive Auswertung alter und neuerer Fotos ließ jedoch die Auswechslung, zumindest aber den Umbau der großen Fassadenelemente, am Maschinenhaus erkennen. Hier zeigte sich im großen Maßstab die Problematik, zu bestimmen, was im Bestand alt, was neu ist und wie das Bauteil ursprünglich ausgesehen haben könnte. Originale Detailzeichnungen des Büros Gropius waren oft nicht vorhanden, Änderungen während der Bauausführung genau so wenig dokumentiert wie spätere Umbauten. In dieser oft wenig befriedigenden Ausgangslage mußten in laufender Abstimmung mit der Denkmalpflege Entscheidungen getroffen werden, deren Ergebnis möglichst alle Seiten zufrieden stellen mußte. Als letzte große Aufgabe steht die Umnutzung des Lagerhauses bis in das Jahr 2000 im Zusammenhang mit der *Expo 2000* an. Für dieses in der allgemeinen Wertschätzung ganz unten rangierende, für das Gesamtensemble Fagus-Werk aber ungeheuer wichtige Bauteil müssen Lösungen gefunden werden, die dem Rang des Denkmals angemessen sind.

Trotz guten Willens bleiben bei solchen, sich über Jahrzehnte hinziehenden Bauvorhaben, Schwierigkeiten nicht aus, zu weit liegen oft die Interessen von Eigentümern, Architekten und Denkmalpflegern auseinander. Verfolgt man das Presseecho auf die Arbeiten am Hauptgebäude, wird klar, wie wenig von den dabei von Denkmalpflege und Eigentümern verfolgten Intentionen vermittelt werden konnte. Häufig findet man eine akademisch-fundamentalistische Kritik, die den Wiedereinbau der alten Elemente als einzig mögliche Maßnahme anerkennt, ohne auf die daraus resultierenden eingeschränkten Nutzungsmöglichkeiten der dahinterliegenden Räume einzugehen, und die eine Auseinandersetzung mit den an den Baumaßnahmen Beteiligten und ihren Argumenten nicht mehr sucht. Verfechtern eines solchen Standpunktes schwebt offenbar eher ein Museum Fagus-Werk vor. Dieses Werk ist aber weder eine Kirche, noch ein Schloß mit zeitlich begrenzter Nutzung und in reduzierten Komfortansprüchen, sondern ein Produktionsbetrieb, in dem das Geld, das in die Bauarbeiten fließt, in sehr viel direkterer Weise verdient werden muß als dort. Es ist auch heute noch ein mittelständischer Industriebetrieb in Familienbesitz, der in denselben Räumen immer noch dasselbe Produkt fertigt – eigentlich ein zunehmend seltener werdender Glücksfall.

Die Bezuschussung der Baumaßnahmen durch das Land Niedersachsen, die Bundesrepublik Deutschland, die Europäische Union und neuerdings auch die Deutsche Stiftung Denkmalschutz beruht nicht nur auf der unstreitigen internationalen Bedeutung des Gesamtensembles, sondern auch auf dieser Kontinuität der Nutzung. Sie alle haben die erarbeiteten Konzepte mitgetragen. Damit im Hauptarbeitssaal auch weiterhin Schuhleisten gefertigt werden können, ist Flexibilität notwendig, die sich durchaus mit denkmalpflegerischen Zielen reiben kann. Aber jede anspruchsvolle Sanierung steht immer wieder vor der schwierigen Aufgabe, konkurrierende Ziele und Interessen abzuwägen, um letztlich zu einer sinnvollen Lösung zu gelangen. Das ausschließlich positive Echo von architekturbegeisterten Besuchern aus aller Welt auf das an den Werksgebäuden Erreichte läßt vermuten, daß eine solche für das Fagus-Werk gefunden werden konnte.

Anmerkungen

Modernes Unternehmertum • S. 10–39

1. Zu Rikli vgl. Giedion 1982, S. 723–727.
2. C. Benscheidt sen. 1947, S. 116. Dort findet sich auch folgende Schilderung: »In das Schaufenster legte ich auf roten Hintergrund Fußzeichnungen von Krüppelfüßen und Anerkennungsschreiben. Das Schaufenster war dadurch so auffallend, daß es monatelang fast ständig von Scharen Schaulustiger umlagert wurde.«
3. Vgl. Krabbe 1974, S. 83, Anm. 308: »Die sog. Schulmedizin beklagte allgemein den Reklameaufwand der Naturheilkunde (in Form von Inseraten und Broschüren, in denen Danksagungen von geheilten Patienten, die angeblich unheilbar krank waren, u.a. veröffentlicht wurden), dem schlichtweg Manipulation unterstellt wurde.«
4. C. Benscheidt sen. 1947, S. 177. – Vgl. Nelson 1975, S. 13.
5. Ohne Autor 1899, S. 49.
6. C. Benscheidt sen. 1947, S. 299. Er empfindet den Vorwurf der Feigheit als »Schlag ins Gesicht«.
7. C. Benscheidt sen. 1947, S. 302.
8. Englisch: last (= Leisten) + co[mpany].
9. Scene from the London Fair. Fine Exhibit of C. Behrens' Alfeld Last Works, Alfeld, Germany. In: *Superintendent and Foreman* 65. 1912, Nr. 13 (25.12.), S. 51–54; 54.
10. C. Benscheidt sen. 1947, S. 316.
11. C. Benscheidt sen. 1947, S. 321, weist ausdrücklich auf diesen Umstand hin.
12. Für die Recherche der biographischen Daten und beruflichen Stationen von Eduard Werner danke ich Helmut Knocke, Stadtarchiv Hannover.
13. C. Benscheidt sen. 1947, S. 173. – Denkmaltopographie Niedersachsen, Stadt Hannover, Teil 2 (Braunschweig 1985), S. 144f.
14. Im Fagus-Archiv befinden sich Zeichnungen zu all diesen Siedlungen. – Zu Körtingsdorf vgl. W. Buschmann: *Linden. Geschichte einer Industriestadt im 19. Jahrhundert* (Hildesheim 1981), S. 379–387.
15. C. Benscheidt sen. 1947, S. 173f.
16. C. Benscheidt sen. 1947, S. 321.
17. C. Benscheidt sen. 1947, S. 306.
18. Z. B. Neufert 1936, S. 188. Er veröffentlicht lediglich einen Lageplan mit der Unterschrift »Schema einer Fabrikanlage an der Eisenbahnlinie mit Erweiterungsmöglichkeit zur Landstraße«, ohne den Namen des Betriebs oder des Architekten zu nennen. Auf die Architektur wird mit keinem Wort eingegangen. Desgleichen: E. Neufert, in: *Wasmuths Lexikon der Baukunst*, Bd. 5 (Berlin 1937), s.v. Fabriken, S. 178.
19. K. Benscheidt jr. 1927, S. 295.
20. C. Benscheidt sen. 1947, S. 322. – Ein Faksimile des Bewerbungsbriefes bei Weber 1961, S. 29.
21. Vgl. die Schilderung der Auftragsgewinnung von Ernst Neufert, Bauleiter des Büros Gropius in Alfeld in den Jahren 1923/24, in: Wilhelm 1983, S. 134, Anm. 283. Neufert kann dieses Wissen nicht aus eigenem Erleben, sondern nur durch Erzählung von Gropius oder Benscheidt haben.
22. Brief C. Benscheidt sen. an W. Gropius vom 12.1.1911. Kopie H. Weber, Hannover. Vgl. Weber 1961, S. 30.
23. Brief C. Benscheidt sen. an W. Gropius vom 12.1.1911. Kopie H. Weber, Hannover.
24. Brief W. Gropius an C. Benscheidt sen. vom 13.1.1911. Kopie H. Weber, Hannover.
25. Briefentwurf von W. Gropius an A. Mahler, undatiert (ca. September 1910), BHA Pos. 8/1,3.
26. Z. B. in Dieling 1936, S. 48, der Firmenschrift zum 25jährigen Bestehen des Fagus-Werks. Die Bedeutung Meyers wird noch heute von Mitgliedern der Familie Benscheidt betont.
27. Das wußten auch die Zeitgenossen. Im Zusammenhang mit dem Fagus-Werk benennt Bruno Taut die große »Sauberkeit« des Baus als Meyers Verdienst. Vgl.

B. Taut: »Adolf Meyer«. In: *Das Neue Berlin* 1.1929, H.9, S.183. – Zur Zusammenarbeit und der Frage des jeweiligen Anteils von Gropius und Meyer an den gemeinsamen Werken vgl. Jaeggi 1994 und 1995.
28. Seit dem Tod Meyers 1929 verschollen. Eine dezidierte Liste im Nachlaß (BHA) gibt Auskunft über das ehemals von ihm verwahrte Planmaterial.
29. C. Benscheidt sen. 1947, S.322. – Brief W. Gropius an C. Benscheidt sen. vom 6.2.1911 (Vertragsbedingungen). Kopie H. Weber, Hannover.
30. Brief W. Gropius an C. Benscheidt sen., undatiert, wohl vom 13.2.1911 (Eingangsstempel: 14.2.1911). Kopie H. Weber, Hannover. Vgl. Weber 1961, S.43.
31. Ebda.
32. Brief C. Benscheidt sen. an W. Gropius vom 20.3.1911. Kopie H. Weber, Hannover. Vgl. Weber 1961, S.43.
33. Brief C. Benscheidt sen. an W. Gropius vom 20.3.1911. Kopie H. Weber, Hannover. Vgl. Weber 1961, S.30.
34. Brief W. Gropius an H. Weber vom 10.5.1959. BHA, Korrespondenz Gropius–Weber.
35. Lediglich als Foto erhalten. Bildarchiv Foto Marburg, Nr. 1072499. Gropius dürfte dieses Foto an das Archiv Stoedtner gegeben haben. Vielleicht ist es mit der »eben vollendeten Ansicht meiner Alfelder Fabrikanlage« identisch, die er Anfang September 1911 an Osthaus schickt. Vgl. Brief W. Gropius an K. E. Osthaus vom 7.9.1911. KEOA, Kü 319/28.
36. Brief W. Gropius an C. Benscheidt sen. vom 8.4.1911. Kopie H. Weber, Hannover.
37. Fagus-Archiv, Reg.Nr.448. Die Zeichnung ist in Meyers Handschrift mit »Mai 1911« datiert und trägt rückseitig den Eingangsstempel des Fagus-Werks vom 21.5.1911.
38. Brief C. Benscheidt sen. an F. Cox vom 26.4.1911. Fagus-Archiv, Akte 295.
39. C. Benscheidt sen. 1947, S.322.
40. Brief C. Benscheidt sen. an W. Gropius vom 13.5.1911. BHA, GN 201.
41. C. Benscheidt sen. 1947, S.322.
42. Brief C. Benscheidt sen. an F. Cox vom 9.8.1911. Fagus-Archiv, Akte 295.
43. Brief C. Benscheidt sen. an W. Gropius vom 16.6.1911. Kopie H. Weber, Hannover.
44. Brief C. Benscheidt sen. an W. Gropius vom 1.9.1911. Abschrift H. Weber, Hannover.
45. Brief W. Gropius an C. Benscheidt sen. vom 2.9.1911. Teilabschrift H. Weber, Hannover. Der Trägerplan ist nicht erhalten.
46. K. Benscheidt jr. gab als Erklärung für den ›Gropius-Knoten‹ an, die ursprüngliche Konstruktion sei wegen eines zu kurz gelieferten Trägers geändert worden. Vgl. Brief H. Weber an W. Gropius vom 13.4.1960. BHA, Korrespondenz Gropius-Weber. Dagegen spricht die Wiederholung dieser Lösung, die außerdem bereits im Grundriß auf »Blatt 1« vom Mai 1911 angedeutet ist!
47. Gropius 1965, S.134. – Vgl. hierzu den Beitrag Götz.
48. Vgl. hierzu den Beitrag Götz.
49. Beutinger 1913, S.13, behauptet zwar, »alle Fensterscheiben haben unterschiedslos dieselbe Größe«. Einer Überprüfung hält dies jedoch nicht stand.
50. Nolan 1994, S.19, stellt dieses gegensätzliche Verhalten für die 1920er Jahre fest. Möglicherweise trifft es auch auf die Zeit vor dem 1. Weltkrieg zu.
51. Gropius 1911 (Monumentale Kunst und Industriebau); vgl. Probst/Schädlich 1988, S.45.
52. Brief C. Benscheidt sen. an F. Cox vom 6.1.1913. Fagus-Archiv, Akte 295.
53. C. Benscheidt sen. an F. Cox vom 18.12.1911. Fagus-Archiv, Akte 295.
54. C. Benscheidt sen. an F. Cox vom 18.12.1911. Fagus-Archiv, Akte 295.
55. Banham 1986, S.194.
56. Hierzu ausführlicher der Beitrag Götz. Vgl. auch die zeichnerische Darstellung bei Weber 1961, S.63.
57. Brief W. Gropius an H. Weber vom 12.6.1959. BHA, Korrespondenz Gropius. Vgl. auch Gropius 1965, S.136.
58. Handschriftl. Notiz von A. Meyer auf Zeichnung Bl. 156 vom 24.7.1914. Fagus-Archiv, Reg.Nr.131.
59. Zeichnung Bl. 155 vom 24.7.1914, überarbeitet am 12.2.1915. Fagus-Archiv, Reg.Nr.139.
60. Vgl. die Beschreibung zum Bauantrag vom 18.11.1915. Bauamt Alfeld, Bauakte Hannoversche Straße 23a, Bd.IV, 1915–1926. Teilabdruck in: Wilhelm 1983, S.47.
61. Ebda.
62. Brief W. Gropius an M. Gropius vom 30.6.1916. BHA, Private Korrespondenz Gropius, Kasten 8.

Der Industriebau als künstlerische Aufgabe • S. 40–59

1. Behne 1913/14, S.53, sowie Behne 1914, S.215.
2. Vgl. W. Hildebrandt, P. Lemburg und J. Wewel: *Historische Bauwerke der Berliner Industrie. Beiträge zur Denkmalpflege in Berlin*, H. 1 (Berlin 1988), S.38f. – Die Autoren reklamieren zu Recht, daß bereits im 19. Jh. hochangesehene Architekten anspruchsvoll gestaltete Fabrikbauten erstellten.
3. Grimshaw 1913, S.21. Dieses Buch war in der Werksbibliothek des Fagus-Werks vorhanden.
4. Vgl. Nerdinger 1997. Auch der Bund Deutscher Architekten stellt seine Arbeit mit der 1905 gegründeten Zeitschrift *Neudeutsche Bauzeitung* unter diesen Begriff. Titelblatt und Layout stammen von Behrens.
5. Hoeber 1913, S.115.
6. Brief W. Gropius an G. Hoeltje vom 5.6.1958. BHA, Korrespondenz Gropius–Hoeltje. Vgl. Weber 1961, S.23.
7. Posener 1979, S.564–570, erläutert dieses Verhältnis in einem ausführlichen Vergleich von Turbinenhalle und Fagus-Hauptgebäude.
8. Behne 1913, S.173.
9. W. Gropius: Vortrag »Monumentale Kunst und Industriebau«, gehalten am 10.4.1911 im Folkwang Museum Hagen. Typskript mit eingeklebten Fotos, BHA. Vgl. Probst/Schädlich 1988, S.28–51, hier S.29.
10. Behrens 1910. Vgl. Buddensieg/Rogge, S. D 277. – Gropius 1911 (Monumentale Kunst und Industriebau); vgl. Probst/Schädlich 1988, S.48f.

Abkürzungen

Ausst. kat.
Ausstellungskatalog

BHA
Bauhaus Archiv, Berlin

BRM
Busch-Reisinger Museum, Harvard University, Cambridge, USA

Fagus-Archiv
Fagus Archiv Ernst und Gerd Greten. Dauerleihgabe im Bauhaus-Archiv, Berlin

HStA Weimar
Thüringisches Hauptstaatsarchiv, Weimar

Inv. Nr.
Inventar Nummer

JMC
Johannes-Molzahn-Centrum, Kassel

KEOA
Karl Ernst Osthaus-Archiv, Hagen

Kopie H. Weber
Fotokopien oder Abschriften der Korrespondenz C. Benscheidt sen. mit W. Gropius, im Besitz von Prof. Dr. H. Weber, Hannover. Originale ehemals im Fagus-Archiv.

Kat. Nr.
Katalog Nummer

Obj. Nr.
Objekt Nummer

Reg. Nr.
Registratur Nummer

WLM
Wilhelm Lehmbruck Museum, Duisburg

11. Vgl. Anm.9. – Der Titel des Vortrags lautete zuerst »Die künstlerische Entwicklung im Industriebau. Praktische Vorschläge«, dann »Kunst und Industriebau« bis schließlich der endgültige gefunden wurde. Vgl. die Korrespondenz zwischen Gropius und Osthaus. KEOA, Kü 318/13–18.
12. Vgl. Hesse-Frielinghaus 1971; Ausst.kat. 1993/94; Ausst.kat. 1997/98.
13. Isaacs 1983, S.106. – Brief C. Benscheidt sen. an W. Gropius vom 16.6.1911. Kopie H. Weber, Hannover. Außer dem Jahresbeitrag von 10,- Mark zahlt Benscheidt 20,- Mark in den Baufonds ein.
14. Vgl. Jaeggi 1994, S.70 mit Anm.95 u. 98.
15. Wie stark er sich mit diesem Gedankengut identifiziert und es gar als sein eigenes empfindet, geht aus einem Briefentwurf vom 11.4.1911 an A. Mahler hervor: »Gestern hielt ich im schönen Vortragssaal des Osthausschen Folkwangmuseums in Hagen meinen Vortrag über monumentale Kunst u. Industriebau vor zum Teil recht wichtigem Publikum. Meine revolutionierenden Ideen, die den Kunstmaterialisten heftige Stöße versetzten, haben doch wenigstens einige, und zwar mit die wertvollsten dieser Leute nachdenklich gemacht und das befriedigt mich.« BHA, private Korrespondenz Gropius, Pos. 2/1,3.
16. Behne 1913, S.171; das nachfolgende Zitat, S.172.
17. Behne 1913/14, S.61.
18. Ise Gropius, die Ehefrau von Walter Gropius, führt noch 1924 Klage darüber, daß das Fagus-Werk »an einem so kleinen Ort steht und daher so wenig bekannt ist.« Tagebuch Ise Gropius, Sammeleintrag für Oktober/November 1924. BHA.
19. Manuskript, 6 Blatt. BHA, Nachlaß Gropius, Kasten: Manuskripte bis 1919. Die nachfolgenden Zitate ebenda. – Gropius erwähnt »meine Schrift über das Kunstwollen« verschiedentlich in den Briefentwürfen an A. Mahler im Zusammenhang mit dem Kuraufenthalt im Juni/Juli 1910 in Tobelbad, bei welchem er sie kennenlernte.
20. Riegl 1901. – Gropius wird die Schriften von Riegl über Behrens kennengelernt haben, der ebenfalls darauf aufbaut: z.B. Behrens 1909; vgl. Buddensieg/Rogge, S. D 280.
21. Gropius 1911 (Monumentale Kunst und Industriebau); vgl. Probst/Schädlich 1988, S.28.
22. Gropius 1910. Das nachfolgende Zitat ebenda.
23. Hoeber 1913, S.114. – Vgl. Riegl 1927, S.33f.
24. Gropius 1910. – Die Bedeutung des Tempos moderner Verkehrsmittel für die Architektur findet sich bereits in: Behrens 1909; vgl. Buddensieg/Rogge, S. D 284.
25. Briefentwurf W. Gropius an A. Mahler, undat., ca. 1910. BHA, private Korrespondenz Gropius, Pos. 7/3.
26. Briefentwurf W. Gropius an A. Mahler vom 23.1.1911. BHA, private Korrespondenz Gropius, Pos.6/11.
27. Vgl. Jaeggi 1994, S.77 u. Obj.Nr.7, S. 237f.
28. Weber 1961, S.66 u. 75. – Bei der ersten stützenlosen Ecke (Ost) sind Gropius/Meyer durch die Übernahme der Wernerschen Pfeilerlage (5 m-Takt) gezwungen, das 2,65 m breite Restfeld mit abweichenden Scheibenformaten zu schließen. Erst die Wiederholung der breiteren Scheiben an der Westecke kennzeichnet dieses Vorgehen als Absicht.
29. Weber 1961, S.65. – Seit bekannt ist, daß am Hauptgebäude in vorangegangenen Jahren nicht nur geschoß- übergreifende Fensterfelder und ganze Eckbereiche ausgetauscht worden sind und daß sich die Eisenrahmen durch thermische Einwirkung um bis zu 6 cm verzogen haben (vgl. den Beitrag Götz), darf das millimetergenaue Aufmaß von Weber nicht als absolut verstanden werden. Das ändert aber nichts an den prinzipiellen Ergebnissen.
30. Gropius 1956, S.35. – Konkret auf die von Weber konstatierten Maßverschiebungen am Fagus-Werk bezugnehmend erinnert Rudolf Hillebrecht in einem Brief vom 19.1.1961 Gropius daran, wie sie im Februar 1934 gemeinsam das Pergamonmuseum besuchten. Dabei erteilte ihm Gropius anhand der Modelle von Priene und Milet eine Lektion über den Umgang mit Proportionen in der Antike und deren Wirkung. BHA, Korrespondenz Gropius–Hillebrecht.
31. Ludwig Max Goldberger: *Das Land der unbegrenzten Möglichkeiten*. Berlin 1903.
32. Holitscher 1912, S.426.
33. Holitscher 1912, S.140f. mit Abb. von Silos in den kanadischen Städten Fort William und Port Arthur. Diejenige von Fort William entspricht Gropius 1913, Taf. nach S.22. – Bereits die Vorläufertypen dieser Speicherbauten, die noch nicht die charakteristische Zylinderform aufweisen, bilden Attraktionen einer Amerikareise. Vgl. v. Hesse-Wartegg 1908, Abb. S.239 (Chicago) u. S.315 (Duluth). – Zur Entwicklungsgeschichte der amerikanischen Silos vgl. Banham 1986, Kap. 2 »The Grain Elevator«, S.109ff.
34. Gropius 1913. Abgedruckt (allerdings ohne Fotos) bei: Probst/Schädlich 1988, S.55–57. – Zur Rezeption amerikanischer Silos als Reaktion auf diese Veröffentlichung vgl. Cohen 1995, S.63–68.
35. Ausst.kat. 1993/94, S.17.
36. »Gerne will ich Dir diese architectonischen Dinge beschaffen – die einzige Schwierigkeit liegt im Mangel der englischen Fachausdrücke – aber ich will es versuchen!« Brief A. Mahler an W. Gropius vom 8.11.1910. Vgl. auch die Briefe vom 23. u. 30.11.1910. BHA, private Korrespondenz Gropius. Die Briefe von Gropius an A. Mahler haben sich nicht erhalten.
37. KEOA, Kü 318/10.
38. Z.B.: Silo und Elevator der Baltimore & Ohio Eisenbahn-Gesellschaft in Baltimore (Probst/Schädlich 1988, S.49, Abb.64), aus: *Beton und Eisen* 8. 1909, H. 10 (22.7.), S.245. – Korn-Silo in Buenos Aires (Probst/Schädlich 1988, S.50, Abb.69): *Beton und Eisen* 9. 1910, H. 3 (20.2.), S.77. – Auf die Herkunft von Fotos aus dieser Zeitschrift verweist auch: W. Nerdinger: »Fotografien amerikanischer Getreidespeicher. Ikonen der modernen Architektur.« In: G. Engel: *Buffalo Grain Elevators* (München 1997), S.5–9, hier S.6.
39. Brief W. Gropius an K. E. Osthaus vom 8.8.1911. KEOA, Kü 319/16.
40. »Ihrem Wunsche vom 13. d. M. komme ich gern nach, indem ich Ihnen die Postkarten, welche ich habe, (...) übersende.« Brief C. Benscheidt sen. an W. Gropius vom 20.3.1911. Kopie H.Weber, Hannover. – Hieran knüpft wohl die von Banham 1986, S. 195, mitgeteilte »once-current legend«, nach der Benscheidt sen. ein Paket Fotos aus Amerika an Gropius ausgehändigt haben soll. Im Fagus-Archiv gibt es keine Fotos amerikanischer Bauten, nicht einmal von der *United Shoe Machinery Corporation* in Beverly/Mass., der Geldgeberin der Fagus GmbH.

41. Brief K. Benscheidt jun. an O. Lüken vom 28.8.1912. Fagus-Archiv, Akte 29.
42. Riegl 1927, S. 38.
43. Gropius 1913, S. 21; vgl. Probst/Schädlich 1988, S. 57.
44. Vgl. hierzu: W. Pehnt: »Altes Ägypten und neues Bauen. Der Einfluß der Pharaonenkunst auf die Moderne.« In: W. Pehnt: *Die Erfindung der Geschichte* (München 1989), S. 68–86.
45. Gropius 1911 (Monumentale Kunst und Industriebau); vgl. Probst/Schädlich 1988, S. 50.
46. Gropius 1911 (Monumentale Kunst und Industriebau).; vgl. Probst/Schädlich 1988, S. 30.
47. Gropius 1913, S. 22; vgl. Probst/Schädlich 1988, S. 57.
48. Behne 1913, S. 172.
49. Behne 1913/14, S. 59–62.
50. Behne 1922, S. 638, u. Behne 1926 (Manuskript von 1923), S. 27. – Friedrich Ostendorf (1871–1915) suchte künstlerische Wirkung in der Form des geschlossenen und axialen Gebäudeaufbaus nach dem klassizistischen Vorbild des späten 18. Jhs.: strenge Ordnung und größte Einfachheit.
51. Briefentwurf W. Gropius an A. Mahler, undatiert. BHA, private Korrespondenz Gropius, Pos. 7/1.
52. Brief A. Paquet an K. E. Osthaus vom 8.3.1911. KEOA, DWB 75/20–21.
53. Dieser Vorteil gegenüber dem Eisen ist gängige Meinung in den Zeitschriften der Betonindustrie, z.B. *Beton und Eisen*, vor dem 1. Weltkrieg.
54. Gropius 1911 (Monumentale Kunst und Industriebau); vgl. Probst/Schädlich 1988, S. 29.
55. Behrens 1910; vgl. Buddensieg/Rogge, S. D 277.
56. Behrens 1909; vgl. Buddensieg/Rogge, S. D 283. – Hoeber 1913, S. 113.
57. Gropius 1911 (Monumentale Kunst und Industriebau); vgl. Probst/Schädlich 1988, S. 33.
58. Laut Neufert hat Gropius sogar noch 1955, anläßlich der Eröffnung der Ulmer Hochschule für Gestaltung, das Brücken-Beispiel vorgetragen. Vgl. Jaeggi 1994, S. 118 mit Anm. 92.
59. Gropius 1911 (Monumentale Kunst und Industriebau); vgl. Probst/Schädlich 1988, S. 29f.
60. Ironischerweise vertritt Poelzig die gegenteilige Meinung von Behrens und Gropius, nämlich, daß »die Ästhetik des Eisenbaus unbedingt (...) in dem Ausdruck des netzartigen Fachwerks liegt (...) und in der immer geringeren Dimensionierung der einzelnen Teile der Konstruktion.« Auch er bringt eine Eisenbrücke als Beispiel, allerdings für »den vollkommnsten Eindruck (...) in der Auflösung der einzelnen Bauteile, in der Unsichtbarmachung des Materials (...), die in fast körperloser Grazie gewaltige Spannungen überwindet.« Poelzig 1911, S. 103f.
61. Hoeber 1913, S. 113, benutzt diesen von Riegl abgeleiteten Ausdruck für die Turbinenhalle.
62. Unter Anlehnung an Gropius 1956, S. 34 (Ausgabe 1982, S. 43) formuliert. Die dortigen Ausführungen sind auf den indischen Tempel bezogen. Sie zeigen, wie nachhaltig die Rieglsche Theorie Gropius bis ins Spätwerk hinein beeinflußte.
63. Riegl 1927, S. 33.
64. Gropius 1911 (Monumentale Kunst und Industriebau); vgl. Probst/Schädlich 1988, S. 29.
65. Tagebuch Ise Gropius, Eintragung vom 9.2.1926. BHA. – Bezeichnenderweise sucht Gropius wie 1911 eine Verankerung seiner Ideen in der Geschichte, u.z. beim Sakralbau der »ägypter, araber und gotiker«. Da aber 1926 weder ein sakraler Gedanke noch eine gemeinsame Lebensanschauung als Grundlage einer Kultur vorhanden sei, »manifestiert sich der neue baugedanke und die neue raumvorstellung vorläufig in abstrakten gebilden, die aber die künftigen gesetze deutlich vorausahnen lassen.«
66. Gropius 1926, S. 160. In diesem Artikel wird außer dem Bauhaus-Gebäude auch die Werkbundfabrik und das Fagus-Werk gezeigt. Obwohl nicht explizit behauptet, dient die Abbildung des Fagus-Werks als Beleg für das neue Raumempfinden und suggeriert den Eindruck, als sei es aus den ›neuen‹ Materialien Stahl oder Beton erbaut.
67. C. Benscheidt sen.: Die Gründung des Fagus-Werks. Typskript von 1938, S. 12. Fagus-Archiv.
68. Gropius 1911 (Monumentale Kunst und Industriebau); vgl. Probst/Schädlich 1988, S. 31.
69. Behne 1922, S. 639: »Schon der erste Fagusbau hatte dem Glas einen Spielraum gegeben, wie er bisher nur bei Warenhäusern bekannt war.« – Hegemann 1929, S. 25: »Die großartige Leipziger Straßenfront des Wertheim-Baues [Arch. A. Messel, 1896] (...) ist später überboten worden durch die (...) Glasvorhänge des Warenhauses Tietz [Arch. B. Sehring, 1899/1900] und des in der Provinz spät nachzüglernden Dessauer Bauhauses.«
70. Brief C. Benscheidt sen. an J. H. Connor vom 29.12.1910, Bl. 7. Fagus-Archiv, Akte 294.
71. Vgl. G. P. Carver: »Reinforced Concrete Building Work for the United Shoe Machinery Co., Beverly, Mass.« In: *Engeneering News* 53. 1905, Nr. 21 (25.5.), S. 537–543. – Banham 1986, Kap. 1 »The Daylight Factory«, S. 23ff., zur USMC, S. 68–71.
72. Scheffler 1911, S. 234. – Diesen Aufsatz, aus dem Gropius Formulierungen für seine Texte adaptiert, empfiehlt er in einem Brief an C. Benscheidt sen., undatiert, wohl 13.2.1911 (Eingangsstempel des Fagus-Werks vom 14.2.1911). Kopie H. Weber, Hannover.
73. Auf die Steiff-Fabrik macht erstmals aufmerksam: M. Cetto: »eine fabrik von 1903«. In: *die neue stadt* 1932, H. 4, S. 88. Vgl. Reiff 1992.
74. Gropius 1911 (Monumentale Kunst und Industriebau); vgl. Probst/Schädlich 1988, S. 29.

Fagus und Bauhaus • S. 60–87

1. Brief C. Benscheidt sen. an F. Cox vom 5.11.1920. Fagus-Archiv, Akte 297.
2. Außerdem spielt die Schuhmode eine wichtige Rolle. Sie ändert sich ab 1925 weniger in den Formen als in der Ausstattung und der Farbe. Vgl. den 18seitigen Bericht über die Entwicklung der deutschen Leistenindustrie, den C. Benscheidt sen. am 2.11.1928 für J. F. Connor verfaßt. Fagus-Archiv, Akte 22. – Zur Auswirkung der Rationalisierung um 1925/26 vgl. Nolan 1994, S. 132 mit Anm. 5.
3. Westheim 1925.
4. Brief C. Benscheidt sen. an J. H. Connor vom 10.7.1910. Fagus-Archiv, Akte 294.
5. So mißt er die »Geschwindigkeit der Arbeit«, d.h. die Produktionsleistung innerhalb einer bestimmten Zeitspanne. Außerdem überlegt er, »ob man die Leistungen eines Arbeiters erhöhen könnte, wenn man ihn die Hälfte des Tages eine Arbeit gäbe, bei der er stehen muß, die andere Hälfte des Tages eine, bei der er sitzt!« Die Notizbücher befinden sich im Fagus-Archiv. – Zu Taylor vgl. Giedion 1982, S. 122ff.
6. Bereits in einem der amerikanischen »Fabriknotizbücher« regt Benscheidt jr. Kontrollarbeiter an.
7. Dies legt die Eintragung in Benscheidts Adreßbuch nahe. Wahrscheinlich begegnet er ihm während seines zweiten Amerika-Aufenthaltes im Jahr 1928. Das Adreßbuch befindet sich im Fagus-Archiv.
8. K. Benscheidt jr. 1927, S. 290; das nachfolgende Zitat S. 303.
9. Nach Nolan 1994, S. 89 u. 97, ist der gut angelernte und vielseitig einsetzbare »Qualitätsarbeiter« ein deutsches Phänomen, ebenso die Eignungsprüfung durch psychologische Tests.
10. In der Namensliste des Manifests des Arbeitsrats für Kunst ist Karl Benscheidt verzeichnet, d.h. der Juniorchef. In der Literatur – Ausst.kat. *Arbeitsrat für Kunst 1918–1921*, Akademie der Künste Berlin (1980), S. 128, und E. Steneberg: *Arbeitsrat für Kunst, Berlin 1918–1921* (Düsseldorf 1987), S. 89 – wird fälschlicherweise davon ausgegangen, daß es sich hierbei um den Seniorchef handelt.
11. Tagebuch Ise Gropius, Eintrag vom 3.9.1924. BHA. – Vgl. Jaeggi 1994, S. 130f.
12. Vgl. »Aufstellung der bisher gezeichneten G.m.b.H.-Anteile« vom 8.12.1924. BHA, Archiv Walter Gropius, Akte 74. – Vgl. außerdem die Briefe von K. Benscheidt jr. an W. Gropius vom Januar und Februar 1925. Stadtarchiv Dessau, SB/17 (Kreis der Freunde des Bauhauses, 1925–1933).
13. Typoskript ohne Titel, dat. 21.11.1922. Fagus-Archiv, Akte 135. – Das nachfolgende Zitat ebda.
14. Typoskript »Der Direktor des Staatl. Bauhauses spricht in Alfeld«, dat. 10.1.1923; 2 Blatt. Fagus-Archiv, Akte 135.
15. Brief A. Meyer an H. Müller vom 3.7.1924. HStA Weimar, Bauhaus-Bestand, Akte 56, Bl. 55f.
16. Daß Gropius an der Gestaltung der Schuhbügeleisen beteiligt war, berichtet Weber 1961, S. 50. – Benscheidt jr. beauftragt nach Gropius auch Molzahn, Entwürfe für die Steckdose anzufertigen. Auf wen die ausgeführte Form zurückgeht, ist nicht überliefert. Vgl. Brief von J. Molzahn an K. Benscheidt jr. vom 15.4.1922. JMC. – Laut Reuter 1925, S. 245, hat »bei der Konstruktion der Maschinen (...) der Künstler-Architekt ein ausschlaggebendes Wort gesprochen.«
17. Vgl. Ausst.kat. *Die zwanziger Jahre in Hannover*, Kunstverein Hannover, 1962, S. 108. – Laut E. Steneberg: *Arbeitsrat für Kunst, Berlin 1918–1921* (Düsseldorf 1987), S. 104, soll Benscheidt jr. 1916 bei der Gründung der Kestner-Gesellschaft mitgewirkt haben.
18. Benscheidt jr. verzeichnet K. Dreier in seinem Adreßbuch. Fagus-Archiv.
19. Anhand der Spesenabrechnungen (Quittungsblocks) des Juniorchefs lassen sich die Besuche der Künstlerfreunde nachvollziehen, da sie meist zum Essen ausgeführt werden. Außerdem gibt sein Adreßbuch beredte Auskunft.
20. In einem Brief an J. Molzahn vom 11.7.1924 äußert er sich kritisch über die ihm zugeschickte Probenummer von *G. WLM*.
21. Weinert 1927, S. 78.
22. Weinert 1927. – Im Fagus-Archiv befinden sich Teile des wissenschaftlichen Nachlasses von Weinert, darunter vintage prints (ca. 80 verschiedene Motive) und die entsprechenden Glasplattennegative von Renger-Patzsch.
23. Vgl. die Äußerungen A. Renger-Patzschs in der Korrespondenz mit A. Weinert von 1928, Fagus-Archiv, Akte 205.
24. Auf die Fotos für Weinert machte erstmals Heckert 1997, S. 20, Anm. 45, aufmerksam. Im Selbstverständnis von Renger-Patzsch stellen diese wie auch die Fotos für Angulus Varus wohl lediglich einen Broterwerb dar.
25. Angulus Varus Gesellschaft (Hg.): *Der Angulus Varus Schuh*. O.O, o.J. [ca. 1928], 18 Abb. – Im Fagus-Archiv befinden sich nur einige wenige vintage prints, aber 19 Negativplatten.
26. Wie eine weitere Serie nahelegt, kommen im Verlauf des Films auch zwei Kinder hinzu, die ebenfalls Angulus Varus Schuhe anprobieren. 15 Negativplatten im Fagus-Archiv.
27. Vgl. Jaeggi 1994, Obj.Nr. 173, S. 411–414; Obj.Nr. 179b, S. 419f.
28. Vgl. Gropius 1910: »Jede ebene Fläche hat ihre bestimmte Lichtintensität; weiß reflektiert, schwarz saugt auf. (...) Auf diese Tatsache gründet sich die antike Ornamentik. Der hellen Gegenform wird der Vorzug vor der dunklen Deckform gegeben. In dem harmonischen Auswägen dieser beiden Kontrastelemente liegt die vollkommene Lösung (Kraft und Gegenkraft).«
29. Vgl. die Täfel am Kriegerdenkmal in Ollendorf bei Weimar, eine Arbeit des Bauhauses, für die kein individueller Künstler überliefert ist. Die Einweihung fand am 30.4.1922 statt.

30. P. Furmanek. Farbgutachten zum Treppenhaus im Fagus-Werk. Hannover 1989/90 (unveröffentlicht).
31. Da der Termin der Fertigstellung nicht überliefert ist, läßt sich kein genaueres Datum als »1922« angeben. Zum ›Gropius-Drücker‹ vgl. Jaeggi 1994, Obj. Nr. 175, S. 415f.
32. Hierauf verweist bereits K. Benscheidt jr. in einem Brief an H. M. Wingler vom 3.7.1970. BHA. Darin bezeichnet der Juniorchef den Drücker als »der handgemachte Türgriff unseres Haupteinganges«.
33. K.-J. Sembach: *Möbel, die Geschichte machen* (Hamburg 1988), S. 33. – Bei Jaeggi 1994, Obj. Nr. 165d, S. 402f., ohne Kenntnis der Zeichnungen stilistisch in die Zeit um 1923/24 eingeordnet und fälschlicherweise ins 2. OG plaziert.
34. *Staatliches Bauhaus Weimar 1919–1923*. (München und Weimar 1923), Abb. 34f.
35. Vgl. den 1965 von E. Brendel ausgefüllten Fragebogen zu seiner Bauhauszeit. BHA.
36. Diese Hypothese zuletzt wieder vorgebracht von Wetzel 1995, S. 8–11; zu den Varianten des Drückers im Fagus-Werk vgl. ebda., S. 23 u. 25, Abb. 1–2 u. 13–15.
37. Schadendorf 1958, S. 8.
38. Vgl. Jaeggi 1994, Obj. Nr. 52, S. 313–315.
39. Reuter 1925, S. 243.
40. Quittungsblock Benscheidt jr., November 1919 bis April 1925. Fagus-Archiv.
41. Vgl. die Monatsberichte der Werkstatt für Wandmalerei vom März und April 1924. HStA Weimar, Bauhaus-Bestand, Akte 177, Bl. 20f.
42. K. Benscheidt jr. berichtet im Brief an H. M. Wingler vom 3.7.1970 (BHA), daß der neue Gebäudeflügel von 1913/14 »im Gegensatz zu dem 1911 gebauten Nordostflügel heute vollständig mit den Bauhaustürgriffen ausgerüstet« sei. D.h. auf der alten Büroetage gab es 1970 keine (oder nur wenige, während des Umbaus 1924 an neuen Zwischentüren angebrachte) ›Gropius-Drücker‹.
43. Reuter 1925, S. 245.
44. Brief H. Scheper an L. Scheper vom 5.2.1923. Privatbesitz.
45. Mappe »Erbschein Carl Benscheidt sen.«. Privatbesitz.
46. Vgl. Wilhelm 1983, S. 203f., Abb. 90–92.
47. Ausweislich exakt datierbarer Fotos ist die lediglich 11 cm starke und zwischen zwei gemauerten Pfeilern gespannte Wand erst nach den 1950er Jahren niedergelegt worden.
48. In einem Brief an H. Weber vom 18.4.1960 schreibt W. Gropius: »The Schmiede I never liked very much; the building is too conventional and Mr. Benscheidt at that time pushed this building very much so that there was no time for the necessary research to renew that conception.« BHA, Korrespondenz Gropius–Weber.
49. C. Benscheidt sen. an Herrn Stolze vom 13.6.1927, Fagus-Archiv, Akte 228.
50. Vertragsentwurf vom 3.6.1930. Fagus-Archiv, Akte 272.
51. Brief W. Gropius an C. Benscheidt sen. vom 26.4.1936. BHA, Korrespondenz Gropius–Benscheidt, 8/42.
52. Brief W. Gropius an C. Benscheidt sen. vom 15.12.1936. BHA, Korrespondenz Gropius–Benscheidt, 8/39. – Vgl. die positive Äußerung von Gropius über Scharoun in einem Brief an M. Wagner vom 27.12.1936, abgedruckt in: P. Hahn (Hg.): *bauhaus berlin* (Weingarten 1985), S. 228f.

Reklame • S. 88–103

1. C. Benscheidt sen. 1947, S. 326.
2. Ebenda.
3. Beutinger 1913; Reuter 1925, Hoffmann 1930.
4. C. Benscheidt sen. 1947, S. 325.
5. Der Zeitungskatalog der Annoncen-Expedition Rudolf Mosse von 1927, S. 270, verzeichnet allein in Deutschland 30 Zeitschriften der Schuhindustrie.
6. Brief C. Benscheidt sen. an W. Gropius vom 26.10.1911. Teilabschrift, H. Weber, Hannover. Vgl. auch Brief C. Benscheidt sen. an F. Cox vom 18.12.1911. Fagus-Archiv, Akte 295.
7. Inwiefern ein Entwurf Hertwigs in der Weihnachtsnummer 1911 von *Schuh und Leder* veröffentlicht wurde, läßt sich z.Zt. noch nicht belegen, da das Heft weder im Fagus-Archiv erhalten ist, noch in deutschen Bibliotheken nachgewiesen werden kann.
8. So beschriftet Fritz Adolphy, ebenfalls Absolvent der Düsseldorfer Kunstgewerbeschule und zeitweilig Angestellter bei Behrens, im Auftrag von Gropius die Fototafeln der Ausstellung *Vorbildliche Industriebauten*. Laut einer Notiz von Benscheidt jr. soll Adolphy auch für Fagus gearbeitet haben. Belege hierfür fehlen bislang.
9. Brief K. Benscheidt jr. an J. Molzahn vom 6.4.1922. WLM.
10. In Werkbundkreisen hat man von dieser Vorstellung schon länger Abstand genommen. Vgl. die Zusammenstellung von Briefbögen in: Ausst.kat. Krefeld 1997/98, S. 226f.
11. Die Korrespondenz ist verteilt im WLM und JMC erhalten; beide Institutionen haben ihre Unterlagen durch Fotokopien gegenseitig ergänzt.
12. Molzahn 1926.
13. Brief J. Molzahn an K. Benscheidt jr. vom 26.2.1922. JMC.
14. Brief J. Molzahn an I. Molzahn vom 31.3.1922. Staatsbibliothek Berlin, Handschriftenabteilung, Nachlaß Ilse Molzahn, 161, Kasten 43.
15. Brief J. Molzahn an K. Benscheidt jr. vom 14.3.1922. JMC.
16. Brief J. Molzahn an K. Benscheidt jr. vom 26.1.1923. WLM.
17. Brief K. Benscheidt jr. an J. Molzahn vom 19.7.1923. WLM. – In diesem Zusammenhang ist auch der Brief von K. Benscheidt jr. an W. Gropius vom 5.7.1923 zu verstehen, in welchem er »wegen unserer Reklamesachen einmal eingehend mit Ihnen sprechen« möchte. HStA Weimar, Bauhaus-Bestand, Akte 32, Bl. 54. Zit. nach Ausst.kat. 1995/96, Kat.Nr. 273, S. 306, wo fälschlicherweise darin eine Auftragserteilung von Fagus an das Bauhaus für Werbedrucksachen gesehen wird.

18. Brief K. Benscheidt jr. an J. Molzahn vom 16.5.1922. WLM.
19. Brief K. Benscheidt jr. an J. Molzahn vom 10.10.1923. WLM.
20. Brief K. Benscheidt jr. an J. Molzahn vom 1.2.1924. WLM.
21. BHA (Spende H. Bayer), bez. verso unten re. in Bleistift »1925«. Die Visitenkarte folgt noch nicht dem DIN-Format, das erst ab August 1925 am Bauhaus benutzt wird.
22. Vgl. Ausst.kat. 1995/96, Kat.Nr. 272, S. 306.
23. Eine Variante abgedruckt in: *Offset* Jg. 1926, H. 7, Tafel 23, dort datiert »1925«.
24. In der Form von Wechselannoncen soll auf dem Titelblatt der *Schuhfabrikanten-Zeitung* in der unteren rechten Ecke jeder Nummer auf ein anderes Produkt aufmerksam gemacht werden. Die erste, Schuhleisten betreffende Annonce stellt Molzahn im Januar 1925 fertig. Vgl. Brief W. Hanstein an J. Molzahn vom 3.12.1924. WLM.
25. Tschichold 1928, S. 160.
26. BHA, Inv.Nr. 7294 (Spende H. Bayer). Abgebildet und mit »1925« datiert, in: *Offset* Jg. 1926, H. 7, S. 380f., Tafel 23.
27. Vgl. das Tagebuch von Ise Gropius, Eintrag vom 18.9.1925: »im bauhaus ist die kleinschrift aus typografischen und zeitersparnisgründen eingeführt. dessau steht kopf, aber es wird wohl durchgeführt werden.« BHA.
28. BHA, Inv.Nr. 8702 und 8716 (Spende H. Bayer).
29. BHA, Inv.Nr. 8709/1 (Spende H. Bayer), bez. recto unten re. in Bleistift »1926«
30. Eine Datierungshilfe leistet nicht nur das 1928 angefertigte Foto, sondern auch die ab Juni 1928 geänderte Telefonnummer des Fagus-Werks.
31. Am 5.6.1926 vermerkt Ise Gropius in ihrem Tagebuch: »viel ärger im bauhaus. benscheidt hat drucksachen für die fagus als unbrauchbar zurückgeschickt.« BHA.
32. Fagus-Archiv, Propaganda-Mappe und Akte 260. Selbst wenn es keinen konkreten Beleg für Benscheidt jr. als Texter der von Bayer gestalteten Prospekte gibt, sprechen diese Unterlagen gegen die Annahme von Brüning 1988, S. 174, daß sowohl der Text als auch das Konzept der Fagus-Prospekte in der Werkstatt des Bauhauses entstanden seien.
33. Brief W. Hanstein an J. Molzahn vom 3.12.1924. WLM. – K. Benscheidt jr. führt ab August 1924 für alle Drucksachen sogenannte »Lagernummern« ein, die aus Großbuchstaben und Ziffern bestehen. Bei den Prospektblättern beginnt die Zählung mit Molzahns Stützmesser-Prospekt als »K 1« und wird auf den von Bayer entworfenen fortgesetzt. »K« muß als Abkürzung für Katalog, »S« für die Druckerei Stegen gelesen werden.
34. Ise Gropius. Tagebuch, Eintrag vom 30.1.1925. BHA. Schwitters, der am Abend zuvor in Dessau einen Vortrag hält, erzählt ihr die Geschichte. – Vgl. auch den Quittungsblock von K. Benscheidt jr., November 1919 bis April 1925. Fagus-Archiv.
35. Schenkung van Moorsel, Inv.Nr. AB 5003. Vgl. E.v. Straaten: *Theo van Doesburg 1883–1931* (s'Gravenhage 1983), S. 25.
36. Brief K. Benscheidt jr. an Th.v. Doesburg vom 21.1.1929. Rijksbureau voor kunsthistorische Documentatie, s'Gravenhage. Archiv Theo van Doesburg, Inv.Nr. 234. Ich danke Ute Brüning, Berlin, für die Vermittlung dieses Briefes.

Das Fagus-Werk im Bild • S. 104–121

1. Laut Heckert 1997, S. 6, lernt E. Neufert, der seit 1926 Leiter der Bauabteilung an der Staatl. Bauhochschule in Weimar ist, durch K. Benscheidt jr. Arbeiten von Renger-Patzsch kennen. Hieraus resultiert Ende 1927 ein Lehrangebot an Renger-Patzsch.
2. Beutinger 1913.
3. Wie z.B. der Neubau der Fa. Behrens im *Schuhmarkt*, vgl. Ohne Autor 1899.
4. Gropius 1911/12 und 1912.
5. Da C. Benscheidt sen. 1500 Sonderdrucke dieses Berichts zu Reklamezwecken bestellt, darf bestimmt ein Eingehen des Herausgebers, der zugleich als Autor verantwortlich zeichnet, auf die Wünsche des Fabrikanten angenommen werden.
6. Vgl. Jaeggi 1994, Obj.Nr. 136, S. 376–380.
7. E. Lill: Mein Leben, mein Streben & Ziel. Manuskript von 1954. Privatbesitz.
8. Edmund Lill ist zur selben Zeit im Mannheimer Hauptbetrieb seines Bruders wie der später in Köln tätige Architekturfotograf Hugo Schmölz. Vgl. K.-H. Schmölz und R. Sachsse (Hrsg.): *Hugo Schmölz. Fotografierte Architektur 1924–1937* (München 1982).
9. Vgl. Ausst.kat. 1990, S. 151.
10. Christian Wolsdorff, BHA, hat sich dieser mühsamen Aufgabe gewidmet. Ich baue im folgenden auf seinen Erkenntnissen auf.
11. BHA und BRM. Darüber hinaus umfassen die Sammlung und des einstigen Hagener Museums für Kunst in Handel und Gewerbe (heute im Kaiser-Wilhelm-Museum Krefeld) sowie das Fotoarchiv Stoedtner (heute im Bildarchiv Foto Marburg) Aufnahmen des Fagus-Werks von Lill. Der Qualität nach zu schließen, handelt es sich hierbei wohl nicht um Plattenabzüge, sondern um zeitgenössische Reproduktionen. Vgl. Ausst.kat. Krefeld 1993/94, Kat. Nr. 235–239, S. 194f. u. 213.
12. Es kann nicht mit absoluter Sicherheit bewiesen werden, daß Lill der Verfasser dieser Fotos ist. Als vintage prints sind nur einige Architekturaufnahmen erhalten, u.z. in den Nachlässen von Gropius und Meyer. Rückseitig vermerkte Negativnummern fehlen. Das Fotopapier und einige handschriftl. Notate sprechen jedoch für Lill.
13. Vgl. Brief K. Benscheidt jr. an J. Molzahn vom 23.6.1922. WLM.
14. Gemessen an den Nachfragen, die für Fotos des Fagus-Werks im Bauhaus-Archiv eingehen, gehören sie zu den Spitzenreitern.
15. U.a. spricht hierfür die Anwesenheit von Renger-Patzsch in Alfeld am 26. und 27. April 1928, den Benscheidt jr. laut Spesenabrechnung bewirtete. Die Aufnahmen tragen alle rückseitig Stempel von Renger-Patzsch. Etwa

50% der Fotos können eindeutig der Bad Harzburger Zeit zugerechnet werden. Bei den Architekturaufnahmen gibt es einige mit Essener Stempel und unter Verwendung von dünnerem Fotopapier, offenbar Nachbestellungen. Die Serie von 1928 darf nicht mit der zweiten von 1952 verwechselt werden, in der Renger-Patzsch auch einige der früheren Aufnahmen nachstellte. Diese trägt durchgehend den Stempel »Wamel-Dorf«.
16. Hierfür sprechen Entwürfe für Annoncen im Reklamedossier von Benscheidt jr., die in der Schweiz veröffentlicht werden sollten. Der Nachweis, daß hierfür die Fotos von Renger-Patzsch tatsächlich Verwendung fanden, ist bislang noch nicht möglich.
17. Es fehlen die Nummern 2, 5, 6, 11, 20, 21, 28, 35, 40, 50, 52 und 53.
18. Dieling 1936, S. 57. Das Foto ist rückseitig bezeichnet »Buchenwald/Fagus« und weist einen Stempel aus der Bad Harzburger Zeit von Renger-Patzsch auf.
19. In: *Hauff-Leonar Mitteilungen* Jg. 1929, H. 2 (wohl März), S. 23. Die Telegrafenmaste im Hintergrund geben einen sicheren Anhaltspunkt für den Holzlagerplatz des Fagus-Werks. Womöglich handelt es sich hierbei um Foto Nr. 28 der Serie. Ich danke Christian Wolsdorff für diesen Hinweis.
20. Im Fagus-Archiv gibt es hierfür amerikanische Beispiele: O.A. Miller Treeing Machine Co. (Hg.): *Illustrated Catalogue of Parts for Miller No. 2 Electric Ironing Equipment* (Brockton, Mass. o.J., ca. 1913) und *No. 3 Electric Equipment* (Brockton, Mass. o.J.).
21. »Die erste Aufnahme sei der Stamm im Walde (Fagus = Buche), die Pendelsäge, die große Bandsäge, die Vorschruppbank, Trockenräume, usw.« Typoskript »Kundenwerbung« vom 15.4.1919. Fagus-Archiv, Akte 133.
22. An die Redaktion gesandte Renger-Fotos: Nr. 8, 16, 22, 34, 51 und 54. Vgl. Brief K. Benscheidt jr. an P. Hoffmann vom 15.4.1929. Fagus-Archiv, Akte 185. Gedruckt werden dann nur Nr. 8 (Haupteingang), 22 (Rohleistenstapel) und 54 (Portrait Benscheidt sen.). Vgl. Hoffmann 1930.
23. Brief Fagus-Werk an die *Schuhfabrikanten-Zeitung* vom 4.10.1929. Fagus-Archiv, Akte 185. Benscheidt jr. wechselt sein Portrait Nr. 51 in letzter Minute gegen das eines anderen Fotografen aus, weil es »ihm nicht ähnlich sei.« Vgl. Brief Benscheidt sen. an die *Schuhfabrikanten-Zeitung* vom 13.12.1929.
24. Vgl. Renger-Patzsch 1960, S. 550. – Bei der Fagus-Serie kann eine Mitbeauftragung durch Gropius und Meyer ausgeschlossen werden. Mit Renger-Patzsch stehen sie in keinem Kontakt; die Architekturaufnahmen werden ihnen vom Fagus-Werk zugeschickt.
25. Ausst.kat. 1931, o.S.

Vom Grabstein zur Villa • S. 122–131

1. Im Fagus-Archiv gibt es keine Unterlagen zum Grabmal. Daß Gropius und Meyer für den Entwurf verantwortlich zeichnen, basiert auf Mitteilung von Mitgliedern der Familie Benscheidt.
2. Die Jahresangabe ergibt sich aus dem Aufnahmedatum der beiden Fotos der fertiggestellten Küche in der ersten Jahreshälfte 1923.
3. Nahezu das gesamte Mobiliar des Hauses Benscheidt jr. wurde 1987 versteigert. Vgl. Auktionskatalog Sotheby's 1987.
4. »2 Räume Alfeld« werden im Monatsbericht der Werkstatt für Wandmalerei vom Dezember 1923 als fertiggestellt bezeichnet. HStA Weimar, Bauhaus-Bestand, Akte 177, Bl. 13.
5. Der Tischlermeister Georg Lautenbach ist weder identisch mit dem Breslauer Architekten Heinrich Lauterbach noch ist er jemals Mitglied des Bauhauses gewesen. Vgl. Adreßbuch der Stadt Dessau von 1922, S. 222.
6. Vgl. Jaeggi 1994, Obj. Nr. 165e, S. 403, dort noch irrtümlich als der Büroeinrichtung des Fagus-Werks zugehörig angenommen.
7. Brief W. Gropius an C. Benscheidt sen. vom 3.3.1924. Fagus-Archiv, Akte 30.
8. Brief W. Gropius an C. Benscheidt sen. vom 19.10.1925 (Rechnung). Fagus-Archiv, Akte 31.
9. Benscheidt sen. bestellt die Lampe aufgrund ihm in Alfeld vorgelegter Fotos. Vgl. Brief Büro Gropius an C. Benscheidt sen. vom 30.5.1924. Fagus-Archiv, Akte 30.
10. Laut Kontenbuch des Büros Gropius, 1924–1928. BHA.
11. Die Mitarbeiter des Gropiusschen Büros versahen Planunterlagen mit ihrem Monogramm oder Kürzel. Damit gaben sie sich als Bearbeiter oder Zeichner, aber nicht als Entwerfer zu erkennen. Der volle Namenszug »Fieger« spricht daher für eine eigenständige Arbeit. Der Nachlaß von Fieger befindet sich im Bauhaus Dessau.
12. Brief von W. Gropius an C. Benscheidt sen. vom 28.10.1925. Fagus-Archiv, Akte 31.
13. Die hellgelben Steine aus der Ziegelei des Schwiegersohns von C. Benscheidt sen. will Gropius auch beim Arbeitsamt Dessau verwenden. Vgl. Brief Baubüro Gropius an C. Benscheidt sen. vom 27.2.1928. Fagus-Archiv, Akte 33.
14. Neufert erarbeitet Anfang Juli 1928 ferner Umbauvorschläge für das Haus Lange, das auf dem Benscheidt gehörigen Nachbargelände des Fagus-Werks steht. Hierzu haben sich drei Grundrißzeichnungen im Fagus-Archiv erhalten.

Literatur

ohne Autor: »Eine Heimstätte deutscher Industrie.« In: *Der Schuhmarkt* Jg. 1899, Nr. 13 (31.3.), S. 45–54.

ohne Autor: »Das Fagus-Werk Karl Benscheidt, Alfeld.« In: *Niedersächsische Zeitschrift für Industrie und Gewerbe* 22. 1928, Nr. 12 (21.3.), S. 92–94.

ohne Autor (K. G.): »50 Jahre Fagus-Werk Karl Benscheidt in Alfeld.« In: *Alfelder Zeitung* vom 7. 4. 1961.

ohne Autor: »Gropius-Design 1924/26. Schlichte deutsche Küchenmöbel in Monte Carlo.« In: *Antiquitäten-Zeitung* Jg. 1987, Nr. 8, S. 195.

ANGULUS VARUS GESELLSCHAFT (Hg.): *Die Lösung der Fußbekleidungsfrage in der Praxis.* O. O., o. J. [wohl 1928]

AUKTIONSKATALOG SOTHEBY'S 1987: *Auktionskatalog Sotheby's Monaco. Art Décoratifs du XXème Siècle.* Monte Carlo, 5. April 1987.

AUSSTELLUNGSKATALOG 1930: *Walter Gropius.* Ständige Bauwelt-Musterschau Berlin. Berlin 1930.

AUSSTELLUNGSKATALOG 1931: *Walter Gropius.* Kestner-Gesellschaft Hannover (mit einem einleitenden Text von Justus Bier). Hannover 1931.

AUSSTELLUNGSKATALOG 1982: *Herbert Bayer. Das künstlerische Werk 1918–1938.* Bauhaus-Archiv Berlin und Gewerbemuseum Basel. Berlin 1982.

AUSSTELLUNGSKATALOG 1988: *Experiment Bauhaus.* Bauhaus Dessau (hg. vom Bauhaus-Archiv Berlin). Berlin 1988.

AUSSTELLUNGSKATALOG 1990: *»Typographie kann unter Umständen Kunst sein.« Vordemberge-Gildewart. Typographie und Werbegestaltung.* Wiesbaden/Hannover/Zürich 1990.

AUSSTELLUNGSKATALOG 1993/94: *Moderne Baukunst 1900–1914. Die Photosammlung des Deutschen Museums für Kunst in Handel und Gewerbe.* Kaiser-Wilhelm-Museum-Krefeld und Karl Ernst Osthaus-Museum Hagen. Oberhausen 1993.

AUSSTELLUNGSKATALOG 1995/96: *Das A und O des Bauhauses.* Bauhaus-Archiv Berlin, Württembergischer Kunstverein Stuttgart und Gerhard-Marcks-Haus Bremen. Leipzig 1995.

AUSSTELLUNGSKATALOG 1997: *Albert Renger-Patzsch.* Museum Folkwang Essen. Krefeld 1997.

AUSSTELLUNGSKATALOG 1997/98: *Albert Renger-Patzsch. Meisterwerke.* Sprengel Museum Hannover, Württembergischer Kunstverein Stuttgart, Fotomuseum Winterthur und Haus der Kunst München. München/Paris/London 1997.

AUSSTELLUNGSKATALOG 1997/98: *Deutsches Museum für Kunst in Handel und Gewerbe 1909–1919.* Kaiser Wilhelm Museum Krefeld und Karl Ernst Osthaus-Museum Hagen. Gent/Antwerpen 1997.

BANHAM, Reyner: *Theory and Design in the First Machine Age.* London 1960.

BANHAM, Reyner: *A Concrete Atlantis. US Industrial Building and European Modern Architecture.* Cambridge/Mass. 1986.

BARNER, Wilhelm: »Carl Benscheidt d. Ä., 1858–1947.« Sonderdruck aus: *Niedersächsische Lebensbilder* 3. 1957, S. 1–12.

BAUVEREIN ALFELD (Hg.): *Vierzig Jahre Gemeinnütziger Bauverein für den Kreis Alfeld e.G.m.b.H. 1899–1939.* Alfeld/Leine 1940.

BEHNE, Adolf: »Romantiker, Pathetiker und Logiker im modernen Industriebau.« In: *Preußische Jahrbücher* Jg. 1913, Bd. 154 (Okt.–Dez.), S. 171–174.

BEHNE, Adolf: »Heutige Industriebauten.« In: *Velhagen & Klasings Monatshefte* 28. 1913/14, Bd. 2, H. 5 (Jan. 1914), S. 53–64.

BEHNE, Adolf: »Heutige Industriebauten.« In: *Die Welt des Kaufmanns* 10. 1914, H. 11 (Juni), S. 215–219.

BEHNE, Adolf: »Fabrikbau als Reklame.« In: *Das Plakat* 11. 1920, H. 6, S. 274–276.

BEHNE, Adolf: »Neue Kräfte in unserer Architektur.« In: *Feuer* 3. 1922, H. 8 (Mai), S. 269–276.

BEHNE, Adolf: »Entwürfe und Bauten von Walter Gropius.« In: *Zentralblatt der Bauverwaltung* 42. 1922, Nr. 104 (24. 12.), S. 637–640.

BEHNE, Adolf: »Die moderne Fabrik.« In: *Illustrierte Zeitung* vom 17. 2. 1924.

BEHNE, Adolf: *Der moderne Zweckbau.* München/Wien/Berlin 1926.

BEHNSEN, Jörg: »Der Fall: Das Fagus-Werk in Alfeld.« In: *Der Baumeister* 82. 1985, H. 10, S. 28–31 u. 68.

BEHNSEN, Jörg und Dieter RENTSCHLER-WEISSMANN: »Zur Restaurierung des Fagus-Werkes in Alfeld (Leine).« In: *Berichte zur Denkmalpflege in Niedersachsen* 6. 1986, H. 1, S. 2–11.

BEHRENDT, Walter Curt: »Das Pathos des Monumentalen.« In: *Deutsche Kunst und Dekoration* 34. 1914, S. 219–221.
BEHRENDT, Walter Curt: *Der Sieg des neuen Baustils.* Stuttgart 1927.
BEHRENS, Peter: »Kunst und Technik.« In: *Berliner Tageblatt* vom 25.1.1909, Wochenendbeilage »Der Zeitgeist«.
BEHRENS, Peter: »Die Turbinenhalle der Allgemeinen Elektricitätsgesellschaft zu Berlin.« In: *Mitteilungen des Rheinischen Vereins für Denkmalpflege und Heimatschutz* 4. 1910, H. 1 (1.3.), S. 26–29.
BENSCHEIDT, Carl: »Aus meinem Leben.« unveröffentl. Typoskript, 1947 (Privatbesitz).
BENSCHEIDT, Carl: »Die Herstellung von Schuhleisten in Deutschland.« In: *Holz als Roh- und Werkstoff* 9. 1951, S. 342–348.
BENSCHEIDT, Karl: »Die moderne Schuhleistenfabrikation.« In: *Die Berufsschulklasse für Schuhmacher und Sattler* 2. 1927, Nr. 10 (15.10.), S. 289–303.
BENSCHEIDT, Karl: *Der gesunde Fuß und sein Leben.* Alfeld 1957.
BEUTINGER, Emil: »Die Faguswerke in Alfeld a. L.« In: *Der Industriebau* 4. 1913, H. 1 (15.1.), S. 11–19.
BOSSE: »Alfeld. Perle des Leinetales.« In: *Sonderbeilage zum Hannoverschen Kurier* vom 23.1.1930.
BROWN, William J.: »Walter Gropius and Grain Elevators. Misreading Photographs.« In: *History of Photography* 17. 1993, Nr. 3, S. 304–308.
BRÜNING, Ute: »Die Druck- und Reklamewerkstatt: Von Typographie zur Werbung.« In: *Ausstellungskatalog 1988*, S. 154–197.
BUDDENSIEG, Tilmann und Henning ROGGE: *Industriekultur. Peter Behrens und die AEG 1907–1914.* Berlin 1979.
COHEN, Jean-Louis: *Scenes of the World to Come. European Architecture and the American Challenge 1893–1960.* Paris 1995.
CROYLE, C. Arthur: »The Calligraphy of Max Hertwig.« In: *Calligraphy Review* 6. 1988, Nr. 1, S. 40–47.
DIELING, Otto: *25 Jahre Fagus-Werk, Karl Benscheidt, Alfeld-Leine.* Alfeld/Leine 1936.
FRANZ, W.: *Fabrikbauten.* (= Handbuch der Architektur 4. Teil, 2. Halbband, 5. Heft) Leipzig 1923.
GIEDION, Sigfried: »Walter Gropius et l'architecture en Allemagne.« In: *Cahiers d'art* 1930, Nr. 2, S. 95–103.
GIEDION, Sigfried: »Walter Gropius und die Architektur in Deutschland.« In: *Neue Zürcher Zeitung* vom 3. u. 4.5.1930.
GIEDION, Sigfried: *Walter Gropius.* Paris 1931.
GIEDION, Sigfried: *Space, Time and Architecture.* Cambridge/Mass. 1941.
GIEDION, Sigfried: *Walter Gropius. Mensch und Werk.* Stuttgart 1954.
GIEDION, Sigfried: *Die Herrschaft der Mechanisierung.* Frankfurt/Main 1982 (englische Originalausgabe: New York 1948).
GORDON, B. F.: »The Fagus Factory.« In: *Architectural Record* 169. 1981, Nr. 7, S. 114–117.
GRIMSHAW, Robert: *Die kaufmännische Propaganda und Reklame vom wissenschaftlichen, organisatorischen, künstlerischen und praktischen Standpunkt aus betrachtet.* Dresden 1913.
GRÖNWALD, Bernd: »Faguswerk und Bauhaus.« In: *form + zweck* 18. 1986, Nr. 6, S. 10–15.
GROPIUS, Walter: »Über das Wesen des verschiedenen Kunstwollens im Orient und Occident.« 1910 (unveröffentlicht). Manuskript im Bauhaus-Archiv Berlin.

GROPIUS, Walter: »Monumentale Kunst und Industriebau.« Vortrag, gehalten am 10.4.1911 im Folkwang-Museum Hagen. Abgedruckt in: PROBST, Hartmut und Christian SCHÄDLICH (Hrsg.): *Walter Gropius*, Bd. 3 (Berlin 1988), S. 28–51.
GROPIUS, Walter: »Sind beim Bau von Industriegebäuden künstlerische Gesichtspunkte mit praktischen und wirtschaftlichen vereinbar?« In: *Der Kaufmann und das Leben* Jg. 1911, Nr. 12 (Dez.), S. 189–191. – Wiederabgedruckt in: *Der Industriebau* 3. 1912, H. 1 (15.1.), S. 5f.
GROPIUS, Walter: »Faltblatt zur Wanderausstellung 18 des Deutschen Museums für Kunst in Handel und Gewerbe, 1911«. In: *Der Industriebau* 3. 1912, H. 2 (15.2.), S. 46.
GROPIUS, Walter: »Die Entwicklung moderner Industriebaukunst.« In: *Jahrbuch des Deutschen Werkbundes* 2. 1913, S. 17–22.
GROPIUS, Walter: »Der stilbildende Wert industrieller Bauformen.« In: *Jahrbuch des Deutschen Werkbundes* 3. 1914, S. 29–32.
GROPIUS, Walter: *Internationale Architektur.* München 1925 (2. Aufl. 1927).
GROPIUS, Walter: »glasbau.« In: *Die Bauzeitung* 23. 1926, Nr. 20 (25.5.), S. 159–162.
GROPIUS, Walter: »Stellungnahme zum Artikel ›Neue Fabrikbauten in Alfeld (Leine)‹«. In: *Deutsche Bauzeitung* 62. 1928, Nr. 66 (18.8.), S. 568.
GROPIUS, Walter: *Architektur. Wege zu einer optischen Kultur.* Frankfurt am Main/Hamburg 1956 (2. Aufl. Frankfurt am Main 1982).
GROPIUS, Walter: »Curtain Wall Progression in the Work of Walter Gropius (Architectural Details, Part 5).« In: *Architectural Record* 137. 1965, Febr.-Heft, S. 133–139.
GROPIUS, Walter und Adolf MEYER (Hrsg.): *Walter Gropius mit Adolf Meyer, Weimar. Bauten.* Berlin o. J. [1923].
HECKERT, Virginia: »›Lernt die Welt sehen‹. Zu den pädagogischen Aspekten der Arbeiten Albert Renger-Patzschs und der Fotografie der Neuen Sachlichkeit.« In: *Ausstellungskatalog 1997*, S. 6–21.
HEGEMANN, Werner: *Reihenhaus-Fassaden. Geschäfts- und Wohnhäuser aus alter und neuer Zeit.* Berlin 1929.
HEISE, Georg: *Die Welt ist schön. 100 photographische Aufnahmen von Albert Renger-Patzsch.* München 1928.
HESSE-FRIELINGHAUS, Herta (u. a.): *Karl Ernst Osthaus. Leben und Werk.* Recklinghausen 1971.
HESSE-WARTEGG, Ernst von: *Amerika als neueste Weltmacht der Industrie.* Stuttgart/Berlin/Leipzig o. J. [1908].
HITCHCOCK, Henry-Russell: *Modern Architecture. Romanticism and Reintegration.* New York 1929 (Reprint: New York 1970).
HITCHCOCK, Henry-Russell: *Architecture Nineteenth and Twentieth Centuries.* Harmondsworth 1958.
HOEBER, Fritz: *Peter Behrens.* München 1913.
HOFFMANN, Paul: »Neue Fabrikbauten in Alfeld (Leine).« In: *Deutsche Bauzeitung* 62. 1928, Nr. 51 (27.6.), S. 436–439.
HOFFMANN, Paul: »Ein Besuch in den Fagus-Werken Carl Benscheidt.« In: *Schuhfabrikanten Zeitung* 11. 1930, H. 3 (8.1.), S. 9–16.
HOLITSCHER, Arthur: *Amerika. Heute und morgen.* Berlin 1912.
ISAACS, Reginald R.: *Walter Gropius. Der Mensch und sein Werk.* Bd. 1, Berlin 1983.

JAEGER, Roland: »Johannes Molzahn (1892–1956) als Gebrauchsgraphiker und Buchgestalter.« In: *Börsenblatt für den Deutschen Buchhandel* 1992, Nr. 52, S. A225–A234.

JAEGGI, Annemarie: *Adolf Meyer. Der zweite Mann. Ein Architekt im Schatten von Walter Gropius.* Berlin 1994.

JAEGGI, Annemarie: »Die plastische Kraft des Wortes: Entwerfen im Gespräch. Zur Arbeitsmethode von Walter Gropius.« In: *archithese* 25. 1995, H. 4, S. 8–13.

JEFFERIES, Matthew: *Politics and Culture in Wilhelmine Germany. The Case of Industrial Architecture.* Oxford/Washington D.C. 1995.

KLAPHECK, Richard: *Gußglas.* Düsseldorf 1938.

KOENIG, Giovanni Klaus: »Walter Gropius e le officine Fagus.« In: *Casabella* 30. 1966, Nr. 11, S. 54–65.

KRABBE, Wolfgang R.: *Gesellschaftsveränderung durch Lebensreform.* Göttingen 1974.

LINDNER, Werner: *Bauten der Technik. Ihre Form und Wirkung.* Berlin 1927.

LODDERS, Rudolf: *Industriebau und Architekt und ihre gegenseitige Beeinflussung.* Hamburg 1946.

MOELLER, Gisela: *Peter Behrens in Düsseldorf. Die Jahre 1903 bis 1907.* Weinheim 1991.

MOLZAHN, Johannes: *Schutzmarken.* Magdeburg 1926.

MÜLLER-WULCKOW, Walter: *Bauten der Arbeit und des Verkehrs.* Königstein 1925 (2. Aufl. 1929).

MUTHESIUS, Hermann: »Die Baukunst im Dienste der kaufmännischen Werbetätigkeit.« In: *Das Plakat* 11. 1920, H. 6, S. 259–268.

NELSON, Daniel: *Managers and Workers. Origins of the New Factory System in the United States 1880–1920.* Madison 1975.

NERDINGER, Winfried: *Walter Gropius.* Berlin 1985 (2. Aufl. 1996).

NERDINGER, Winfried: *The Walter Gropius Archive*, Bd. 1. New York/Cambridge/Mass. 1990.

NERDINGER, Winfried: »Monumentalarchitektur und ›neudeutsche Moderne‹ vor 1914.« In: Ausst.kat. *Herrmann Billing. Architekt zwischen Historismus, Jugendstil und Neuem Bauen.* Städtische Galerie Karlsruhe (1997), S. 49–57.

NEUFERT, Ernst: *Bau-Entwurfslehre.* Berlin 1936.

NOLAN, Mary: *Visions of Modernity. American Business and the Modernization of Germany.* New York/Oxford 1994.

PEVSNER, Nikolaus: *Pioneers of the Modern Movement. From William Morris to Walter Gropius.* London 1936 (deutsche Ausgabe: Hamburg 1949 und 1957; Köln 1983).

PLATZ, Gustav Adolf: *Die Baukunst der neuesten Zeit.* Berlin 1927 (2. Aufl. 1930).

POELZIG, Hans: »Der neuzeitliche Fabrikbau.« In: *Der Industriebau* 2. 1911, H. 5, S. 100–105.

POSENER, Julius: *Berlin auf dem Wege zu einer neuen Architektur.* München 1979 (2. Aufl. 1995).

PROBST, Hartmut und Christian SCHÄDLICH: *Walter Gropius.* 3 Bde., Berlin 1986–1988.

REIFF, Angelika: »Architektur ohne Architekten. Die gläsernen Bauten der Spielwarenfabrik Steiff.« In: *Denkmalpflege in Baden-Württemberg* 21. 1992, H. 3, S. 83–87.

RENGER-PATZSCH, Albert: »Architekt und Fotograf.« In: *Foto-Prisma* 11. 1960, H. 10, S. 548–551 und H. 11, S. 618f.

RENTSCHLER-WEISSMANN, Dieter: »Ein Industriedenkmal von Weltrang: Das Fagus-Werk von Walter Gropius.« In: *Jahrbuch des Landkreises Hildesheim* 1987, S. 161–172.

REUTER, Adolf: »Alfeld an der Leine.« In: *Westermanns Monatshefte* 69. 1925 (Bd. 138), H. 825 (Mai), S. 237–251.

RIEGL, Alois: *Spätrömische Kunstindustrie.* Wien 1901 (2. Aufl. Wien 1927).

SACHSSE, Rolf: *Bild und Bau. Zur Nutzung technischer Medien beim Entwerfen von Architektur.* Braunschweig/Wiesbaden 1997.

SCHADENDORF, Wulf: *Das Fagus-Werk Karl Benscheidt Alfeld/Leine* (= Kleine Kunstführer für Niedersachsen, H. 5). Göttingen 2. Aufl. 1958.

SCHEFFAUER, Herman George: »The Work of Walter Gropius.« In: *Architectural Review* 56. 1924, Nr. 333 (August), S. 50–54.

SCHEFFLER, Karl: »Das Geschäftshaus.« In: *Die neue Rundschau* 22. 1911, Februar-Heft, S. 229–236. Wiederabgedruckt in: *Die Architektur der Großstadt.* Berlin 1913 (Reprint: Berlin 1998).

SCHMIDT, Hartwig: »Denkmalpflege und moderne Architektur.« In: *Restauro* 1998, H. 2, S. 114–119.

SCHMIDT, Paul F.: »Ein Architekt der Sachlichkeit.« In: *Vorwärts* vom 9. 5. 1930.

SCHULZE, Konrad Werner: *Glas in der Architektur der Gegenwart.* Stuttgart 1929.

SCHWARTZ, Frederic J.: *The Werkbund. Design Theory and Mass Culture before the First World War.* New Haven/London 1996.

SCHWARTZ, Frederic J.: »Commodity Signs: Peter Behrens, the AEG, and the Trademark. In: *Journal of Design History* 9. 1996, Nr. 3, S. 153–184.

STRIEMANN: »Das Faguswerk in Alfeld.« In: *Die Berufsschulklasse für Schuhmacher und Sattler* 1930, Juli-Heft, S. 204–215.

TAUT, Bruno: *Die Neue Baukunst in Europa und Amerika.* Stuttgart 1929 (Reprint: Stuttgart 1979).

TEGETHOFF, Wolf: »Vom ›modernen‹ Klassizismus zur klassischen Moderne. Wege und Ziele der Architektur in der ersten Hälfte des zwanzigsten Jahrhunderts.« In: *Ausstellungskatalog Canto d'Amore. Klassizistische Moderne in Musik und Bildender Kunst 1914–1935.* Kunstmuseum Basel (1996), S. 442–451.

TISCHERT, Hans: »Fagus-Werk, Karl Benscheidt, Alfeld/Leine.« In: H. Tischert (Hg.). *Stätten deutscher Arbeit*, Bd. 2, Berlin o.J., S. 121–130.

THIES, Harmen: »Glasecken.« In: *Daidalos* 9. 1989, H. 33, S. 110–119.

TÖNNESMANN, Andreas: »Das Faguswerk wird ›restauriert‹.« In: *Kunstchronik* 40. 1987, S. 261–264.

TSCHICHOLD, Jan: *Die Neue Typographie.* Berlin 1928.

WEBER, Helmut: *Walter Gropius und das Faguswerk.* München 1961.

WEINERT, August: »Das Problem der Fußleiden und seine Lösung.« In: *Die Medizinische Welt* 1. 1927, Nr. 1 (5. 2.), S. 7–12; Nr. 2 (12. 2.), S. 44–46; Nr. 3 (19. 2.), S. 78f.; Nr. 4 (26. 2.), S. 112–114.

WESTHEIM, Paul: »Kunstreise in Deutschland.« In: *Berliner Börsen-Zeitung* Nr. 211, 7. 5. 1925.

WETZEL, Harald: *Auf der Suche nach dem Gropius-Drücker.* Dessau 1995.

WILHELM, Karin: »Fabrikenkunst. Die Turbinenhalle, und was aus ihr wurde.« In: T. BUDDENSIEG und H. ROGGE: *Industriekultur. Peter Behrens und die AEG, 1907–1914* (Berlin 1979), S. 141–166.

WILHELM, Karin: *Walter Gropius. Industriearchitekt.* Braunschweig 1983.